国家社科基金特别委托项目

西夏文献文物研究（批准号：11@ZH001）

中国社会科学院创新工程学术出版资助项目

西夏文献文物研究丛书

史金波 主编

西夏文《经律异相》整理研究

The Complex Study of the Tangut Version of
Jinglü Yixiang in Chinese Collection

杨志高◎著

社会科学文献出版社

SOCIAL SCIENCES ACADEMIC PRESS (CHINA)

总　序

近些年来，西夏学发生了两项重大变化。

一是大量原始资料影印出版。20 世纪 90 年代以来，在西夏学界的不懈努力下，我国相继出版了俄、中、英、法、日等国收藏的西夏文献。特别是《俄藏黑水城文献》刊布了 20 世纪初黑水城遗址出土的大量文献，其中包括涵盖 8000 多个编号、近 20 万面的西夏文文献，以及很多汉文及其他民族文字资料，实现了几代学人的梦想，使研究者能十分方便地获得过去难以见到的、内容极为丰富的西夏资料，大大改变了西夏资料匮乏的状况，使西夏研究充满了勃勃生机，为西夏学的发展开辟了广阔的前景。此外，宁夏、甘肃、内蒙古等西夏故地的考古工作者不断发现大量西夏文物、文献，使西夏研究资料更加丰富。近年西夏研究新资料的激增，引起学术界的重视。

二是西夏文文献解读进展很快。自 20 世纪 70 年代以来，经过国内外专家们的努力钻研，已经基本可以解读西夏文文献。不仅可以翻译有汉文文献参照的文献，也可以翻译没有汉文资料参照的、西夏人自己撰述的文献；不仅可以翻译清晰的西夏文楷书文献，也可以翻译很多难度更大的西夏文草书文献。翻译西夏文文献的专家，由过去国内外屈指可数的几位，现在已发展成一支包含老、中、青在内的数十人的专业队伍。国内外已有一些有识之士陆续投身到西夏研究行列。近几年中国西夏研究人才的快速成长，令学术界瞩目。

以上两点为当代的西夏研究增添了新的活力，带来了难得的发展机遇。西夏文献、文物研究蕴藏着巨大的学术潜力，是一片待开发的学术沃土，成为基础学科中一个醒目的新学术增长点。

基于上述认识，我于 2011 年初向中国社会科学院科研局和陈奎元院长呈交了"西夏文献文物研究"重大项目报告书，期望利用新资料，抓住新的机遇，营造西夏研究创新平台，推动西夏学稳健、快速发展，在西夏历史、社会、语言、宗教、文物等领域实现新的突破。这一报告得到奎元院长和院科研局的大力支持，奎元院长批示"这个项目应该上，还可以考虑进一步作大，作为国家项目申请立项"。后经院科研局上报国家社会科学基金办公室，被国家社会科学基金领导小组批准为国家社会科学基金特别委托项目，责任单位为中国社会科学院科研局，我忝为首席专家。

此项目作为我国西夏学重大创新工程，搭建起了西夏学科学研究、人才培养、学术交流、资料建设的大平台。

项目批准后，我们立即按照国家社科规划办"根据项目申请报告内容，认真组织项目实施，整合全国相关学术力量和资源集体攻关，确保取得高质量研究成果"的要求，以中国社会科学院西夏文化研究中心和宁夏大学西夏研究院为基础，联合国内其他相关部门专家实施项目各项内容。宁夏大学西夏学研究院院长、中国社会科学院西夏文化研究中心副主任杜建录为第二负责人。为提高学术水平，加强集体领导，成立了以资深学者为成员的专家委员会，制定了项目管理办法、项目学术要求、子课题中期检查和结题验收办法等制度，以"利用新资料，提出新问题，凝练新观点，获得新成果"为项目的灵魂，是子课题立项和结项的标准。

本项目子课题负责人都是西夏学专家，他们承担的研究任务大多数都有较好的资料积累和前期研究，立项后又集中精力认真钻研，注入新资料，开拓新思路，获得新见解，以提高创新水平，保障成果质量。

这套"西夏文献文物研究丛书"将发布本项目陆续完成的专著成果。

社会科学文献出版社社长谢寿光、人文分社社长宋月华了解了本项目进展情况后，慨然将本研究丛书纳入该社的出版计划，中国社会科学院创新成果出版计划给予出版经费支持，国家社会科学基金办公室批准使用新公布的国家社会科学基金徽标。这些将激励着我们做好每一项研究，努力将这套大型研究丛书打造成学术精品。

　　衷心希望通过国家社会科学基金特别委托项目的开展和研究丛书的出版，能够进一步推动西夏学研究，为方兴未艾的西夏学开创新局面贡献力量。

史金波

2012 年 8 月 11 日

目　录

壹　导论

　　《经律异相》是中土一部现存最早、影响广泛的佛教类书，也是一部重要的佛教故事总集。全书 50 卷，由南朝僧旻、宝唱撰集而成。其内容主要由经律藏中为说明佛教教理而讲述"异相"的佛教寓言、譬喻、传说等 21 部类故事构成。

　　现存西夏文《经律异相》第十五卷属全书"声闻无学第三"之"僧部第四"，为有关修声闻道的僧尼因缘故事，20 世纪初出土于宁夏灵武，现藏于中国国家图书馆（简称"中藏本"）。1932 年周叔迦先生在《国立北平图书馆馆刊》① 第 4 卷第 3 号上，对其进行了简略介绍。其后，史金波先生分别在《西夏佛教史略》② （1988 年）、《国家图书馆学刊》③ （2002 年增刊）又作了全新的叙录。2005 年、2006 年，《中国国家图书馆藏西夏文献》④、《中国藏西夏文献》⑤ 先后刊布了全部图版。

　　中藏本为西夏皇太后梁氏与乾顺皇帝挂衔初译，仁宗皇帝御校，元成宗大德十一年 （1307） 重刻。登录号 B11·051 （di7jian），护封误作"大方广佛华严经"。经文 98 折。每半页 6 行，每行 17 ~ 18 字。框高 59.5 厘米、宽 25 厘米⑥，麻纸经折装。卷首版画 8 折（"释迦如来说法" 3 折，龙牌 4 折，韦陀像 1 面）。其中龙牌为元朝当朝皇帝 （成宗） 2 折，太后、皇后、皇太子各 1 折 （龙牌 1、4 分别记印施佛经之事）。其后依次为西夏文题款和该

---

①　周叔迦：《馆藏西夏文经典目录》，《国立北平图书馆馆刊》（第 4 卷第 3 号），1932，第 64 ~ 65 页。

②　史金波：《西夏佛教史略》，宁夏人民出版社，1988，第 373 页。

③　史金波：《国内现存出土西夏文献简明目录》，《国家图书馆学刊》（增刊），2002，第 222 页。

④　宁夏社会科学院编《中国国家图书馆藏西夏文献》（3），上海古籍出版社，2005，第 225 ~ 239 页。

⑤　宁夏大学西夏学研究中心、国家图书馆、甘肃五凉古籍整理研究中心编《中国藏西夏文献》（5），甘肃人民出版社、敦煌文艺出版社，2006，第 314 ~ 368 页。

⑥　任继愈主编《中国国家图书馆古籍珍品图录》，北京图书馆出版社，1999，第 343 页。

经卷之品目，自"优波离为佛剃发得入第四禅一"（图版1）至"阿难试山中比丘并问阿育王十四"（图版2、3）。相关汉文见《赵城金藏》广胜寺本①（图版4、5、6、7），韩国海印寺本②，以及通行的大正藏本③。同名汉文整理本有董志翘等《〈经律异相〉整理与研究》④。

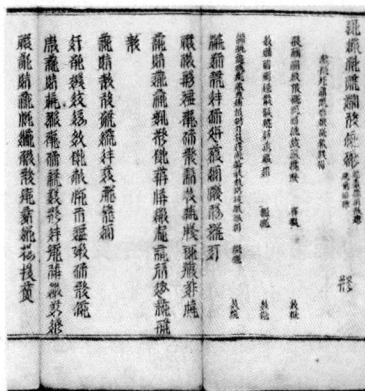

图版1

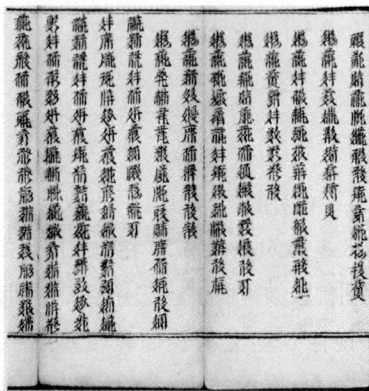

图版2

图版3

---

① 中华大藏经编辑局编《中华大藏经》（汉文部分）第52册，中华书局，1992，第900～914页。

② 高丽大藏经编辑委员会编《高丽大藏经》第55册，线装书局影印，2004，第344～352页。

③ 大正一切经刊行会编《大正新修大藏经》第53册2121号，财团法人佛陀教育基金会印行，1990，第0076a～0082a页。

④ 董志翘主撰《〈经律异相〉整理与研究》，巴蜀书社，2011。

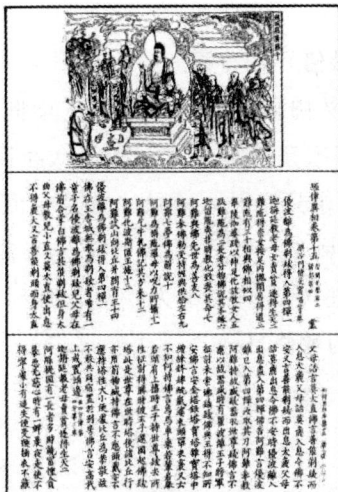

图版 4

图版 5

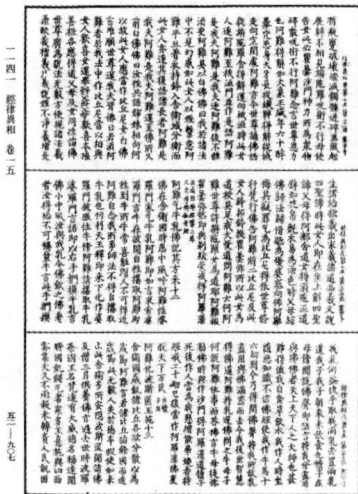

图版 6

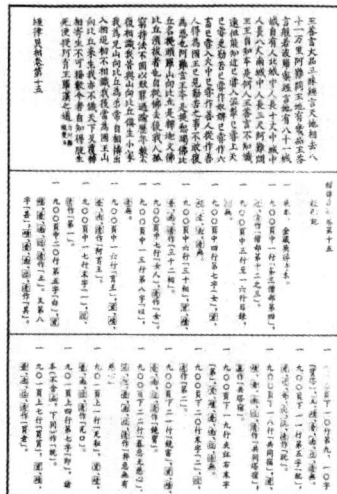

图版 7

一　《经律异相》的经录入藏

《经律异相》自梁代成书后，代有流传。现存资料显示，自隋法经等撰《大隋众经目录》以来，该书就见载于各种经录。下面，考察其在现存隋唐宋时期的经录和相关入藏。

（一）看《经律异相》在国家藏经（敕修）的著录

记录一朝一代较早的梁武帝时代《华林佛殿众经目录》和《梁世众经目录》，可惜已经失佚。现存的宋之前的国家藏经目录有《大隋众经目录》《大唐内典录》《开元释教录》。"后两部目录只有'入藏录'方是专记本朝本藏经之盛，其余部分仍为记通代译经之盛。"① 《开元释教录·入藏录》（即《开元释教录略出》）的分类体系，还为后世沿用为抄写、雕刻佛经（《大藏经》）的目录。《历代三宝纪》则为敕修目录。

1.（隋）法经等撰《大隋众经目录》。

此目载：

> 《经律异相》五十卷，梁武帝令宝唱撰。②

2.（隋）费长房《历代三宝纪》。

《历代三宝纪》也是足本目录。其卷三、卷十、卷十一关于《经律异相》有不同的记载：

> 敕沙门宝唱撰《经律异相》，凡五十卷。③（卷三）
> 萧衍……敕沙门僧旻、宝唱等录经律要事，以类相从，名《经律异相》，凡五十卷。④（卷十）
> 《经律异相》一部并目录五十五卷（天监十五年敕撰）……令庄严寺沙门释宝唱等总撰集录，以备要须。⑤（卷十一）

---

① 徐建华：《中国历代佛教目录类型刍议》，香光尼众佛学院编《佛教图书馆馆讯》第 29 期，2002，第 24 页。
② 《大正新修大藏经》第 55 册《众经目录》，第 144 页下。
③ 《大正新修大藏经》第 49 册《历代三宝纪》，第 45 页上。
④ 《大正新修大藏经》第 49 册《历代三宝纪》，第 94 页中。
⑤ 《大正新修大藏经》第 49 册《历代三宝纪》，第 99 页中。

3.（唐）道宣《大唐内典录》。

《大唐内典录》载：

> 天监七年，帝以正像浸末，信重渐微，三藏弥纶，鲜能该洽，敕沙门僧旻等撰《经律异相》，以类相从，凡五十卷。① （卷四）
>
> 梁杨都庄严寺沙门释宝唱奉敕撰诸经律相合一百余卷：《经律异相》并目五十五卷。② （卷十）

4.（唐）释智升《开元释教录》《开元释教录略出》③。

《开元释教录》（简称《开元录》），被认为是历代经录中编得最好的一部足本目录著作，《经律异相》在其文中有三处著录：

> 《经律异相》五十卷（天监十五年奉敕撰。录云：并目录五十五卷。今阙其目，但五十卷。其目但纂篇题，应无别事。见《宝唱录》及《长房录》）。④ （卷第六）
>
> 《经律异相》五十卷五帙（梁天监十五年敕沙门宝唱等撰。出《长房录》，新编入藏）。⑤ （卷第十三）
>
> 《经律异相》五十卷，梁敕沙门宝唱等撰。⑥ （卷第十七）

另，《开元释教录略出》是《开元录》中的节本目录——"入藏录"，创以"千字文"编次入藏典籍。在其卷第四"类别二此方撰述集传"载：

> 《经律异相》五十卷，梁天监十五年敕沙门宝唱等撰。自五帙计八

---

① 《大正新修大藏经》第 55 册《大唐内典录》，第 263 页下。
② 《大正新修大藏经》第 55 册《大唐内典录》，第 331 页下。
③ 方广锠提出《开元释教录略出》非智升所撰。见《中国写本大藏经研究》，上海古籍出版社，2006，第 408～418 页。
④ 《大正新修大藏经》第 55 册《开元释教录》，第 537 页。
⑤ 《大正新修大藏经》第 55 册《开元释教录》，第 624 页中。
⑥ 《大正新修大藏经》第 55 册《开元释教录》，第 670 页下。

百五十四纸, 灵丙舍傍启。①

本经录不仅提到了《经律异相》的用纸数量, 而且第一次提到了《经律异相》的千字文号"灵丙舍傍启"。

(二) 看《经律异相》在个人私修的读藏目录

《开宝藏》刊行后, 读藏目录 (索引) 也随之而兴。除已亡佚的宋代文胜《大藏经随函索隐》、遵式《教藏随函目录》外, 现存最早的这类目录当属宋徽宗时的《大藏经纲目指要录》和《大藏圣教法宝标目》。二者前详后略, 其所据的印经, 皆为《开宝藏》。

1. (北宋) 惟白《大藏经纲目指要录》(简称《指要录》)。

《指要录》是现存最早的一部《大藏经》专题的解题著作, 具体说"《指要录》的内容也就是《开宝藏》初刻本的内容"②。北宋徽宗崇宁三年 (1104), 东京 (开封) 法云禅寺住持惟白集。其卷八"圣贤传记"部分是对《经律异相》的解题, 抄录如下:

> 《经律异相》五十卷
> 仙 (十卷)
> 　　一……十;
> 灵 (十卷)
> 　　十一……二十;
> 丙 (十卷)
> 　　二十一……三十;
> 舍 (十卷)
> 　　三十一……四十;
> 启 (十卷)
> 　　四十一……五十。③

---

① 《大正新修大藏经》第 55 册《开元释教录略出》, 第 745 页中。
② 李富华:《金藏目录还原及研究》, 中华书局, 2012, 第 5 页。
③ 《大正新修昭和法宝总目录》第 2 卷, 第 758 页上 ~ 760 页上。"仙 (十卷)"之"十", 原误作"上"。

从上面可以看出,《指要录》对《经律异相》的解题,不仅开列了总卷数,尤其是首次标注了各卷所属千字文函号和所属品章简目。《经律异相》卷十五分属"灵"函,所列简目为:"优波离为佛剃头入四禅、迦旃延教卖贫、难陀柰女、三十相、化牧女、二长者分物、先世为友、阿难奉佛、七梦、咒禁、乞乳、化王、试山等"。① 著录没有反映《经律异相》的编者,也缺少"迦留陀夷非时教化自丧其命(七)"的品目。

2.(北宋)王古《大藏圣教法宝标目》。

《大藏圣教法宝标目》(十卷,一说八卷),北宋徽宗崇宁四年(1105)由曾任礼部侍郎、清源居士王古撰。此目当由《开宝藏》而来。其卷九载:

> 《经律异相》五十卷(仙~傍)右梁天监中,敕僧旻等及禀武帝,节略经律论事。凡六部:一天,二地,三佛,四诸释,五菩萨,六声闻、比丘、比丘尼、人、鬼、神、杂畜、地狱。②

从上面《经律异相》在现存赵宋之前的主要足本佛教目录中著录来看,有两大特点:

一是部分内容渐趋翔实(卷目存佚、帙数、用纸、函号、章品);

二是对作者的著项或宝唱、宝唱等,或僧旻等,或僧旻、宝唱或回避不提。

书籍著录的相关信息是判断其版本的重要元素。下面我们再看看《经律异相》在刻本大藏经的入藏情况。

(三)看《经律异相》的入藏

北宋开宝四年(971)《开宝藏》(蜀版)雕刻,《经律异相》(表1中简称"异相")即被首刻入藏,属于初刻本(千字文编号天~英)内的经典。③

---

① 《大正新修昭和法宝总目录》第2卷,第758页下。
② 《大正新修昭和法宝总目录》第2卷,第831页中。
③ 吕澂:"蜀版的内容,从金代的复刻本即'金刻藏经'上,可见它最初刻成的部分以《开元录》入藏写经为基础,约四百八十帙(千字文编号为天字到英字),五千零四十余卷",吕澂《吕澂佛学论著选集》(三),齐鲁书社,1991,第1426页。

表1 中开列其汉文本在宋元几种相关大藏经中的著者、千字文号、所属系统等情况。

表 1

大藏经	《异相》署名、帙号	《异相》卷十五帙号	备 注
《契丹藏》(约 1067 年之前刻成,山西存其部分残卷)	丙舍傍启甲①	舍(灵)	北方系统(辽代官刻)
《开宝藏》(983 年刻成,现仅存数卷)	梁沙门僧旻、宝唱等集,仙灵丙舍傍②	灵	中原系统(北宋官刻)
《赵城金藏》(广胜寺本,1173 年刻成,现存补雕本)	梁沙门僧旻、宝唱等集,仙灵丙舍傍③	灵	中原系统(金代私刻),我国现存最完整的大藏经
《高丽藏》(初刻本、再雕本)	梁沙门僧旻、宝唱等集,仙灵丙舍傍	灵	中原系统(官刻)
《崇宁藏》(1104 年刻成,全藏已佚)	灵丙舍傍启④	丙	南方系统(北宋私刻)
《毗卢藏》(1151 年刻成,日本存部分印本)	梁沙门宝唱等译,灵丙舍傍启⑤	丙	南方系统(南宋私刻)。现存国内最早的《异相》,有卷十二(丙)、二一、二九(舍)⑥
《圆觉藏》⑦(1132 年刻成,日本存有部分印本)	灵丙舍傍启⑧	丙	(南宋私刻)

① 〔日〕小野玄妙:《佛教经典总论》,新文丰出版公司,1983,三经分别见第 648 页上栏、638 页下栏 ~ 649 页上栏、647 页上栏。白化文、李鼎霞《〈经律异相〉及其主编释宝唱》推断"《辽藏》的帙号恐亦为'仙、灵、丙、舍、傍'",载永寿主编《峨眉山与巴蜀佛教》,宗教文化出版社,2004,第 424 页。据此,《经律异相》卷十五帙号当为"舍(灵)"。以下各藏推算同。

② 《金藏目录还原及研究》,第 86 页。

③ 《经律异相》卷 15(金藏广胜寺本),《中华大藏经》(汉文部分)第 52 册,1992,第 900 ~ 914 页。《金藏目录还原及研究》,第 86 页。

④ 蔡运辰:《二十五种藏经目录对照考释》(上),新文丰出版公司,1983,第 2243 页。

⑤ 《〈经律异相〉及其主编释宝唱》,第 423 页。

⑥ (南朝·梁)僧旻、宝唱:《经律异相》"出版说明",上海古籍出版社,1988,第 3 页。

⑦ 《圆觉藏》,又被称为《前思溪藏》《思溪圆觉藏》。学界对该藏和《资福藏》(亦被称为《后思溪藏》《思溪资福藏》)是否是同一经板或互不相同大藏经,争议较大。

⑧ 《二十五种藏经目录对照考释》(上),第 2243 页。

续表

大藏经	《异相》署名、帙号	《异相》卷十五帙号	备　　注
《资福藏》（开雕和完成年代不详，日本存卷较多）	灵丙舍傍启①	丙	（南宋私刻）
《碛砂藏》（1231～1322 年刻成）	梁沙门宝唱等译，灵丙舍傍启②	丙	南方系统（南宋至元私刻）
《普宁藏》（1277～1290 年刻成）	灵丙舍傍启③	丙	南方系统（元白云宗所刻）

　　已有研究表明，现存《赵城金藏》和《高丽藏》（初刻本）是《开宝藏》初刻本的覆刻。《赵城金藏》中的《经律异相》卷十五卷首有广胜寺刊刻"释迦说法图"。今日本南禅寺收藏的《高丽藏》初刻本《经律异相》残存有：卷 1～10（仙），23、25～27、29（丙），40（舍），41～45、47～50（傍）残品，缺"灵"帙。其卷首钤有"摄州兵库下庄帝释神抚山禅昌寺常住"双行阳文朱印，作者俱署名"梁沙门僧旻、宝唱等集"。按每十卷一帙的千字文编号推算，《经律异相》卷十五为"灵"。现存的最早完整刻本《高丽藏》再雕本所载《经律异相》的作者和帙号，一如初刻本。

　　方广锠先生指出"区别诸种刻本大藏经的最大依据是它所依凭的版片"。"凝聚了大藏经三要素的版片，自然成为我们鉴别刻本藏经的基础。"④

　　夏译汉文《经律异相》卷十五署名"𘚓𗾲𗙏𗥃𘝚、𗥃𗰖𗦻𗖻𗖰（汉本沙门僧旻、宝唱等集）"⑤，帙号为"𗖰"。𗖰，通常对译"做、作"，本身就是作格动词⑥。𗖰也有"为"之义。

　　依据表 1，并结合现有成果和党项族与周边民族关系，可以看出西夏文

---

① 《二十五种藏经目录对照考释》（上），第 2243 页。

② 《经律异相》（《影印宋碛砂版大藏经》缩叶影印），上海古籍出版社，1988，第 78 页。

③ 《二十五种藏经目录对照考释》（上），第 2243 页。

④ 方广锠：《中国写本大藏经研究》，上海古籍出版社，2006，第 29 页。

⑤ 《中国藏西夏文献》（5），甘肃人民出版社、敦煌文艺出版社，2006，第 319 页第 2 行。

⑥ 林英津：《西夏语译〈真实名经〉释文研究》，"中央研究院"语言学研究所，2006，第 365 页。

《经律异相》显然来源于《开宝藏》初刻本，是藏经本。虽然它的帙号迥异于上述各大藏经，但限于资料，我们目前还无法厘清其来源。正如史金波先生《西夏佛教史略》所言："西夏文大藏经可能也效法了这种标号方法，但其标号并未沿用汉文《千字文》中的文字，而是另有一套。"①

此外从前述来看，《经律异相》的作者在现存相关经录和大藏经中有些不一致。

僧旻（467~527），俗姓孙，吴郡富春（今属浙江）人，曾主编《一切经论》，注《般若经》，居五寺首讲右席。宝唱，生卒年不详，俗姓岑，吴郡人。他18岁从僧祐出家，后住持新安寺，曾编撰《出要律仪》《续法轮论》《法集》《名僧传》《比丘尼传》等书，并奉敕重编僧绍《华林佛殿经目》。《经律异相》在《开元释教录》中题作"宝唱撰"，该书序言也有"新安寺僧豪、兴皇寺释法生等相助检读"等语，可见并非一人之作。各种著录以单独冠名宝唱者居少，这也说明该书的作者肯定非一人之力所为。夏译汉文《经律异相》则言："汉本沙门僧旻、宝唱等集"，可见白化文先生所持"《经律异相》的主编是宝唱，助编是僧豪、法生。僧旻没有参加编纂"② 的观点，似非定论。

二 《经律异相》在西夏的传入和版本

研究表明，西夏立国前后有6次向北宋请赐佛教经籍③。记述北宋与西夏关系的史料典籍，当推李焘的《续资治通鉴长编》。④ 是书记载：

> （宋仁宗天圣八年十二月）丁未，定难节度使、西平王赵德明遣使来献马七十匹，乞赐佛经一藏，从之。⑤（第9条）

---

① 史金波：《西夏佛教史略》，宁夏人民出版社，第109页。
② 永寿主编《峨眉山与巴蜀佛教》，宗教文化出版社，2004，第426页。
③ 史金波：《西夏佛教史略》，宁夏人民出版社，1988，第59~62页。
④ 李华瑞：《宋夏关系史》，中国人民大学出版社，2010，第3页。
⑤ 《续资治通鉴长编》卷109，宋仁宗天圣八年（1030）十二月丁未条，中华书局，2004，第5册第2549页。

（宋仁宗景祐元年十二月）己巳，赵元昊献马五十匹，以求佛经一藏，诏特赐之（实录于此既书赐经，明年十二月又书献马求经特赐之，当是一事，误重出尔，今止见于此）。① （第7条）

（宋仁宗庆历五年闰五月）丙午，夏国主曩霄遣丁卢、嵬名聿、营吕则依张延寿来谢册命。又遣僧吉外吉法正谢赐藏经。② （第10条）

（宋仁宗至和二年四月）庚子，赐夏国大藏经。③ （第7条）

（宋神宗熙宁六年十二月）庚午朔，夏国主秉常进马赎大藏经，诏特赐之，而还其马。④ （第52条）

北宋太祖开宝四年至宋太宗太平兴国八年（971～983），我国第一部木刻本大藏经《开宝藏》初雕本问世，继而真宗咸平二年（999）首次增补本和历经仁宗、英宗到神宗的再增补本延续进行。相应的，从西夏立国前，德明、元昊到立国后元昊至秉常时期多次求经。上文"吉外吉"，应即是藏语的译音，意为法主，是藏传佛教高僧的一种称号，⑤ 即藏族僧人。⑥

西夏文《经律异相》有西夏时初译本、校译本和元代重刊本三个版次。

（一）初译本

上面提到西夏文《经律异相》的翻译底本来源于《开宝藏》初刻本，是藏经本。这有助于具体明确童玮先生所持的"西夏文大藏经的翻译底本，可能系《开宝藏》的天禧修订本"⑦ 旧说。

《经律异相》的初译者为："胜智广禄治民集礼德盛皇太后梁氏　御译

---

① 《续资治通鉴长编》卷115，仁宗景祐元年（1034）十二月己巳条，第5册第2708页。
② 《续资治通鉴长编》卷156，宋仁宗庆历五年（1045）闰五月丙午条，第7册第3779页。
③ 《续资治通鉴长编》卷179，宋仁宗至和二年（1055）四月庚子条，第7册第4330页。
④ 《续资治通鉴长编》卷248，宋神宗熙宁六年（1073）十二月庚午朔条，第10册第6063页。
⑤ 陈庆英：《西夏与藏族的历史、文化、宗教关系试探》，《藏学研究论丛》第5辑，西藏人民出版社，1993，第46页。
⑥ 聂鸿音：《西夏的佛教术语》，《宁夏社会科学》2005年第6期。
⑦ 《中国大百科全书选编·佛教》，中国大百科全书出版社，1990，第192页。

神功胜禄习德治庶仁净皇帝嵬名　御译"，也就是西夏皇太后梁氏与乾顺皇帝初译。

（二）校译本

西夏文《经律异相》的校译者为："奉天显道耀武宣文神谋睿智制义去邪惇睦懿恭皇帝　御校"，也就是仁宗皇帝御校。

宋、辽、夏、金一代，中国的大藏经版本已分南北经。南方有北宋《开宝藏》《崇宁藏》《圆觉藏》《毗卢藏》，北方有《契丹藏》和《赵城金藏》。夏仁宗（1140～1193）在位时，也是辽亡金兴，宋室南渡的高宗、孝宗时期。

研究表明，在西夏中后期的 104 年间，夏共遣使 238 次，其中乾顺朝 36 次，仁宗朝 141 次，纯祐朝 36 次，夏金之间的交聘活动以西夏为主动，遣使频繁。① 结合夏金交流和西夏据"南北经"重校的记载。南经指《开宝藏》似无较大争议外，北经可能除指《契丹藏》外，似乎也不排除《赵城金藏》）。

（三）元代重刊本

西夏文《经律异相》在元代的雕印从动议到最后成行似有一个过程。有趣的是该经卷前的四叶龙牌文字，当与此事情相关。其中首张龙牌文字（见图版 8）汉译："大元国天下一统世上独尊福智名德主集　当今皇帝圣寿万岁　奉敕　印成流通一全大藏经。"

"福智"，即福德与智慧，指佛菩萨的化身，以福德和智慧来作庄严。

"名德主"，多见佛教经籍，系对世俗最高执政者功德佛教的敬称。《大智度论》卷五十七"过去世有转轮王名德主，一日起五百塔高五百由旬。……小转轮王能起七宝塔，满四天下，大转轮王起七宝塔，过四天下"②。"自苏文忠公以名德主祀，获神之报……"③ 此外，"名德主"，和"名德"大体同义。名德，是对有名气和有德行的世俗人物的尊称。"主

① 刘建丽：《中国西北少数民族通史·辽宋西夏金卷》，民族出版社，2009，第 479 页。
② 《大智度论》卷五十七，〔印〕龙树造，（后秦）鸠摩罗什译，上海古籍出版社，1991，第 382 页。
③ 李增坡主编《苏轼在密州》，齐鲁书社，1995 年 9 月第 1 版，第 828 页。

（绤）""全、俱（绤）"的西夏文笔画极其相似，所能区别者乃右下角竖画
上有无一横画，但西夏人在刻竖画时，往往在其上连笔带一横画，在本处译
为"主"似为妥当。

元世祖忽必烈在位35年，攻灭南宋，征讨海外诸藩，四海归一，"为
一代之制者，规模宏远矣"[①]。这里"集"前的尊称应是指元世祖。"集"
有"定"之义。

元世祖还实行兼容并蓄的宗教政策。在实行的四等人中，第二等是包括
原西夏人在内的色目人，地位仅次于享有特权的一等蒙古人。其死后，被尊
谥"圣德神功文武"皇帝，蒙语尊称"薛禅"皇帝（意为贤者）。绘制于
佛经中饰有龙纹的西夏文龙牌，正是反映元时西夏遗民对象征皇权和神权的
叩拜祝赞。

"当今皇帝"，无疑为大德十一年五月二十一日即位的元武宗（生于至
元十八年七月十九日，即1281年8月4日）。此外，还有龙牌第二、三叶
（见图版9）

其最后一叶龙牌文字有（见图版10）汉译："大德十一年六月二十二
日　皇太子寿长使见千秋　奉敕　印大藏经五十部流通"。可见西夏文
《经律异相》在元代的重刻是西夏遗民为祝贺武宗寿辰，在沿袭世祖动议刻印
西夏文佛教大藏经的基础上奉敕印制的。

图版 8 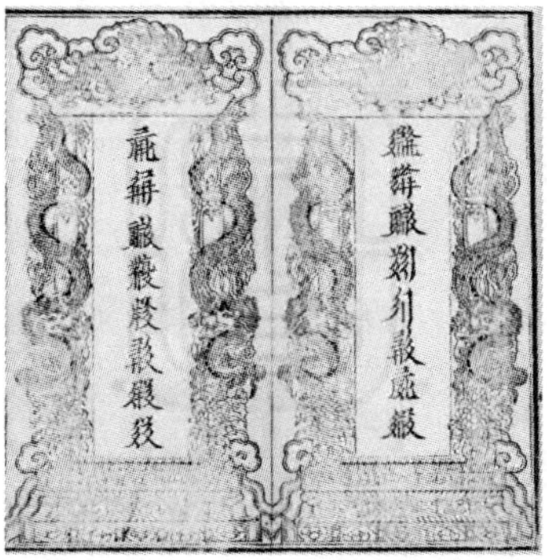　　　　　　　图版 9 　　　　　　　图版 10

---

① 《元史》卷十七《世祖本纪十四》，中华书局标点本，第2册第377页。

（四）元刻西夏文《经律异相》与"河西字大藏经"

佛教"大藏经"历来是佛教文献研究的重点和难点。西夏文《大藏经》（即西夏时的《番大藏经》、元《河西藏》）不言而喻，也历来为学界所特别关注①，并艰难推进。西夏文献中，到目前为止，有明确奉诏题款的元刻《大藏经》的材料发现依然较少，仅有三例，分别是：1917 年宁夏灵武出土，今中国国家图书馆收藏的元大德十一年（1307，武宗主政）六月西夏文刻本《经律异相》卷十五、《悲华经》卷九、《说一切有部阿毗达磨顺正理论卷第五》（简称《正理论》）卷五。

西夏文《经律异相》无疑是"河西字大藏经"之版本一种。上述三部经典的共同版本特征：

版片大小：33×12 厘米/12.2 厘米（高/宽）；

行款：面 6 行，行 17~18 字；

界栏：上下双栏，栏高 23.8 厘米（《经律异相》栏高 23.4 厘米）；

装帧：经折装。

扉画及其文字（译文）：卷首有佛说法图 1 幅 3 面，祝赞 4 面，韦陀像 1 面（《正理论》佛说法图 1 幅 4 面）。祝赞第 1 面西夏文 3 行（译文）为"大元国天下一统世上独尊福智名德主集　　当今皇帝圣寿万岁　　奉敕印成流通一全大藏经"；第 2 面（译文）为"当今皇帝圣寿万岁"；第 3 面（译文）为"太后皇后与天寿等"；第 4 面 3 行（译文）"大德十一年六月二十五日　　皇太子寿长使见千秋　　奉敕　　印大藏经五十部流行"。

题记（译文）：天生全能禄蕃佑圣式法皇太后梁氏御译　　救德主世增福正民大明皇帝嵬名御译　　奉天显道耀武宣文神谋睿智制义去邪惇睦懿恭皇帝嵬名御校。

帙号（译文）：《悲华经》卷九"缵"（年、岁）、《正理论》卷五

---

① 参阅王国维、聂斯克、石滨纯太郎、王静如相关论文及史金波《西夏文〈过去庄严劫千佛名经〉发愿文译证》（《世界宗教研究》1981 年第 1 期），史金波、黄润华《中国历代民族古文字文献探幽》（中华书局，2008，第 196 页）。段玉泉《元刊西夏文大藏经的几个问题》（《文献》2009 年第 1 期）。孙伯君《元刊〈河西藏〉考补》（《民族研究》2011 年第 2 期）。聂鸿音《西夏佛经序跋译注·导言》（未刊书稿）。

"瓛"（玉、璧）、《经律异相》卷十五"敫"（做、作、为）。

三部佛典同是明确的大藏经译印本，属于中原系统。按传统大藏经分类，《悲华经》属于经藏"五大部外诸重译经"部。《正理论》属于论藏"声闻对法藏"部。《经律异相》属于论藏"此方撰述集传"部。三者大小、装帧一致，分属夏皇太后梁氏共惠宗秉常皇帝译、皇太后梁氏共崇宗乾顺译、佚名译，又同为仁宗仁孝皇帝御校和同是"大元国天下一统世上独尊福智名德主集　当今皇帝圣寿万岁　奉敕　印成流通一全大藏经"的组成部分。

元代"印行西夏文大藏经至少四次或五次"①，有"三藏""十藏""五十藏""三千六百二十余卷""大藏经五十部"之说。那么同属"大藏经五十部"系列的《经律异相》《悲华经》《正理论》到底和前者有无关系？散在三经正文之外的内容（版间接纸处表示经名卷次的汉字、版序数、字数刻工和经末墨书汉字人名题款），还没有形成有效的关联，也缺乏其他方面过多文献的印证。看起来"河西字大藏经"在规模、结构上到底究竟如何，甚至是否有汉藏"大藏经"那种意义上的佛典，还有待于发现更多的新资料。

三　《经律异相》西夏文本的翻译方法、特点

（一）中国古代佛经翻译史的简单回顾

研究表明，中国古代佛教在从汉晋南北朝的开始发展、隋唐极盛到宋元式微的三个阶段中，佛经翻译也大体形成了古译、旧译、新译时的"直译、意译和新译等三种译派"②。

经历了东汉末年的直译（对译）、东晋的意译（义译）以及二者此消彼长的过程。

文献记载，三国孙吴时支谦（约3世纪）认为佛经翻译应该"因循本

① 史金波、黄润华：《中国历代民族古文字文献探幽》，中华书局，2008，第196页。
② 罗新璋：《我国自成体系的翻译理论》，罗新璋编《翻译论集》，商务印书馆，1984，第2页；马祖毅：《中国翻译简史："五四"以前部分》（增订版），中国对外翻译出版公司，1998，第173页。

旨,不加文饰"①（直译）。东晋道安（314～385）认为"译梵为秦"有
"五失本""三不易"。②以二人为代表,主张直译（除必要的改倒装句外,
全照原文翻译）。隋代彦琮（557～610）沿袭其法。鸠摩罗什翻译之前的这
一时期被称为"古译"。

东晋后秦时高僧鸠摩罗什（344～413）主张意译（对于原本有增有损,
求达求雅,依实出华）,开创了"旧译"时代。

唐代玄奘（602～664）在总结以往翻译的基础上,主张秘密故不翻、
含多义故不翻、此无故不翻、顺古故不翻、生善故不翻的"五种不翻"③原
则,即用音译法来解决汉译梵文原典中夹杂的陀罗尼、译名两类梵音。在具
体翻译中采用了增益、省略、易字、变更原文的行文、选择虚词等方法。④
他被称为是"多用直译,善参意译"的"新译"大师。⑤ 其"意译直译,
圆满调和",使译经水平达到登峰造极、继往开来的程度。

"五种不翻"具体内容是:"唐奘法师明五种不翻:一秘密故不翻,陀
罗尼是。二含多义故不翻,如薄伽梵含六义故。三此无故不翻,如阎浮树。
四顺古故不翻,如阿耨菩提,实可翻之,但摩腾已来存梵音故。五生善故不
翻,如般若尊重,智慧轻浅,令人生敬,是故不翻。"

翻译就是用译文的语言形式重新表达原文的内容。然而,由于民族、国
别、社会、文化、历史、地理等方面的差异,两种不同的语言在表达方式上
或多或少有出入。

（二）夏译《经律异相》的方法、特点

西夏语（即番语）属汉藏语系藏缅语族。夏汉两种语言在语法功能、

---

① （梁）释僧祐:《中国佛教典籍选刊·出三藏记集》卷七《法句经序》,中华书局点校本,
1995,第273页。
② 《中国佛教典籍选刊·出三藏记集》卷八《摩诃钵罗若波罗蜜经钞序》,第290页。
③ 见《翻译名义集》第一卷"十种通号"之"婆伽婆"条,载《大正藏》第54卷1057页
下栏。学界一般认为,（宋）周敦颐《翻译名义序》所引用"五种不翻",实际是周的转述
和发挥。参见方广锠《玄奘"五种不翻"三题》,《人大复印资料·宗教》2007年第2期,
第44～48页。尉迟治平著《先飞集　尉迟治平语言学论集》,华中科技大学出版社,2011。
④ 张建木:《张建木文选》,宗教文化出版社,1996,第114～121页。
⑤ 《我国自成体系的翻译理论》,第3页。

词义范围、修辞特点、使用习惯等方面不尽相同。就《经律异相》来说,汉文本"删节概述大意""骈文形式撰写"①,虽主旨明确、文风绮丽,但时有佶屈聱牙、艰涩难懂之弊端。基于此,西夏译本既继承了以往古代译经的经验,采用了本土化、民族化的方式,又充分运用了自己的语言艺术,在翻译方法上形成了自己的特色。

1.《经律异相》的翻译方法。

直译、意译被认为是翻译学通用的方法。在实际运用中实际并不是单一、独立的,相反往往是二者的综合。西夏文《经律异相》的翻译,研究表明大体有如下方法。

(1) 对译(夏汉字词义对译、佛典译名和陀罗尼的梵汉音对译)。

对译②是典型的直译。虽然汉夏在句子语法结构上不一致,但如果没有修饰语,又有相对应的词义(或者相对应的对音词),这样的原文句子结构形式在夏译汉时,可以整个句子保存下来不变。

○汉文本:佛在王舍城,无敢为剃发者。唯有一童子,名优波离,为佛剃发。

西夏文本:𗹢𗰲𗏹𗦳𗡪𗋽,𗁾𗤋𗏹𗰖𗥾。𗈦𗦳𗠝𗫸,𗪾𗅤𗊢𘃺𘟀,𗹢𗣼𗁾𗤋。(优波离为佛剃发得入第四禅一,第 330 页 10 ~ 11 行)

佛王舍城内在,发剃能者无。唯童子一,名者[优波离],佛〈 〉发剃。③
佛在王舍城,无能剃发者。唯有一童子,名优波离,为佛剃发。

(2) 增补。

①补充词语,使表达更加清晰。

○汉文本:诸居士心念。
 ‥‥‥‥‥

西夏文本:𗥃𗦇𗵘𗤉𗦫𗤁𗋽。(跋难陀为二长老分物佛说其本缘六,第
 ‥‥‥‥‥‥
330 页 9 行)

① 《〈经律异相〉整理与研究》,第 58 ~ 60 页。

② 这里所说的"对译",和本文"贰"中夏译汉文中的"对译"不同。前者是指方法、技巧,它连同此处的其他方法技巧,都属于"贰"的意译。后者是遵从了目前学界的做法,按照西夏文的语序从"西夏文—汉文"字、词、句逐一的翻译,属于"直译"。

③ 此处为清楚说明列举了逐一与西夏文对应的金藏本汉文,在下文例句中则省略这一项,仅列意译部分。

诸户长心下念言。

居士，梵文 Grhapati，意为家长、家主、长者之义。𗆤，可对译为"尊"，也有"长"义。西夏文则以"𗾚𗆤"（户长），俗称"户主"，进行了对译。心念，心中思念。

○汉文本：时长老迦留陀夷得阿罗汉道，心念："……"

西夏文本：𗾚𗆤𗀭𗗊𗤋𗫻𗈁𗓽𗆀𗣼𗕵𗔴，𗤋𗤒𗦢𗧍："……"（迦留陀夷非时教化自丧其命七，第 334 页 8~9 行）

时长老迦留陀夷得阿罗汉道，心下念言："……"

○汉文本：时婆罗门妇牵挽不动，即大惊怖，念："是沙门……"

西夏文本：𗾚𗄛𗫻𗧘𗫻𗤋𗀀𗤌𗕵𗣼，𗕵𗤒𗦢𗧍，𗤋𗤒𗦢𗧍："𗧡𗦭𗧘……"

时婆罗门妇牵挽不动，起大惊怖，心下念言："是沙门……"（迦留陀夷非时教化自丧其命七，第 336 页 1~2 行）

○汉文本：过去世河曲中，有二獭在河中住。

西夏文本：𗣼𗦢𗧍𗤋𗣼𗤋𗓽𗙴，𗒀𗫻𗥩𗣼𗙴𗭼。（跋难陀为二长老分物佛说其本缘六，第 333 页 4~5 行）

过去世一河曲中，二獭住其河中。

○汉文本：是中有比丘少欲知足头陀行，闻是事，心嫌恨种种诃责……

西夏文本：𗧡𗤒𗔴𗆀𗯨𗤋𗙴𗧍𗛁，𗣼𗗊𗤒𗙴，𗧡𗒀𗣼，𗦢𗤤𗤒𗄍𗜁，𗕵𗕵𗝣𗝣……（跋难陀为二长老分物佛说其本缘六，第 332 页 11 行~第 333 页 1 行）

是中有比丘少欲知足，行头陀行，闻是事，故心下嫌恨，种种诃责："云何谓名比丘，作夺二长老物。"

𗄍（行），名词。𗛁（行），动词。𗙴𗧍（头陀），汉译又作杜多、杜茶、投多、偷多、尘吼多，或意译为抖擞、抖拣、淘汰、修治、浣洗、纷弹、弃除等，俗称僧人之行脚乞食者。头陀行，指修炼身心，摒除有关衣食住等一切贪欲的修行。补充𗪘（故）、𗠇（下），既明晰了句子的因果关系，也强调了嫌恨的处所是𗤤𗠇（心下）。

○汉文本：时迦留陀夷往其舍食……

西夏文本：𗾚𗗊𗤋𗫻𗈁𗣼𗕵𗙴𗝣𗤤𗛁𗫻……（跋难陀为二长老分物佛说

其本缘六，第 338 页 5 行）

时伽留陀夷往其舍处饮食……

○汉文本：唯愿天中天与诸沙门，下顾薄食。

西夏文本：𗥃𗥃𗄈𗥃𗥃、𗰖𗰖𗏵𗰖𗥃𗥃𗰖𗥃𗥃𗰖𗥃𗥃。（阿难与佛先世为善友八，第 343 页 2～3 行）

唯愿天中天、诸沙门与吾慈愍以顾饮薄食。

○汉文本："我今困厄，世尊大慈，宁不愍我。"

西夏文本："𗥃𗥃𗄈𗄈，𗥃𗥃𗥃𗥃，𗰖𗰖𗥃𗥃，𗥃𗥃𗥃𗥃𗥃𗥃𗥃𗥃。"（阿难为旃陀罗母以咒力所摄十一，第 355 页 8～9 行）

"我今困厄，我今蒙难，世尊大慈，何云不为我慈愍。"

𗥃𗥃𗥃𗥃，我今蒙难，汉文本无。

○汉文本：阿难谓山向比丘："……汝当得道，我故试汝，视汝志意耳。"

西夏文本：𗥃𗥃𗥃𗥃𗥃𗥃𗥃："……𗥃𗥃𗥃𗥃𗥃，𗥃𗥃𗥃𗥃𗥃𗥃，𗥃𗥃𗥃𗥃𗥃𗥃。"（阿难试山中比丘并问阿育王十四，第 366 页 6～8 行）

阿难谓山向比丘："……汝后世得道，我示现试汝，视汝志意。"

○汉文本：梵志即入，王问："……"

西夏文本：𗥃𗥃𗥃𗥃𗥃："𗥃𗥃𗥃𗥃。"𗥃𗥃："……"（阿难化施波斯匿王十三，第 365 页 12 行～第 366 页 2 行）

梵志得入言："中面来。"王问："……"

𗥃𗥃𗥃𗥃𗥃，言中面来，汉文本无此句。

②补充词语，改变句型，意在强调。

○汉文本：山中比丘言："我……反贪王女，耻辱佛道，是罪不小……"

西夏文本：𗥃𗥃𗥃𗥃𗥃："𗥃……𗥃𗥃𗥃𗥃，𗥃𗥃𗥃𗥃𗥃𗥃𗥃𗥃？𗥃𗥃𗥃𗥃……"（阿难试山中比丘并问阿育王十四，第 365 页 12 行～第 366 页 2 行）

山中比丘言："我……反贪王女，则我不毁佛道乎？是罪不小……"

（3）省译。

①主语省略。

○汉文本：还谢书生："力极，不能得多，乞原罪负。"

西夏文：□□□□□□："□□□□，□□□□，□□□□□□□□。"（阿难试山中比丘并问阿育王十四，第 364 页 9～10 行）

还于识字人曰："岂敢脱力，不（能）得多，〈汝等〉判罪。"

此句西夏文主语"□□（汝等）"省略，指三识字人［书生。"□"（人）原脱］。通过句尾呼应词"□"的分析，在完整翻译时应译出被省略的第二人称复数。

○汉文本：往语山向比丘："三识字人所为无道，汝等不诉告王处，何当令斩？"

西夏文：□□□□□□："□□□□□□□□□，□□□□□，□□□□□□。"（阿难试山中比丘并问阿育王十四，第 364 页 12 行～第 365 页 1 行）

语山向比丘："三识字人所为无道，〈汝等〉不诉告王处，何当令斩？"

何当，什么时候。此句西夏文主语"□□"（汝等）同样被省略。

②删减、缩减词语。

○汉文本：妇便唤之婢，语之使来，共相娱乐。

西夏文：□□□，□□□□。（迦留陀夷非时教化自丧其命七，第 338 页 4 行）

其子妇唤之，共享娱乐。

□，即"媳妇/子妇"。西夏文省略了汉文"语之使来"的翻译。

○汉文本：人生世间，须臾当死。

西夏文：□□□□□□。（阿难试山中比丘并问阿育王十四，第 365 页 6 行）

人间须臾复死。

此处西夏文的删减翻译，并不是严格意义上的成功范例，当属缺漏。□□，人间，金藏本作"人生世间"。据此，西夏文本缺漏应为"□□□□"。

（4）转译，调整句序。

○汉文本：欢豫……喜以忘饥，十有五日。亲助之，欢喜忘饥七日。

西夏文：□□□……□□□□□，□□□□□。□□□□，□□□□，□□□□。（阿难与佛先世为善友八，第 341 页 2～8 行）

欢豫……欢喜十五日，时已忘饥。父母随喜，欢喜七日，已忘饥。

（5）换译，改换词语。

换译多以常用常见、通俗易懂的同义、同类词语替代，或异文同义表达。对疑难词语进行同义互训、反训。

○汉文本：花结寻路曰："世幸有佛，家为秽薮。汝不作沙门为乎?"对曰："吾亲年在西垂，又俱丧明，恃吾为命，故不出家耳。"

西夏文本：〔西夏文〕："〔西夏文〕?"〔西夏文〕："〔西夏文〕。"（阿难与佛先世为善友八，第 346 页 7～9 行）

花结寻路曰："世间有佛，家为不净。汝不作沙门，谁宜?"对曰："吾父母年大，又眼亦不见，恃依于吾，故不出家耳。"

○汉文本：王言："我有一贵女，才操绝人……我贪道人为人温良……"

西夏文本：〔西夏文〕："〔西夏文〕……〔西夏文〕……"（阿难试山中比丘并问阿育王十四，第 365 页 9～11 行）

王言："我有一贵女，辩才无比……我贪修道者为人温良……"

○汉文本：二獭……河边得一鲤鱼……

西夏文本：〔西夏文〕……〔西夏文〕……（跋难陀为二长老分物佛说其本缘六，第 333 页 4～5 行）

二獭……河边得一大鱼……

○汉文本：夫王者之法，当以圣人教令，制御其心，恕己育民；妖言，烧国之火也，王其慎之。

西夏文本：〔西夏文〕，〔西夏文〕，〔西夏文〕；〔西夏文〕，〔西夏文〕。（阿难与佛先世为善友八，第 343 页 6～8 行）

王之制者是圣人法，当以制御其心，恕己育民。妖言者烧国火器也，王当慎之。

○汉文本：文殊言："……阿难事我二十余年，具八种不可思议……七者，未得愿智，而能了知，有后得者，皆能了知……"

西夏文本：〔西夏文〕："……〔西夏文〕，〔西夏文〕……〔西夏文〕，〔西夏文〕，〔西夏文〕，〔西夏文〕……"（阿难奉佛敕受持经典供给左右九，第 348 页 3～11 行）

文殊言："……阿难事我二十余年，具八种不可思议……七者，未得愿智，现得四果，或后获得（者），皆能了知……"

○汉文本：《贤愚经》云："阿难昔为长者，释迦为沙弥，使师课诵经，为乞食故，功程不止……"（阿难奉佛敕受持经典供给左右九，第349页4行）

西夏文本：《𘃡𗼲𘂤𗆜》𗰖𘏨："𗡮𗖕𗤭𗧘𗾞𗴾，𗦫𗬢𗢭𘗠𗴾，𗢏𘜶𘂤𗼲𗆜𗀚，𗩟𗓘𗉟，𗧙𗌭𗊩𗎬𗊱……"

《贤愚经》云："阿难昔为长者，释迦为沙弥，使师课诵经，（为）乞食故，则限量不足……"。

𗧙𗌭𗊩𗎬𗊱，限量不足，金藏本作"功程不止"，意为功课的限量不减。"课"是检查、考核的意思，"程"是规定的期限和进度。止，减省。

○汉文本：世尊却至九十日，当般泥洹。

西夏文本：𘟪𘓀𘓞𗠴𘗠𗾔𗴩，𗊩𘛛𗊩𘝯𘝊。（阿难七梦佛为解说十，第350页11~12行）

世尊却至九十日，当入涅槃。

般泥洹，梵语 parinirvana 的译音，即"般涅槃"，义为圆寂，与"涅槃"同义。涅槃，梵语 nirvana 的译音，意译圆寂。在"阿难七梦佛为解说十"均以"𗊩𘝯"（涅槃）来对译汉文本"涅槃"。

○汉文本：女曰："君母种成就沙门瞿昙第一弟子，波斯匿王所敬，末利夫人阿阇梨。"

西夏文本：𘔊𘝊："𗝢𘜶𘑨𗢭𘎑𘜘𘛇𗍫𘏨𗤭𘓷𘎨𗴾，𘔊𘓾𗧇𗾞𗄭𘟂，𗤻𘟤𘝏𘗢𘎨𘗢𘙶𘝊𗴾。"（阿难为旃陀罗母以咒力所摄十一，第35页5~6行）

女曰："君（以）母种成沙门瞿昙之第一弟子，波斯匿王所敬，为末利皇后之阿阇梨。"

成就，成为。《四游记·国王去蓬莱山修行》："妾乃寡居，见君堂堂仪表，愿奉桃与君，成就一对夫妇如何？"

○汉文本：阿难念言："……阿难亦尔。"

西夏文本：𗡮𗖕𘏨𘝊："……𗡮𗖕𘈷𘉒𗤭𗧘𗘺。"（阿难为旃陀罗母以咒力所摄十一，第356页9~12行）

阿难念言："……阿难亦与其一样。"

汉语的一个特点，是一字多义。西夏人对一字多义的用法把握很准确，还有通假字的概念。西夏翻译家对其的把握让人不得不佩服。如对"分""行"的翻译就十分到位。

○汉文：二长老作是念："是衣物分多，我等若分，知得何罪。"竟不敢分。

西夏文：𗦲𗼃𗰗𘄴𘃽𗠣𘊝："𘄴𗄈𗧓𘈷𗧫，𗧜𗄊𗔅𘝵，𘟃𗱕𘃽𗤒𘎑𗤲𘈷𗾈？"𗦲𘝵𘝵𗛽。(跋难陀为二长老分物佛说其本缘六，第 330 页 11 行 ~ 第 331 页 1 行)

二长老作如是念："是衣物纷多，我等若分，不知得何罪？"竟不敢分。

在汉文原文中，第一个"𗧫"（分）同"纷"，为繁多纷乱之义。第二、三个"𘝵"（分），为分配之义。西夏文则以不同的字，准确翻译出了不同的含义。此外，补出了"𘝵"（不），不仅使汉文内容通达明确，而且使陈述句变换成了疑问句。如果不借助西夏文，汉文不易读懂。

○跋难陀分是衣作三分。

𗰞𘕋𘐍𘄴𗼃𗝹𘝵𗆍𘟃𘃉𘕒。（跋难陀为二长老分物佛说其本缘六，第 331 页 10 行）

跋难陀乃分是衣作三分。

○跋难陀言："我若与汝等为分，则是中一好衣应与知法人，然后再分。"答言："与。"即出一上宝衣乃置一边，分余衣作二分，与二长老。

𗰞𘕋�華："𗧜𗄊𗦲𗄈𘃉𘝵𘕒，𘟃𘄴𘍦𘕋𗸹𘄑𘈷𗤒𘕋𘎑，𗤒𘟃𗱕𘝰�
𗧓。"𘞵𘃉："𘎑𘝵𘝰。"𗝲𘃽𘕋𘝱𘕋𘎑𗤹𘜎𘝮𘈺𘃉�÷，𗤂𘕒𗦲𗱕�，𗦲𘕋�
�É𘎑𘕢。（跋难陀为二长老分物佛说其本缘六，第 332 页 4 ~ 7 行）

跋难陀言："我若与汝等为分，则是中一好衣应与知法人，然后再分。"答言："与。"即出一上宝衣乃置一边，余衣作二分，与二长老。

其中把"分余衣作二分"译为"𗦲𘜎𗦲𘕢𘎑"（余衣作二分），可谓准确。

此外，在"阿难试山中比丘并问阿育王十四"中，西夏人以"𘝲𘏁𘟲"（识字人）来对译"书生"，可谓经典。

○汉文本：阿难又与两比丘化作三书生……

西夏文本：[illegible]，……（阿难试山中比丘并问阿育王十四，第 363 页 5～6 行）

阿难又与两比丘化作三识字人……

（6）合译。

○汉文本：阿难化波斯匿王施十三。

西夏文本：[illegible]（卷首目录第一品第 320 页 7 行、第 361 页 4 行）

阿难化施波斯匿王十三。

[illegible]，化施/施化。化施，即教化、施法之意。施化，即佛说法、化导众生。施是说法，化是化导、教化之意。汉文本作“化……施”，语义不明。

○汉文本：诸比丘取，著床上。持之出城，以火烧身，起塔供养。

西夏文本：[illegible]，[illegible]。[illegible]，[illegible]。（迦留陀夷非时教化自丧其命七，第 339 页 2～3 行）

诸比丘取，持著床上，复出城以火焚，起塔供养。

○汉文本：佛曰：“……不敢娶妻，惧傲其亲，以为不孝……”

西夏文本：[illegible]：“……[illegible]，[illegible]……”（阿难与佛先世为善友八，第 344 页 5～6 行）

佛曰：“……不敢娶妻，惧不孝顺父母……”

（7）分译。

分译多运用于复句中。

①以“[illegible]……[illegible]”结构的，可翻译为“譬如……”或“如……”

○汉文本：阿难念言：“……譬如大象王……阿难亦尔。”

西夏文本：[illegible]：“……[illegible]……[illegible]。[illegible]。”（阿难为旃陀罗母以咒力所摄十一，第 356 页 9～12 行）

阿难念言：“……譬如大象王……阿难亦与其一样。”

○汉文本：如大象王盛年六十醉暴凶恶，身大牙长，从铁靽得解，从城出逃走向空闲处。

西夏文本：[illegible]，[illegible]，[illegible]，[illegible]，[illegible]。（阿难为旃陀罗母以咒力所摄十一，第 356 页 10～

12 行）

譬如大象王盛年六十醉暴凶恶，身大牙长，（从）铁鞚得解，（从）城出逃走向空闲处。

②"……𗓲𗓦，𗢁……𗼻𘝯"，即"虽为……，然……未尝……"

汉文本：虽为陶家，未尝垦土惧害虫豸。

西夏文本：𘜶𘗋𗓲𗓦，𗢁𗼺𗿤𗵈𗟍𗀋𘓄𗼻𘝯。（阿难与佛先世为善友八，第 340 页 5 行）

虽为陶家，然垦土未尝惧害虫豸。

（8）改译词语。

佛教的主要作用是教化，给人以信仰的力量。为了实用性，西夏人的翻译，也改译了一些词语。

〇汉文本：王下车卸五威仪，作礼问讯。

西夏文本：𗒠𘚠𗤁𘐗𗏹𗁫𘎧𗣿，𗤁𘜶𗆈𗙴。（阿难与佛先世为善友八，第 343 页 1 行）

王下车五体投地，作礼问讯。

〇汉文本：亿岁以后，生第四兜率天上。

西夏文本：𗺉𘊝𗤁𗢭，𘋞𗣼𗤋𗤁𗼩𗒹𘔼。（阿难与佛先世为善友八，第 346 页 11 行）

百岁以后，生第四兜率天上。

〇汉文本：本殖善根，各应得道。

西夏文本：𘕣𘝶𗥩𗯟𗤁𘊞，𗼨𘝦𗰜𗗙。（阿难为旃陀罗母以咒力所摄十一，第 358 页 1~2 行）

以先殖善根，各应得道。

当然，在下例中还要讲到因为避讳，也有改译的现象。

此外，在西夏文的翻译中，虚词在句子中的运用，也是一个非常有趣的现象。相关语法现象可参考其他论著，在此不再赘述。

2. 西夏文《经律异相》的翻译特点。

相对于骈文体的汉文《经律异相》，而西夏人对此经的翻译比较质朴、语言也比较直白，意达有余，而文雅稍逊。民族化、本土化的特点跃然纸上，其最显明特点有以下几点。

（1）有避讳，但不是严格。

前述言道，《经律异相》为西夏皇太后梁氏共崇宗乾顺译，其后乾顺子——仁宗仁孝皇帝作了御校。在此校译过程中，"阿难与佛先世为善友八"反映了避讳的特点。有意思的是，在"仁孝"两字同时出现，仅仅是避讳"仁"，要么删除此字，要么用他字来代替。

○汉文本：佛曰："维绫县有至孝之子，其名欢豫……其为至仁、至孝，德难具陈……"王有愠心兴，佛曰："论功喻德，彼仁清贞信孝行难齐……仁德思亲，斯行难等……"

西夏文本：𗋑𗵡："𗗙𗧓𗢸𗰖𗰆𗉖𗑲𗙴𗣼，𗢸𗤒𗈈𗟲……𗆐𗄝𗑲𗙴，𗉘𗌰𗵡𗆐……"𗕋𗧤𗑲𗜈，𗋑𗵡："𗥻𗴱𗗙𗅁𗣼，𗒘𗏹𗵽𗴱𗑲𗦉𗏴𗙴𗱕𗣼，𗆐𗰭𗉖𗑲𗙴𗈈𗣼。𗕋𗴱𗥃𗏹𗰖𗜂，𗅁𗄾𗆐𗣼……"（阿难与佛先世为善友八，第 344 页 1~12 行）

佛曰："维绫县中有一至孝子，其名欢豫……（其）最为至孝，德难具陈……"王兴愠心，佛曰："论功喻德，彼人清贞孝信等同者无，皆于不孝顺者无。思王德与父母，斯行无比……"

○汉文本：欢豫仁孝难齐。

西夏文本：𗤒𗵐𗑲𗙴𗏹𗣼。（阿难与佛先世为善友八，第 340 页 8 行）

欢豫孝顺无比。

（2）强调、突出父母、夫妻人伦关系。

在"阿难与佛先世为善友八"中，汉文本"老亲""亲老""亲"，西夏文均以"𗥃𗏹"（父母）对译。

○汉文本：……供养老亲。

西夏文本：……𗥃𗏹𗰖𗌝𗥃。（第 340 页 7 行）

……供养父母。

○汉文本：亲老羸乏，已且失明……

西夏文本：𗥃𗏹𗆐𗰭，𗰖𗄾𗣼𗣼……（第 340 页 7~8 行）

父母已老，眼亦已盲……

（3）对物体数量、数字概念非常明确。

西夏文每遇汉文本数量词省略，或者不明确者，总是译以"一"来加以量化。

〇汉文本：母曰："有摩邓伽神语符咒……"

西夏文本：[illegible]："[illegible]……"（阿难为旃陀罗母以咒力所摄十一，第 354 页 2～3 行）

母曰："有一摩邓伽神语符咒……"

〇汉文本：王言："我有贵女……"

西夏文本：[illegible]："[illegible]……"（阿难试山中比丘并问阿育王十四，第 365 页 9 行）

王言："我有一贵女……"

〇汉文本：忉利天王释即来下，化作婆罗门……

西夏文本：[illegible]，[illegible]……（阿难去乞牛乳佛记其方来十二，第 359 页 9～10 行）

忉利释天王即来下，化作一婆罗门……

（4）用佛教术语比附翻译汉文底本不准确的词语。

佛教东部传入汉地后，出于弘法之需要，曾经一度混同于黄老之学、道教和玄学。如《四十二章经》称"学佛"为学道、为道、行道，称"释"为道、道法。西夏人为此作了规范翻译。

〇汉文本：佛告阿难："将二比丘尼及此女人……以此女为道，使得授具足戒。"大爱道问阿难言："云何阿难，世尊许旃陀罗女为道耶？"

西夏文本：[illegible]："[illegible]……[illegible]，[illegible]。"[illegible]："[illegible]，[illegible]？"（阿难为旃陀罗母以咒力所摄十一，第 358 页 10 行～359 页 2 行）

佛告阿难："将二比丘尼及此女人钵拓钵提瞿昙弥所，（以）此女剃度，使得授具足戒。"大爱道问阿难言："云何阿难，世尊许旃陀罗女出家耶？"

第一个"为道"，西夏文用"[illegible]"（剃度）对译。第二个"为道"，西夏文用"[illegible]"（出家）对译。

〇汉文本：王言："我有一贵女……我贪道人为人温良，欲以相与，故来报意。道人必当相从。"

西夏文本：[illegible]："[illegible]……[illegible]，[illegible]，[illegible]，[illegible]。[illegible]，[illegible]。"（阿难为旃陀罗母以咒力所摄十一，第 365 页 9～12 行）

王言："我有一贵女……我贪修道者为人温良，欲其与之，故来报言。修道者，必当依顺。"

○汉文本：阿难以道授山中比丘。

西夏文本：𗀚𗥦𗰗𗡝𗈪𗑗𗃀𗁠𗁅。（阿难试山中比丘并问阿育王十四，第366页10~11行）

阿难以法授山中比丘。

此外，还有"淫"、"岁节"等词语，也是如此。

○汉文本：佛曰："我于诸法中不见幻惑，如此女人以淫系意。"

西夏文本：𗅲𗓽："𗆐𗰗𗥦𗒀𗾈𗍫𗄊，𗆐𗙪𗧋𗈪𗁅𗄊𗏹𗬩。"（阿难为旃陀罗母以咒力所摄十一，第357页4~5行）

佛曰："我（于）诸法中不见幻惑，如此女人以欲系意。"

佛界教有所谓"四欲"之说，即情欲、色欲、食欲、淫欲四者。西夏文译""淫"为"𗏹"（欲），是从大处说教。

○汉文本：舍卫国岁饥，诸比丘各欲分散，以为岁节。

西夏文本：�259𗰗𗒀𗏃𗄊𗐙𗧋，𗰗𗁅𗈪𗤎𗱤𗅋𗭪，�259𗯓𗏽𗗿𗏹。（阿难化波斯匿王施十三，第361页5~6行）

舍卫国遭岁饥，诸比丘欲各自分散，去为夏坐。

�259𗯓，夏坐，又名坐夏，即结夏安居。

四　《经律异相》所表述的佛俗时间

行之有效的时空概念是古往今来人们认识事物、记载历史的方法。由于时代变迁，加之文化、信仰、民族等方面不同，典籍在表现宗教和世俗方面的时间观有着明显的差异。就佛教典籍来说，其反映时间观念就比较独特。《经律异相》在这方面的记载比较丰富，既有佛教时间（劫、世）的概念，又有世间的时间表述，而且可能有些是二者共用的（年、月、日、时）。

（一）关于劫、世的表述

1. 劫。

劫，梵语 kalpa，音译"劫波"之略称，意为时节、长时、大时。劫，原为古代印度婆罗门教表示极大时限的时间单位，佛教沿用来说明世界生成、毁灭的过程。佛教虽认为缘起诸法无始无终，但世界成坏之时以及佛菩萨修行、度生都有历程。其所用时间的单位，则以劫来计之。劫有大、中、小之分。二十小劫为一中劫，四中劫为一大劫。大千世界成毁于劫，周而复始。[①]

（1）以"……𗼈𗼇𘝶。𗰣𗼟𘑗𗲠"，表示"经……劫。到今/今者"。

○汉文本：犊子……语言："……经十六劫，到今乃得闻佛声……"

西夏文本：𗥃𗵺𘃸……𗵹𗿷："……𗼕𘎑𗼈𗼇𗲗。𗰣𗼟�37𘄒𗗥𘕣𘄒……"（阿难往乞牛乳佛记其方来十二，第 360 页 4 ~ 9 行）

犊子……语言："……经十六劫，到今（乃得）闻佛声……"

𗰣𗼟�7𗲠，字面义为"此刻然后"，汉文作"到今""今者"。

（2）以"𗻫……𘏨𘄬……𘝶𗲠𗻫"，表示"后为……时，……劫已后"。

○汉文本：佛言："牛母后弥勒佛时，与作沙门得阿罗汉道……二十劫已后，当作阿罗汉。"

西夏文本：𗗹𗵹："𗱕𘋕𗻫𘎷𗫨𘄒𗥃𘏨𘄬，𗘂𘃣𗭵𘏞，𗮅𗰔𗫽𘕰𗣗……𗢳𗥦𗼈𗲠𗻫……"（阿难往乞牛乳佛记其方来十二，第 360 页 11 行 ~ 361 页 2 行）

佛言："牛者后为弥勒佛时，使作沙门得阿罗汉道……二十劫已后……"

2. 世。

世，梵语 loka，音译"路迦"，时的别名，迁流之义。佛教认为，诸法的生、住、异、灭四相，显示出三时或三世（过去、现在、未来）的差别。若一法已生、已灭，即称为过去时（世）；此若未生，称为未来时（世）；若已生未灭，称为现在时（世）。所以时间没有实体，只是人们根据一切物质现象和精神现象生、住、异、灭的四相迁流而假立的观念。[②]

[①]　参阅宋道发《佛教史观研究》，宗教文化出版社，2009，第 319 页；陈兵《新编佛教辞典》，中国世界语出版社，1994，第 63 页。

[②]　《佛教史观研究》，第 318 页。

（1）以"□□□□"，表示"于过去世/过去世时"。

○汉文本：佛言："过去世时，波罗奈国王名梵达……"

西夏文本：□□："□□□□，□□□□□□□□□□……"（阿难化施波斯匿王十三，第361页9~10行）

佛言："于过去世，波罗奈国王名梵达……"

与此相关的还有："□□"（先世）。□□□□□□□□□□……（是妇先世已种善根，迦留陀夷非时教化自丧其命七，第336页10~11行）

本文献中还出现"□□"（七世），是指俗间父子相承为世，因以指一代。□□□□……□□□□□□□□□□□□□。（波斯匿王……则便即灭其七世首尾七门，迦留陀夷非时教化自丧其命七，第339页3~5行）

（2）以"□□"，表示"现世"。

○汉文本：现世免王之牢狱，死则杜塞三涂之门户。

西夏文本：□□□□□□□□，□□□□□□□□。（阿难与佛先世为善友八，第347页3~4行）

现世免王之牢狱，死则杜塞三涂之门户。

相关的有："□□"（此世、今世）。□……□□□□□："□□□□□，□□□□□□□□□□□□□□□□□□……"（佛……语诸比丘："是跋难陀，非但惟今世夺是二长老比丘之物……"跋难陀为二长老分物佛说其本缘六，第333页2~4行）

（3）以"□□"，表示"后世"（即佛教所说现世以外的未来世，指来世、来生）。

○汉文本：犊子……如是语言："……令我后世智慧得佛道。"

西夏文本：□……□□□□："……□□□□□□，□□□□□□□□□。"（阿难去乞牛乳佛记其方来十二，第360页4~10行）

犊子……如是语言："……令我后世智慧愿得佛道。"

这方面相关的词语还有：

"□□"（将来/未来/当来）。□□："□□□□□□□□□，□□□□□□□□□□……"（佛言："梦水中火然者，当来比丘违犯佛教……"阿难七梦佛为解说十，第350页9~10行）

"□□□"（方来）。□□□□□□□□□□□□□□□□……（阿难去乞牛乳佛

记其方来……阿难去乞牛乳佛记其方来十二，第359页4行）

"𗼖𗺔"（来生）。�menu"……�menu𗰖𗹙𗹏𗥫，𗤊𗥤𗵒𗎆𗼖𗺔，𗆈�menu𗊱𗤉𗋽……"（阿难［言］："……我后当为国王，山中比丘来生，我亦不相识……"阿难试山中比丘并问阿育王十四，第368页3~9行）

（二）关于年、月、日、时的表述

有关西夏文年、月、日、时的表述，有关论著虽有所涉及[①]，但新材料的出现，使其仍然有拓展的空间。

○关于年、月、日的完整表述有：……�menu……𗰖……𗋽（……年……月……日）

𗰖�menu𗉮𘝯�menu𗭴𗰖𗕌�menu𗕌𗋽（大德十一年六月二十二日）。

1. 年。

（1）𗈁𗰚（去年）、𗵒𗰚（今年）、�menu𗰚（后年、后岁，即明年的明年）。

○汉文本：诸居士心念："我等今岁布施，使如去年。"

西夏文本：𗵒𗧀�menu𗤉�menu𗔢𗼑："�menu𗧀𗵒𗰚𗆈𗔢𗋽，𗈁𗰚�menu𗰖……"（跋难陀为二长老分物佛说其本缘六，第330页9~10行）

诸居士心中念言："我等今岁亦布施，使如去年……"

○汉文本：佛后岁还祇洹安居……

西夏文本：𗭴�menu𗰚𗧼𗱕𗽉𗲲𗴾𗰚𗰖……（跋难陀为二长老分物佛说其本缘六，第330页8行）

佛后岁乃为祇洹中坐夏……

遗憾的是，本文献中没有"明年"的西夏文表述。

（2）其他情况的年度表述。

……�menu𗥫𗆊（过……年）、……𗊱�menu（……余年）、……�menu𗥼�menu（……岁以后）

○𗰖𗉮�menu𗥫𗆊：过三十年。

---

① 孙伯君：《西夏语时间名词简论》，《西夏研究》2012年第3期，第45~49页；史金波：《西夏文教程》，社会科学文献出版社，2013，第171~175页。

汉文本：佛告文殊："我成佛来，过三十年……"

西夏文本：[illegible]："[illegible]，[illegible]……"（阿难奉佛敕受持经典供给左右九，第 347 页 7 行）

佛告文殊："我成佛已来，过三十年……"

○[illegible]：二十余年。

汉文本：文殊言："……阿难事我二十余年，具八种不可思议……"

西夏文本：[illegible]："……[illegible]，[illegible]……"（阿难奉佛敕受持经典供给左右九，第 348 页 3 ~5 行）

文殊言："……阿难事我二十余年，具八种不可思议……"

○……[illegible]：……岁以后。

汉文本：亿岁以后，生第四兜率天上。

西夏文本：[illegible]，[illegible]。（阿难与佛先世为善友八，第 346 页 11 行）

百岁以后，生第四兜率天上。

○[illegible]：已积年岁（已经多年）、踰历年数。

汉文本：山中比丘言："……我奉佛法已积年岁，功德未成……"

西夏文本：[illegible]："……[illegible]，[illegible]……"（阿难试山中比丘并问阿育王十四，第 365 页 12 行 ~ 第 366 页 1 行）

山中比丘言："……我（奉）为佛法已经多年，功德未成……"

汉文本：踰历年数，不复相识。

西夏文本：[illegible]，[illegible]。（阿难试山中比丘并问阿育王十四，第 368 页 6 行）

踰历年数，彼不相识。

2. 月。

○[illegible]：却后月余（又一月方后）。

汉文本：却后月余，佛复至其家……

西夏文本：[illegible]，[illegible]……

其又一月方后，佛复至其家……（阿难与佛先世为善友八，第 341 页 8 ~9 行）

○[illegible]：三月。

汉文本：波斯匿闻，请佛及僧，三月供养。

西夏文本：𗾫𘜶𗰔𗋽𘗽，𗬂𗫂𗾟𗬂𘄡𗗙𗲉𗱚，𗢳𘜶𘎪𘎪𘟀。（阿难化施波斯匿王十三，第 361 页 8～9 行）

波斯匿王闻，又请佛及僧，三月供养。

3. 日（昼夜）、时。

（1）日期。

○𘝵𗰚𗰔𗬉：十有五日（十五日）。

汉文本：喜以忘饥，十有五日。

西夏文本：𘃡𘘥𗱚𘝵𗰚𗰔𗬉𗴺𗫻。（阿难与佛先世为善友八，第 344 页 8～9 行）

喜以忘饥十五日许。

○𗈁𗵀𗰔𗰚𘟀：九十日。

汉文本：世尊却至九十日，当般泥洹。

西夏文本：𗊯𗷰𗈁𗵀𗰔𗰚𘟀，𘊝𘏚𗊱𘇚𘔼。（阿难七梦佛为解说十，第 350 页 11～12 行）

世尊却至九十日，当入涅槃。

○𘒣𗷣𗰔𘍞𗭇：后数日（后过数日）。

汉文本：后数日，阿难又与两比丘化作三书生，衣被洁净，往到松中。

西夏文本：𘒣𗷣𗰔𘍞𗭇，𘖑𘝵𗰚𗝢𗤋𘁡𗢳𘟀𘇂𗗙𗱚𘔼，𗌭𘅆𘕣𘉋，𘜶𘃡𘕈𘑾。（阿难试山中比丘并问阿育王十四，第 363 页 5～7 行）

后过数日，阿难又与两比丘化作三识字人，衣被洁净，往到松树中。

○𗰔𗢳𘉋𘘥：日数如前。

汉文本：重喜忘饥，日数如前。

西夏文本：𘃡𘘥𗴺𗫻，𗰔𗢳𘉋𘘥。（阿难与佛先世为善友八，第 341 页 10～11 行）

重喜忘饥，日数如前。

（2）昼夜时分。

在古代印度用昼夜六时来记录一整天的时间。即晨朝、日中、日没（昼三时），初夜、中夜、后夜（夜三时）。佛教律典还以自晨朝至日中为正时；自日中至后夜之后为非时。非时者，非正时之意。并规定凡比丘须持非时食之戒。

○𗼃𗱠：朝晨、今晨。

汉文本：朝晨持钵入城乞食……

西夏文本：𗼃𗱠𗸰𗱠𗥃𗧘𗆟𗼓𗥃……（迦留陀夷非时教化丧其自命七，第335页3行）

今晨持钵入城中乞食……

○𗼃𗱠：平旦、今旦。

汉文本：阿难平旦著衣持钵……

西夏文本：𗰖𗆀𗼃𗱠𗸰𗃴𗸰𗱠……（阿难为旃陀罗母以咒力所摄十一，第357页6行）

阿难今旦著衣持钵……

平旦，清晨。《孟子·告子上》："其日夜之所息，平旦之气，其好恶与人相近也者几希。"

○𗹪𗱠𗱕𗧘：朝来、自起今朝。

汉文本：牛言："……我子朝来，未饮食也。"

西夏文本：𗺒𗋽："……𗺄𗶣𗹪𗱠𗱕𗧘，𗆟𗳦𗰜𗴴𗷅。"（阿难去乞牛乳佛记其方来十二，第360页2~4行）

牛言："……我子自起今朝，未饮食也。"

朝来，早晨。（南朝·宋）刘义庆《世说新语·简傲》："西山朝来，致有爽气。"

○𗼓𗱠：非时。

佛教戒律中对僧尼斋饭有"时"（正时）、"非时"之分。自晨朝至于日中为"时"，可进食；自日中至于后夜为"非时"，不可进食。

汉文本：过罪，皆由非时入于聚落。

西夏文本：𗔁𗴢𗧾𗱠，𗱕𗼓𗱠𗸰𗆐𗬜𗨳𗴜𗵒𗷅。（迦留陀夷非时教化自丧其命七，第339页7~8行）

此过罪者，皆是由非时入于村舍。

○𗷅𗤁：日没。

汉文本：迦留陀夷住为说法，苦相留连，乃至日没。

西夏文本：𗦜𗭪𗳦𗨳𗼶𗼓𗁬𗰗，𗼓𗱠𗰟𗣼𗷅𗤁𗱕𗸰。（迦留陀夷非时教化自丧其命七，第338页7~8行）

迦留陀夷乃为说法，留多时乃至日没。

○𗼲𗱠𗤁𗫉：昨夜（昨夜晚中）。

汉文本：阿难……"我昨夜梦凡见七事……"

西夏文本：𗄊𗆐……"𗫉𗼲𗱠𗤁𗫉𗤙𗰖𗙏𗰭𗫂……"（阿难七梦佛为解说十，第349页6~7行）

阿难……"我昨夜梦见七事……"

○𗤁𗤀𗭠𗰭：后夜（夜已后时、于后夜时）。

汉文本：于后夜中，即便命终，生忉利天。

西夏文本：𗤁𗤀𗭠𗰭，𗹦𗨁𗤀𗱕，𗰗𗤙𗰭𗏇𗫸𗹃。（迦旃延教老母卖贫遂得生天二，第224页8~9行）

于后夜时，即便命终，生忉利天上。

○𗤁𗵤𗭢𗚔𗰭：夜过已晨（夜过天已晨）。

汉文本：夜过已晨，佛与众僧入舍卫城……

西夏文本：𗤁𗵤𗭢𗚔𗰭，𗣼𗤀𗰶𗫂𗤶𗹬𗽊𗸮𗰭𗅹𗰭𗯿……（迦留陀夷非时教化自丧其命七，第338页12行）

夜过天已晨，佛与众僧相随乃入舍卫城中……

4. 时点、次序的时间表述。

（1）表述时点。

○𗾖：今。

汉文本：时夫……白："我今已得须陀洹道，君今可往。"

西夏文本：𗾖𗌮𗫸𗢸……𗒱："𗫉𗾖𗤙𗰞𗴺𗥼𗀛𗫂，𗠁𗾖𗰭𗶼𗖻。"（迦留陀夷非时教化自丧其命七，第337页8~10行）

时其丈夫……说："我今得须陀洹道，君今可往。"

○𗾖𗣩：当今。

西夏文本：𗾖𗣩𗭴𗩳𗋕𗩟𗓽𗤁！

当今皇帝圣寿万岁！

○𗵃𗩈𗾖𗡩：今者、到今（此刻然后）。

今者，复合虚词。"者"是结构助词；"今者"连用用于句首，表示所述事实是在"现在"这个时间段。"到今"，表示时间从之前延伸到现在。

汉文本：阿难言："……今者自知得脱生死。"便授阿育王罗汉之道。

西夏文本：𗐩𗗌：" ……𗀈𘐀𗏵𗐱，𗥃𗬫𗥺𘑞𗁦𗀻。"𘎑𘏿𘝩𗏹𘞌𘏼𘟣𗵽𘝪𗱢𗫣。（阿难试山中比丘并问阿育王十四，第 368 页 3～11 行）

阿难（言）：" ……此刻然后（自）知得脱生死。"便授阿育王罗汉之道。

汉文本：犊子……如是语言：" ……使我作牛马，经十六劫，到今乃得闻佛声……"

西夏文本：𗖰……𘐀𗶷𗗂𘏼："……𘝩𗒹𗏵𗁦𗁦𘇂𘎵，𘐀𘞌𗸰𘟣𗗉。𘐀𘏼𗏵𗐱𗣼𗀻𘇂𘏼……"（阿难去乞牛乳佛记其方来十二，第 360 页 4～9 行）

犊子……如是语言：" ……故（使）我作牛马，经十六劫，到今（乃得）闻佛声……"

"𘐀𗶷𗏵𗐱"，此刻然后，即金藏本作"今者""到今"。

○𘏿𗵽（𘏿𗵽）：尔时。

尔时，犹言其时或彼时。

汉文本：尔时老母奉而归依……

西夏文本：𘏿𗵽𘝪𗯔𗬺𗀗𗵽𘄽……（迦旃延教老母卖贫遂得生天二，第 224 页 8 行）

尔时老母修行归依……

○𘝩𗱢：寻、即便。

汉文本：迦旃延受，寻为咒……

西夏文本：𘘣𗫸𗱢𘏻，𘝪𗱢𘝄𗷗……（迦旃延教老母卖贫遂得生天二，第 324 页 1～2 行）

迦旃延受，寻为咒……

汉文本：是婆罗门即便往诣……

西夏文本：𗐵𗥃𗲠𗀃𘝪𗱢𗱲𗵽……（迦留陀夷非时教化自丧其命七，第 336 页 10～11 行）

是婆罗门即便往……

○𘝄：便、即。

汉文本：迦留陀夷便出于定……

西夏文本：𘘣𗫔𗱢𗴡𘝄𗜓𗫆𗥺𘄽……（迦留陀夷非时教化自丧其命七，第 336 页 4～5 行）

迦留陀夷便出于定……

汉文本：时此女人即在坐上，解四圣谛。

西夏文本：□□□□□□□□，□□□□□。（阿难为旃陀罗母以咒力所摄十一，第 358 页 6 行）

时此女人即在坐上，解四圣谛。

○□□□□：适去（去未大）。

汉文本：沙门适去，子归睹……

西夏文本：□□□□□□□，□□□……（阿难与佛先世为善友八，第 342 页 6 ~ 7 行）

沙门去未大，子归睹……

○□□：须臾。

汉文本：逐阿难后，不离须臾。

西夏文本：□□□□，□□□□。（阿难为旃陀罗母以咒力所摄十一，第 357 页 3 ~ 4 行）

逐阿难后，不离须臾。

汉文本：阿难……往告山向比丘："……人间须臾当死……"

西夏文本：□□……□□□□□□□，"……□□□□□□□……"（阿难试山中比丘并问阿育王十四，第 365 页 4 ~ 7 行）

阿难……往（告）山中比丘（言）："……人（生世）间须臾当死……"

○□□：突然。

汉文本：三书生……忽然自去。

西夏文本：□□□□……□□□□。（阿难试山中比丘并问阿育王十四，第 364 页 11 行）

三识字人……忽然自去。

（2）表述次序。

○□□/□□□：……后、之后、以后。

汉文本：佛泥曰后，法向欲尽。

西夏文本：□□□□□，□□□□□。（阿难七梦佛为解说十，第 351 页 3 ~ 4 行）

佛涅槃后，法将欲灭。

汉文本：佛泥日后，当有比丘无有法衣……

西夏文本：𘓺𘝞𘏟𗹪𗤼𗤼，𗿒𘟓𘟣𘟣𗹪𘔼……（阿难七梦佛为解说十，第351页8~9行）

佛涅槃之后，诸比丘无有法衣……

有关𗹪𗤼/𗹪𗤼𗤼的词语较多，如𘓺𘝞𘏟𗹪𗤼𗤼、𘓺𘝞𘏟𗹪𗤼（佛涅槃后、佛泥日后、佛泥洹后，出处可见书后索引3500310，3511208，3520514，3521007）。

○𗹪𗥤：……后。

汉文本：逐阿难后，不离须臾。

西夏文本：𗤼𗾷𗹪𗥤，𗼻𗿳𗹪𗾈。（阿难为旃陀罗母以咒力所摄十一，第357页3~4行）

逐阿难后，不离须臾。

○……𘏟𗾈𗹪𗤼：自从……后（……之后）

汉文本：阿难言："……自从佛去后，我人孤穷，持法不固，以致罪过……"

西夏文本：𗤼𗾷"……𘓺𘏟𗾈𗹪𗤼，𗿒𗤻𗨨𘝞𘏟𗵐𗹪𗤼，𘜓𘜥𘏟𗹪𗿒……"（阿难试山中比丘并问阿育王十四，第368页3~6行）

阿难（言）："……佛灭之后，我人孤穷，持法不固，以致罪过……"

五 《经律异相》在帮助理解、校勘夏汉
文本等方面的重要价值

正如《〈经律异相〉整理与研究》（下简称"整理本"）作者所言，（《经律异相》）"能够较全面地反映东汉至梁代丰富的语言事实，是中古汉语研究比较理想的语料，可以为中古汉语的音韵、文字、训诂研究及大型语文辞书的编纂、修订提供很多有价值的信息"[①]。与此相应，西夏文《经律异相》对帮助正确同名汉文本的再校勘、理解等方面有着重要价值。

---

① 《〈经律异相〉整理与研究》，第62页。

（一）有利于加深对汉文本关键字、词义的正确理解和校勘

〇汉文本：时二长老尽持衣出，著跋难陀前。

西夏文本：𗧃𗧒𗆀𗏵𗗒𗓽𗴤𗼩𗫂，𗏵𗆀𗢸𗏵𗓽𗧃。（跋难陀为二长老分物佛说其本缘六，第 331 页 8～10 行）

时二长老尽出衣服，乃置跋难陀前。

𗧃（置），金藏本作"著"，即"放置"。"著"在本卷中多有"穿、戴"等字义，西夏文本在此语境下译"著"为"𗧃"（置），可以说是准确。

〇汉文本：阿难试山向比丘并问阿育王十四。

西夏文本：𗩉𗄊𗾖𗥔𗎫𗤋𗥔𗐔𗫂𗏵𗣼𗷟𗖄𗓽𗫡。

汉文"山向"不易理解，西夏文以"𗾖𗥔"（山中/山间）来翻译，"向"，表示动作的地点、方向。

〇汉文本：阿难与两比丘复化作阿育王，往告山向比丘："……从我者佳；不从我者，道人必死。"

西夏文本：𗩉𗄊𗧃𗎫𗤋𗥔𗫂，𗏵𗣼𗷟𗖄𗓽𗫡𗫂，𗾖𗥔𗎫𗤋𗧃𗓽𗩉："……𗫁𗫂𗆀𗴤，𗖄𗓽𗷟𗥔；𗫁𗫂𗏵𗆀𗴤，𗖄𗫂𗗓𗵈𗬺。"（阿难试山中比丘并问阿育王十四，第 365 页 4～8 行）

阿难与两比丘复化（作）阿育王，往（告）山中比丘（言）："与我依顺则住；不与我依顺则必死。"

"𗆀𗴤"，依顺/从。"𗷟𗥔"，住。汉文本作"佳"，"整理本"仅列出《中华大藏经》金藏本作"任"的异文。"佳""任"在本文中文义均不通。显然，"住"形似讹误作"佳""任"。

〇汉文本：佛曰："……为父母陈丧明之苦，不清睹佛言之流涕……"

西夏文本：𗢳𗫂："……𗐆𗹙𗥑𗸎𗫂𗴤𗣼𗬺，𗫁𗾖𗳷𗐆𗫂𗴤𗣼𗵈𗵃𗱲𗸕……"（阿难与佛先世为善友八，第 344 页 7～8 行）

佛曰："……陈父母眼不见之苦，清净而不睹佛言则流涕……"

（二）有利于理解汉文本的重要疑难、同义词语

佛教教理深奥，术语繁多，即使汉文本，有许多词语也让人不明就里。

1. 分卫（𗏵𗎫）/分卫供给（𗎫𗆀𗸎𗫂𗬺）。

○汉文本：阿难平旦著衣持钵，入舍卫城分卫……

西夏文本：[西夏文]……（阿难为旃陀罗母以咒力所摄十一，第357页6行）

阿难今旦著衣持钵，入舍卫城乞食……

○汉文本：分卫供给，有则欢乐，无则愁苦。

西夏文本：[西夏文]。（阿难七梦佛为解说十，第351页10~11行）

分卫供给，得时欢乐，无时愁苦。

"分卫"（梵 paindapātika），谓僧人乞食，指修道者每日至民家门前接受饭食等物的给予。又作团堕或托钵。音译为宾荼波底迦、傧荼夜波多、宾荼夜。印度多抟食作团，堕叠于钵中；团堕乃就乞得之食而译。《释氏要览》卷上引《僧祇律》谓，乞食分施僧尼，卫护令修道业，故称分卫。西夏文以"[西夏文]（乞食）"对译，可以说是理解精到。"[西夏文]"，供给、奉给、奉侍、事。

2. 贡高/憍慢（[西夏文]）。

○汉文本：佛知王心有贡高意……

西夏文本：[西夏文]……（阿难与佛先世为善友八，第343页11~12行）

佛知王心起贡高……

汉文本：阿难具足八法，堪能受持十二部经：……六者，心无憍慢……

西夏文本：[西夏文]：……[西夏文]……（阿难奉佛教受持经典供给左右九，第348页12行~349页3行）

贡高，佛教语，指夸功，骄傲自大自以为高人一等。"贡"有"功"的含义，"高"有"自高"之义。"贡高"与"自大""憍慢"（骄慢、骄嫚）有相近之处。憍慢，指傲慢。《百喻经·磨大石喻》："方求名誉，憍慢贡高，增长过患。"《汉书·五行志中之上》："与驺奴宰人游居娱戏，骄嫚不敬。"

3. 死/（[西夏文]、[西夏文]、[西夏文]）。

西夏文献对死亡有不同的表述。"[西夏文]"，似泛指一般意义上的死亡，为"生老病死（[西夏文]）"之"死"义。"[西夏文]"，似多指实际意义上的某人、某种动物已经死亡。"𗰖"，似指已经死亡的尸体。

　　○汉文本：年老困悴，思死不得。

　　西夏文本：□□□□，□□□□。（迦旃延教老母卖贫遂得生天二，第322页12行~第323页1行）

　　年老困悴，死亦不得。

　　○汉文本：若闻在我家死者，我等大衰。

　　西夏文本：□□□□□□，□□□□□□。（迦留陀夷非时教化自丧其命七，第336页3~4行）

　　若闻已死我家中，我等大衰同值。

　　○汉文本：小象……遂便饥死者……死坠地狱。梦见死师子王，名曰企萨……

　　西夏文本：□□……□□□□□□□□□……□□□□□□。□□□□□，□□□□□……□□□□□。（阿难七梦佛为解说十，第352页4~9行）

　　小象……其遂饥死者……死复堕地狱。梦见一师子王死，名曰企萨……

　　○汉文本：取四死人髑髅，种种香涂其上……

　　西夏文本：□□□□□□，□□□□□……（阿难为旃陀罗母以咒力所摄十一，第354页10~11行）

　　取四死人髑髅，种种香涂……

　　此外，相关的还有：奴（□）/婢（□□）、大家（□□、□□□□）。奴婢/（□□□）。

（三）西夏文《经律异相》有助于汉文"整理本"的再校证

　　佛教名相众多，艰涩难懂，标点最容易出现错误，并进而严重影响对全文的理解。"整理本"也不例外。

　　○汉文本：欢豫怅然，悲喜交集曰："佛为如来，无所著至。真等正觉，道法御天。人师、诸天帝王肃虔供馔，常恐不致世尊……"①（"整理

---

① 此处双引号""，在《〈经律异相〉整理与研究》中为单引号''。为行文方便，在此改为双引号""。

本"第284页16~17行)

西夏文本：𗰖𗧓𗅲𗆧，𗥩𗼻𘓚𗫨："𗼶𗦻𗤁𗄉𗥇、𗰖𗶷𗜈、𘜶𗾴、𗰖𗼜𘋠、𘏞𘍦𗈁𘍏、𗮻𗩾𘒤。𗫜𗡞𗕤𘕚𗼶𘒠𗵩𘝻，𗱊𘏞𘓼𘋠𗱦……"（阿难与佛先世为善友八，第341页2~4行）

欢豫怅然，悲喜交集曰："佛为如来、无所著、至真、正等觉、法御、天人师。诸天帝王归心供馔，常恐不致……"

在常见的佛教辞典、经书中佛尊号有十种（十一种、十二种）：如来、应供、正遍知、明行足、善逝、世间解、无上士、调御丈夫、天人师、佛世尊。①

实际有关佛尊号在不同典籍中还有大同小异的记载，即使同一种经典也有不同。现存的《药师经》四译，其一有："佛告文殊师利：'东方去此佛刹十恒河沙世界，有佛名曰药师琉璃光如来、无所著、至真、等正觉、明行足、善逝、世间解、无上士、调御丈夫、天人师、佛世尊，度脱生老病死苦患。'"（东晋天竺三藏帛尸梨蜜多罗译《佛说灌顶拔除过罪生死得度经》）。其二中佛的尊号被译为："……吉祥王如来、应供、正等觉、明行圆满、善逝、世间解、无上士、调御丈夫、天人师、佛世尊……'"（隋天竺三藏达摩笈多译《佛说药师如来本愿经》）。其三有玄奘"新译"本："佛告曼殊室利：'东方去此过十殑伽沙等佛土，有世界名净琉璃，佛号药师琉璃光如来、应供、正等觉、明行圆满、善逝、世间解、无上士、调御丈夫、天人师、佛、薄伽梵。'"② 其四有："……佛为如来、无所著、至真、正等觉……"（唐三藏法师义净奉诏译《药师琉璃光七佛本愿功德经》）。

后汉竺大力、康孟详共译《修行本起经》卷上也有"佛告童子：'汝却后百劫，当得作佛，名释迦文如来、无所著、至真、等正觉……'"③

佛之尊号，简浅言之如下：

（1）如来（𗰖𗧓）：音译为多陀阿加陀，谓乘如实之道而来。

（2）无所著（𗰖𗶷𗜈）：谓佛知心如幻，追求无所执著、无得无依的

---

① 《新编佛教辞典》，第4页。
② 许颖译注《中华经典藏书：地藏经 药师经》，中华书局，2009，第200页。
③ 陈开勇著《宋元俗文学叙事与佛教》，上海古籍出版社，2008。

“心无所著”终极境界。《长阿含经》卷二有“欢喜信佛、如来、无所著、等正觉，十号俱足。”

（3）至真（[illegible]）：如来离一切之虚伪，故曰至真，亦应供（指受人天供养）。《行事钞》下之二曰：“南无如来无所著至真等正觉。”（《丁福保佛学大词典》）

（4）正等觉（[illegible]）：或谓“等正觉”，梵语“阿耨多罗三藐三菩提 Anuttarasdmya-ksam bodhi”的译名，与“正遍知”同义，也是“无上正等正觉”的略称。谓佛的智能平等且正直，遍及一切众生。“等正觉”亦称“正觉”，谓佛平等正确的悟得。“等觉”之意，别教所说五十二位中，第五十一位的位阶，菩萨修行的极位。汉文本早期译作“等正觉”。（《佛教哲学大词典》）

（5）法御（[illegible]）：或译以法调御、道法御。法御，以法驾驭。“任相之道与任将不同……而其有不羁不法之事，则亦不可以常法御。何则？”[1]“调御丈夫，具丈夫法乃能说经调御众生也。”[2]

（6）天人师：谓佛说正法，教导神与人，故曰天人师。

（7）明行足：谓佛天眼、宿命、漏尽三明和身、口、意之行业圆满具足。又作明行成为。[3]

（8）善逝：谓以一切智为大车，行八正道而入涅槃。

（9）世间解：谓了知众生、非众生两种世间，故知世间灭和出世间之道。

（10）无上士：如诸法中，涅槃无上；在一切众生中，佛亦无上。

（11）佛世尊：佛即自觉、觉他、觉行圆满，知三世一切诸法。世尊即具众德而为世人所尊重敬仰。

上述十一号，在一些经论中，有将“佛世尊”分开的十二号；亦有删除“无所著”，将“世间解”与“无上士”合为一号，或将“无上士”与

---

① 王宝华主编《唐宋八大家大全集·苏洵·任相》（珍藏本），百花洲文艺出版社，2012，第301页。

② 藏经书院《新编卍续藏经　第71册　中国撰述　大小乘释律部　大小乘释论部·佛说斋经科注一卷·明智旭科注》，新文丰出版公司，1995，第157页。

③ 弘学注《佛说兴起行经》，巴蜀书社，2008，第68～69页。下同。

"调御丈夫"合为一号的十号之说。

"整理本"由于未明佛之诸多尊号，故而在标点方面出现了错误。

（四）夏汉文《经律异相》对照有利于两种文本的修订

〇汉文本：佛言："牛母后弥勒佛时，与作沙门得阿罗汉道。……二十劫已后，当作阿罗汉佛，度脱天下万民。"（"整理本"第 290 页 19～20 行）

依原西夏文本句读：𘝞𗑾："𗥔𗅲𗉑𗼻𗤋𘝞𗨴𘝲，𗷗𘝬𗩴𗫔，𗤮𗜓𗄈𗆟𗧃……�you12𗀔𘕿𗱅𗤮𗜓𘝉𗧃𗏁。"�凝𗴟𗥤𗭜𗀔𘜶�。（阿难去乞牛乳佛记其方来十二，第 360 页 11 行～361 页 2 行）

佛言："牛者后为弥勒佛时，使作沙门得阿罗汉道。……二十劫已后得阿罗汉。"见佛度脱天下万民。

汉文本在标点时以"……阿罗汉佛，度脱天下万民"为佛之言。"整理本"在所列《中华大藏经》金藏本"校勘记"资福藏、碛砂藏、普宁藏、永乐南藏、径山藏、清藏中俱作"佛名乳光如来度脱一切"。高丽藏本同"整理本"。

在西夏文对话引述句中，句尾起虚词作用的"𗏁"与句首主语后的动词"𗑾"（曰、说）相匹配、呼应，表示一句话的结束。据此"度脱天下万民"当在引述语后。

结合各版本和本文前后内容，两个文本都有对错的地方。相同的错是衍出了"阿罗汉"三字。"整理本"以"度脱天下万民"为佛之言，正确。西夏文本以"𗑾……𗏁"呼应断句，为错。

根据西夏文语法，正确的内容似应是："𘝞𗑾：'𗥔𗅲𗉑𗼻𗤋𘝞𗨴𘝲，𗷗𘝬𗩴𗫔，𗤮𗜓𗄈𗆟……�you12𗀔𘕿𗱅，�凝𗴟𗥤𗭜𗀔𘜶��1。'"

即："佛言：'牛者后为弥勒佛时，使作沙门得阿罗汉道。……二十劫已后见佛，度脱天下万民。'"另，"见"通"现"。

汉文本标点似应是："佛言：'牛母后弥勒佛时，与作沙门得阿罗汉道。……二十劫已后当作佛，度脱天下万民。'"

贰 《经律异相》西夏文校读、译注

编排说明

为压缩篇幅，方便编排，西夏文《经律异相》的校读和译注合并进行。依据同源、同系统、同时代，也最为接近已佚失的"开宝藏"而现存的"金藏"广胜寺本（载《中华大藏经》，本文中简称"金藏本"）为夏汉对译底本，兼及高丽藏等。

（一）录文、校读

（1）录文以《中国藏西夏文献》中国家图书馆藏本为底本，各品依次标示底本所在页面。品内则按照文意进行分段和新式标点，其后亦加注（），表明其在该文献图版总数中所在的行数。如"迦旃延教老母卖贫遂得生天二"之第一分段为"第 322～323 页（0909～1002）"。第 322 页、0909 分别表示该段起始于处于原文献的第 322 页，即图版 9 第 9 行。

（2）校读是对一定语境下，意义明确、不规范的底本西夏字（多笔少画）、异体字、因形误的错讹字、缺文，在录文中以脚注形式进行说明。缺文部分填补原则有四：一为文中重出之语，二为专有名词所缺部分，三为对照汉文，据残存字形和上下文义揣摩补出，四为有文意明确的金藏本。

（3）原件上的笔误，文献整理过程中出现的倒页、倒行现象以及据残存字形和上下文义新补之西夏字，在脚注中一并指出。

（4）"□"表示原卷缺字，"……"表示缺多个字。补字加"□"以示区别。

（二）译注部分提供西夏文的汉文对译、意译和注释

1. 对译

侧重字、词，尤其是固定词组在句子中的语法和意义。即使是起虚词作用的实词，也以虚词处理。以〈〉表示难以用汉字表达的西夏文虚词。对其省略句的成分以〈〉内文字反映。

2. 意译

对原文没有译出的虚词和缺漏的字词，以（）内文字保留。文末并附金藏本原文出处，以供参考。

3. 注释

按传统习惯，偏重与汉文不能形成字面对应的西夏词语，并包括译音词和语法词，只标首见，并注明"下同"。部分佛教术语随注作解。

（三）经律异相索引

文末附录为方便检索和使用，在"《经律异相》西夏文校读、译注"之后编排索引内容有二：一为西夏文、二为汉文索引。

一　优波离为佛剃发得入第四禅一

录文、对译（第 316 ~ 322 页）

第 316 页（0301 ~ 0303）：

𗗔𗰖𗋽𘃡𘃎𗯿𘃜𗍳𗢯𗎉𗖰𗗙𗾈𘝞𗵘𗏁

𘒣𗽜𘃡𘃫𗯿𗣼𗫼𘄄

𗗨𗬩　�萊𗗔𗏇𗰔𘝃　𗣫𗡙　𗦳𗚘

大元国天下一统世上独尊福智名德主集

当今皇帝圣寿万岁

敕奉　一全大藏经　印制　流通

第 317 页（0401 ~ 0402）：

𘒣𗽜𘃡𘃫𗯿𗣼𗫼𘄄

〔西夏文〕

当今皇帝圣寿万岁

太［后］皇后天寿与齐

第 318 页（0501～0503）：

〔西夏文〕

〔西夏文〕

〔西夏文〕

敕奉大德十一年六月二十二日

皇太子寿长千秋使见

大藏经五十［部］　印　流通

第 319 页（0601～0605）：

〔西夏文〕（〔西夏文〕　〔西夏文〕）〔西夏文〕

〔西夏文〕

〔西夏文〕

〔西夏文〕

经律异相卷十五第（声闻学无三第　僧部四第）　　为

汉本沙门僧旻　宝唱等所集

智胜禄广民治礼集德盛皇太后［梁］氏　　御译

神功禄胜德习庶治仁净皇帝［嵬名］　　御译

天奉道显武耀文宣神谋睿智义制邪去淳睦懿恭皇帝［嵬名］　　御校

第 319～320 页（0606～0708）：

〔西夏文〕①〔西夏文〕

〔西夏文〕②〔西夏文〕

〔西夏文〕[1]〔西夏文〕[2]〔西夏文〕

---

① 〔西夏文〕（第四禅）。〔西夏文〕（第），疑脱，据金藏本应补，下同。

② 〔西夏文〕（伽旃延）。〔西夏文〕（旃），原误作〔西夏文〕（［折］），据图版第 322 页第 9 行，应改。

［优波离］佛为发剃四禅第入得一

［伽旃延］母老〈〉教贫卖遂天上〈〉生二

［难陀］［奈］女为足接内愧生闲居道得三

［难陀］三十相有佛与相似四

［毕陵伽婆蹉］神足以牛牧女人〈〉化五

［跋难陀］二长老〈〉物分为佛其本缘说六

［迦留陀夷］非时教化其自命〈〉丧七

［阿难］佛与先世善友为八

［阿难］佛勅奉经典受持左右供给九

［阿难］七梦佛解说为十

［阿难］［旃陀罗］母之咒力以所摄十一

［阿难］牛乳乞去佛其方〈〉来记十二

［阿难］［波斯匿］王〈〉化施十三

［阿难］山中［比丘］试并［阿育］王〈〉问十四

注释：

[1] 此二字组成一固定格式，一是用在多数被动句主动者即行

———————————

① 毕陵伽婆蹉。形误为，据图版第329页第5行，应改。

为发出者之后，起介词作用，相当于汉语的"被""为"字。① 二是置于名词之后，强调前面的是施动者，没有词汇意义。② "𗐆𗣼"在此是第一种情况，作"为"，金藏本作"得"。第二种情况见第三品注 [25]。下同。

[2] 𗠹𗤶𗖖𗤁，生内愧，金藏本作"内愧"，下同。𗤶𗖖，愧/羞愧。

[3] 𗑱𗼮，牧牛，金藏本作"放牧"。

[4] 𗈁𗟻𗄈𗢸𗵽，自丧其命，金藏本作"致丧其命"，下同。

[5] 𗗙𗆟，供给/奉给/奉侍/事。

[6] 𗵒𗖎，去乞，金藏本"乞"，下同。

[7] 𗤁𗰜𗤪𗢈𗐯𗰗𗥹𗇋𗆟，阿难化施波斯匿王，金藏本作"阿难化波斯匿王施"，下同。𗇋𗆟，化施/施化。化施，即教化、施法之意。施化，即佛说法、化导众生。施是说法，化是化导、教化之意。

[8] 𗵒𗰜𗜓𗰗𗤁𗴺𗉛𗎆𗧓𗰗，试山中比丘并阿育王。𗵒𗰜，山中/山间，金藏本、大正藏作"山向"，下同。"向"，介词，表示动作的地点、方向。"𗎆𗧓𗰗"（阿育王），第十四品正文中又作"𗎆𗐆𗰗"。在第十四品中译"阿育王国"，"阿育国王"分别为"𗎆𗐆𗴺𗰗"，"𗎆𗅲𗴺𗰗"。可以肯定此经的翻译并非一人完成。

第 320 页（0709 ~ 0712）：

𗰗𗤪𗣼𗇋𗥹𗉛𗒛𗗙𗉛𗜓𗤁𗣼𗰜�

𗇋𗖎𗑱𗤁𗠹𗢸，𗉛𗒛𗤁𗥔𗧓。𗤁𗟻𗤪𗣮[9]，𗤁𗑉𗰗𗤪𗣼，𗇋𗥹𗉛𗒛。𗈁𗟻𗄈𗵽𗇋𗗰𗆟𗢸𗡥𗍷[10]，𗇋𗥹𗐛𗖎："𗉛𗒛𗤁𗰜𗪊𗘝[11]，𗤁𗟻𗀖𗀖𗧓𗐆。"

[优波离]佛〈〉发剃四禅第入得一

佛王舍城内在，发剃能者无。唯童子一，名者[优波离]，佛〈〉发剃。其童子父母佛向前在掌合，佛〈〉言语："发剃甚中善者，但身太曲为。"

注释：

[9] 𗣮，本义为"有一个"。此字在不同的语境下，意义有所区别，可

---

① 《西夏文教程》，2013，第 231 ~ 232 页。
② 聂鸿音：《西夏文〈新集慈孝传〉研究》，宁夏人民出版社，2009，第 108 页。

译一/有。金藏本作"有。"下同。

[10] 𗹫𗥃，合掌，金藏本、高丽藏本"掌"下有"白"。"白"，《资福藏》《碛砂藏》作"立"。

[11] 𗷀𗼃𗜓𗤋𗈁𗧓，甚善剃发者，即金藏本作"甚能剃发"。

第 321 页（0801～0807）：

𗴼𗴦𗯛𗥝𗅆𗇋𗇗𗇗𗅲①𗾔，𗲲𗲲𗈁𗾔，𗼃𗈁𗼖𗈁𗗙𗈼𗤻[12]。𗹫𗥃："𗧾𗼃𗥃𗤋𗤻，𗇗𗲲𗲲𗾔𗗙𗤻[13]。"𗴼𗴦𗥃："𗲲𗲲𗈁𗾔𗈼𗤻。"𗈁𗥃："𗧾𗼃𗥃𗤋𗤻，𗅆𗼃𗤻𗗙𗾔。"𗴼𗴦𗥃："𗅆𗼃𗤬𗈁𗈦，𗈁𗯛𗈁𗹫𗥋𗸠𗉾。"𗹫𗥃："𗧨𗹫𗼃𗤋𗤻，𗀃𗼃𗈦𗈘。"𗴼𗴦𗥃："𗀃𗼃𗤬𗈁𗈦，𗈁𗯛𗈁𗹫𗥋𗸠𗉾。"𗻻𗄊𗤶𗄁𗀃𗧾𗼃𗬫𗢳𗮃𗧫𗥝。

父母儿〈〉教身小直，太莫直，息粗太勿过〈〉〈〉。又言："头发剃善者，身太直所〈〉。"父母言："太莫直〈〉〈〉。"佛言："头发剃善者，入息粗为所。"父母语："入息〈〉莫粗，佛〈〉莫不安宁令。"又言："头发剃善者，出息粗太。"父母言："出息〈〉莫粗，佛〈〉莫不安宁令。"时[优波离]出入息尽四第禅入。

注释：

[12] 𗼃𗈁𗼖�1�9𗈼𗤻，粗息勿太过，即金藏本"使出息不得粗大"。𗤻，语、谓，引述词，置于所引述话语完结后，表示前面为引述语，话语完结。在引述时，𗤻与句首主语后的动词𗥃、𗥃𗤻"曰、说""言语"相匹配、呼应，意译时不出现。下同。

[13] 𗇗𗲲�2�4�9�9，身所太直，即金藏本作"而身太直"。�2，好。�2�2，意为"甚好"，这里并不是在"好"意上加深，而是表示程度的加深"太"。

第 321 页（0807～0810）：

�1𗹙𗴼�·�·�9："�·𗄊�·𗄌�·�·𗄊�·�£�·�·，𗸉𗹜�€�·�·�·[14]。"�·�·�·�£。

---

① 𗇗𗇋（小）。底本"�7"误，改。

□□□□□□□□□□□□□□，□□□□□□。绀髯："□□□□□□□。"

佛[阿难]〈〉言语:"[优波离] 四第禅已入,汝其刀〈〉取〈〉〈〉。" [阿难] 教奉。[阿难]发盛用器故持,世尊之发收。佛言:"器故内不盛应〈〉。"

注释:

[14] □□□□□□□□,汝取其刀。"□",语气助词,表示趋向行为主体或说话者的方向。"□□",同上。

第 321～322 页 (0810～0904):

□□□□□□□□，□□□□□□□[15]，□□□□□□□。□□□□□□，□□□□□□□[16]。绀髯："□□、□□、□□、□□□□□；□□[17]、□□□□□、□□□□□□□。" □□[18]："□□□□□□□?"[19] 绀髯："□□□□，□□□□，□□□□□□□[20]□。"□□□□□□□□□□□□□[21]，□□□□□□□□□□[22]。

时[瞿波离]王子有,军将征讨〈〉去,佛处头发索来。佛王〈〉〈〉与,王得又安处迷失。佛言:"金塔、银塔、宝塔、杂宝塔中安;杂绢、[钵肆酰岚婆]衣、[头][罗]衣以系裹应。"王言:"何云持奉迷失?"佛言:"象马车乘,若辇若舆,若头肩上置应〈〉。"时王子世尊〈〉头发〈〉持〈〉去,所〈〉征处皆悉〈〉胜。

注释:

[15] □□□□□□,将军去行征,即金藏本作"将军征讨"。□,动词"将"。□,助词,动词"□"的前缀。

[16] □□□□,迷失安处,即金藏本作"不知所安"。□□,迷失,相当于"不知",下同。

[17] □□,杂绢,金藏本作"缯彩"。

[18] □□,王言,金藏本作"又云"。

[19] □□□□□□,何云奉持迷失,金藏本作"不知何持"。

[20] □□□□□□,若头肩上应置,即大正藏本作"若头肩上担"。

[21] □□□□□□□□□□,王子持世尊头发去,即金藏本作"持

世尊头发去"。"㧱"为动词前缀,表示"持"的开始。

[22] 㩀㧱◌◌◌◌◌◌,所征处皆悉胜,即金藏本作"所往征讨得胜"。

第 322 页(0904~0908):

◌◌◌◌◌◌◌◌,◌◌◌◌◌◌,◌◌◌◌◌◌[23]◌◌,◌◌◌◌◌◌◌◌◌◌。◌◌:"◌◌◌◌◌[24],◌◌◌◌◌◌◌◌◌◌[25]。"◌◌◌◌◌◌,◌◌◌◌◌◌[26],◌◌◌◌。◌◌:"◌◌◌◌,◌ 囟|◌①◌◌◌。"(《◌◌◌》◌◌◌ 囷|◌◌② ◌◌◌)

时彼王子本国〈 〉还,佛发塔〈 〉起,此者世尊在时塔是,后诸[比丘]行时亦前物以盛持。佛言:"头上置应不,亦塔持大小便安处往应不。"[比丘]恭敬为故,一处宿获不敢,别房内置。佛言:"杙高上安,或头边置应〈 〉。"(《四第律》四第分卷三第中于出)

注释:

[23] ◌◌,在时,金藏本作"在世"。

[24] ◌◌◌◌◌,不应头上置,即金藏本作"不应头戴"。

[25] ◌◌◌◌◌◌◌◌◌◌,不应持塔往大小便处安,即金藏本作"不应持塔往大小便处"。◌◌,对译大正藏本"大小便"。◌,屎尿。

[26] ◌◌◌◌◌◌,不敢获宿一处,金藏本作"不敢共同宿"。

意译(第 316~322 页)

大元国天下一统世上独尊福智名德主集

当今皇帝圣寿万岁

奉敕 印成流通一全大藏经

---

① ◌◌(头边)。◌(头)底本脱,据金藏本,应补。

② ◌◌(第三),金藏本作"第三卷"。◌(卷)原脱,应补为(◌◌◌)。下同。

当今皇帝圣寿万岁

太后皇后寿与天齐

奉敕 大德十一年六月二十二日
皇太子长寿使见千秋
印流通大藏经五十部

　　　　经律异相卷第十五（声闻无学第三　僧部第四）　　为
　　　　　　　汉本沙门僧旻　宝唱等所集
　　　　胜智广禄治民集礼德盛皇太后梁氏　御译
　　　　　神功胜禄习德治庶仁净皇帝嵬名　御译
　　　奉天显道耀武宣文神谋睿智制义去邪悖睦懿恭皇帝　御校

优波离为佛剃发得入第四禅一
迦旃延教老母卖贫遂得生天二
难陀为奈女接足生内愧闲居得道三
难陀有三十相与佛相似四
毕陵伽婆蹉以神足化放牛女人五
跋难陀为二长老分物佛说其本缘六
迦留陀夷非时教化自丧其命七
阿难与佛先世为善友八
阿难奉佛敕受持经典供给左右九
阿难七梦佛为解说十
阿难为旃陀罗母以咒力所摄十一
阿难去乞牛乳佛记其方来十二
阿难化施波斯匿王十三
阿难试山中比丘并问阿育王十四
【从"优波离为佛剃发得入第四禅一"至"阿难试山中比丘并问阿育王
十四"，参见金藏本［900b3～900b16］】

优波离为佛剃发得入第四禅一

佛在王舍城，无能（为）剃发者。唯有一童子，名优波离，为佛剃发。儿父母在佛前合掌，佛言语："甚善剃发者，但身太曲。"

父母教儿身小直，又莫太直，使粗息勿太过。又言："善剃头发，而身太直。"父母言："莫太直。"佛言："善剃头发，而入息为粗。"

父母言："莫粗入息，令佛不安宁。"又言："善剃头发，而出息太粗。"

父母语："莫粗出息，令佛不安宁。"时优波离入出息尽入第四禅。

佛与阿难言语："优波离已入第四禅，汝取其刀。"阿难奉教。阿难持故盛发器，收世尊发。佛言："不应以故器盛。"

时有瞿波离王子去将军征讨，来索佛头发。佛与王，王得又迷失安处。佛言："安金塔、银塔、宝塔、杂宝塔中；应系裹杂绢、钵肆耽酰岚婆衣、头罗衣。"王言："迷失何云奉持？"佛言："象马车乘，若辇若舆，若头肩上应置。"时王子持世尊头发而去，所征处皆悉胜。时彼王子还本国起佛发塔，此是世尊在时塔，后诸比丘行时亦以前物盛持。佛言："不应头上置，亦不应持塔往大小便处安。"比丘为恭敬故，不敢获宿一处，置于别房。佛言："安高杙上，或置头边。"

（出《第四律》第四分第三卷）【参见金藏本［900b17～900c20］】

二　迦旃延教老母卖贫遂得生天二

录文、对译（第 322～325 页）

第 322～323 页（0909～1002）：

꧁꧂꧁꧂꧁꧂꧁꧂꧁꧂꧁꧂꧁꧂

꧁꧂꧁꧂꧁꧂꧁꧂꧁꧂，꧁꧂꧁꧂꧁꧂，꧁꧂꧁꧂꧁，꧁꧂꧁꧂꧁。꧁꧂꧁꧂꧁꧂，꧁꧂꧁꧂，꧁꧂꧁꧂꧁[1]。꧁꧂꧁꧂꧁，꧁꧂꧁꧂꧁。꧁꧂꧁꧂꧁，꧁꧂꧁꧂꧁[2]。꧁꧂꧁꧂꧁，꧁꧂꧁꧂꧁[3]。꧁꧂꧁꧂꧁，꧁꧂꧁꧂꧁꧂，꧁꧂꧁꧂꧁，꧁꧂꧁꧂꧁[4]。

［伽旃延］母老〈　〉教贫卖遂天上〈　〉生二

［阿槃提］国内长者一有，财多饶富，贪悭暴恶，慈悲心无。时婢一，晨夜走使，不宁休息。小微失为，便鞭棰。衣形不蔽，食腹不充。年老困

悴，死亦不得。时瓶〈〉持，河边水取诣，是苦思惟，声举号哭。

注释：

[1] 𘝤𗟲𗤶𗦎，不宁休息，即金藏本作"不得宁处"。

[2] 𘊝𗄼𗋽𗗙，食不充腹，金藏本作"食不充躯"。

[3] 𗦢𗍫𗟲𗰮，亦死不得，金藏本作"思死不得"。参看下注[6]。

[4] 𗫉𗫧，号哭，金藏本作"大哭"。

第 323 页 （1002 ~ 1007）：

𗫉𗤶𗰖𗙼𗰮𗬱𗰮𘏽，𘃽𗭪："𘜶𗫉𗄼𗫉𗫧𗗙？"𘏽𗭪："𘓐𗫉，𗫬𗎫𘜶，𘊝𘉋𗒹𗤶𘏽[5]，𗋽𗍫𗄼𗥃，𘊝𗗟𗤶𗦎，𗦢𗍫𗟲𗰮𗫉𗰮[6]。"𗤶𗰖𗬱𗭪："𘏽𘎠𗅋𘅣𗄼𗬥，𘈩𗤶𗫬𗅋𗋽𗄼𘏽？"𘜶𗫉[7]𘏽𗭪："𗅋𗤶𗫬[8]𗫬，𗫬𗅋𘅣𘝦𘏽？"𗤶𗰖𗬱𗭪："𗅋𗫠𘝦𗤶𗰖。"

时[伽旃延]其于所来，问言："母老何故哭〈〉？"答言："尊者，我既老，恒苦役执受，加复贫困，食衣不充，死亦不得〈〉〈〉。"［伽旃延］言："汝若穷贫及是，则何云贫不卖〈〉？"母老答言："贫何云卖，我贫买人谁？"言："贫实卖可有。"

注释：

[5] 𗒹𗤶，执受，金藏本作"执"。𗒹，执/事。

[6] 𗦢𗍫𗟲𗰮𗫉𗰮，死亦不得。金藏本作"思死不得"。

[7] 𘜶𗫉，老母，金藏本作"母人"。下同。

[8] 𗫬𗅋，何云，即金藏本作"那可"。

第 323 ~ 324 页 （1007 ~ 1101）：

𗫉𗋽𗰖𗫉𗤶𗫧[9]。𘜶𗫉𗭪："𗫬𗫉𗰮"。𗤶𗰖𗬱𗭪："𗰖𗰖𘅣𗄼�㗪𗗙，𘈩�㗪𗭪�㗪。"[10]𘏽𗭪："�㗪𘏽[11]。"𗤶𗰖𗬱𗭪[12]："𘎠�㗪𘜶𘏽[13]�㗪𗰮。"𘜶𘏽𗬥，𗋽"𘎠�㗪𗬥𗗟𗰮𗰮"。[14]𘜶𗫉𘏽𗭪[15]："𘓐𗫉，𗫬𗫬𗰖𗄼𗥃，𗬱�㗪�㗪𗰖𗰮�㗪𗰖[16]𘏽，�㗪�㗪𗰖𗰮，𗄼𗰖�㗪𗰮�㗪[17]，𗄼𗗟𗗟�㗪𗰮？"�㗪𗰖𗬱𘏽，"𘎠�㗪𗬥𗰮𗄼𘏽𗋽�㗪𗰮𗰮"。𗄼𗫉𘏽𗭪，𗤶𗰖𗬱�㗪𗗟𗬥[18]。

是如三次已复，母老言：“卖〈〉〈〉。”［伽旃延］言：“真实卖及欲汝，则我语听应。”答言：“当是。”［伽旃延］言：“汝先自浴应汝。”自浴毕，又“汝〈〉布施〈〉〈〉”。母老答言：“尊者，我极中贫苦，今我此身毛发许六具衣无，唯此瓶持，门下大人〈〉是，何布施〈〉〈〉？”随即［钵］与，“汝此［钵］持少许水净取可〈〉”。教如水取，［伽旃延］〈〉施与。

注释：

［9］[illegible]，如是复三次，即金藏本作“如是至三”。

［10］[illegible]，[illegible]：汝真实欲卖，则应听我语，即金藏本作“审欲卖者，一随我语”。

［11］[illegible]，字面义“当是”，即金藏本作“唯诺”。

［12］[illegible]，伽旃延言，金藏本作“告言”。

［13］[illegible]，自浴，金藏本作“洗浴”。下同。

［14］[illegible]，又汝当布施，金藏本作“告言：‘汝当布施。’”[illegible]为句中引述语主语“[illegible]”（汝）之呼应词。

［15］[illegible]，老母答言，金藏本作“白言”。

［16］[illegible]，六具衣，金藏本作“完纳”。六具衣，即“六衣”，指王后的六种礼服。〔南朝·齐〕谢朓《齐敬皇后哀策文》“俎彻三献，筵卷六衣”。

［17］[illegible]，是门下大人，金藏本作“是大家许”。“[illegible]”（门下大人）、“[illegible]”（门下）同品下文中，汉文本俱作“大家”。见注［23］［26］［33］。

［18］[illegible]，施予，金藏本作“奉”。

第324页（1101～1108）：

[illegible][19]，[illegible]。[illegible]：“[illegible]？”[20][illegible]：“[illegible]。[illegible]；[illegible][21]；[illegible]。”[illegible]：“[illegible]，[22][illegible]。[illegible][23][illegible]。[24][illegible]，[illegible]。”

［伽旃延］受，寻咒为，次斋受教，后佛〈〉种种功德念教。其之问言：

"汝住址处〈〉有?"答言:"无有。假若磨时,其磨处所住;舂饮作时,彼所住栖;或作应无时,粪堆止宿。"[伽旃延]言:"汝怀心持,勤以事为应,嫌恨莫生。门下所有皆已卧时,私密门户开。彼户曲敷于净草处坐,思惟佛观,恶念莫生〈〉〈〉。"

注释:

[19] ▢▢▢▢,寻为咒,金藏本作"寻为咒愿"。▢▢,"寻、即、遂"。

[20] ▢▢▢▢▢▢,汝有住址处,即金藏本作"汝有住止处不"。存在动词"▢"前有动词前置助词▢,表示发问。

[21] ▢▢▢▢,彼所住栖,即金藏本作"便卧是中"。

[22] ▢▢▢▢,▢▢▢▢▢:即"汝怀持心,应勤以为事"。金藏本作"汝好持心,恭谨走使"。

[23] ▢▢,门下,金藏本作"大家"。

[24] ▢▢▢▢▢▢▢▢,▢▢▢▢:所有门下皆已卧时,私密开门户,金藏本作"因伺大家一切卧竟,密开其户"。▢▢,所有/一切。

第 324 页(1008~1012):

▢▢▢▢▢▢▢▢▢[25],▢▢▢▢▢,▢▢▢▢,▢▢▢▢,▢▢▢▢▢▢▢。▢▢▢[荒]①▢▢▢▢,▢▢▢▢▢▢▢▢,[26]▢▢▢▢▢▢▢。▢▢▢▢▢▢▢▢▢▢,▢▢▢▢▢,▢▢▢▢▢▢▢[27]。

尔时母老修行归依,敕如施行,夜已后时,即便命终,[忉利]天上已生。门下大人〈〉〈〉人使,草索系以脚捆为拽,寒林中乃置使。天子一五百天人眷属为,福尽命〈〉终,此母老其处已生。

注释:

[25] ▢▢▢▢,修行归依,即金藏本作"奉而归依"。

[26] ▢▢▢▢▢▢▢,▢▢▢▢▢▢▢▢▢:门下大人使人,系以草索

---

① ▢▢▢▢(门下大人),"人"(荒)原脱,据本品上下文意,应补。

捆脚而拽，金藏本作"大家使人，草索系脚拽"。■■，在本句是置于名词之后，强调前面的是施动者，没有词汇意义。第一种情况见第一品目录注 [1]。

[27] ■■■■■■■，此老母已生其处，金藏本作"此老母人即代其处"。

第 324～325 页（1012～1207）：

■■■■■■■[28]，■■■■■■；■■■■，■■■■。■■■■■[29]■■■■■■，■■■■■■■，■■■■■■■。■■■■[30]■■■■■，■■■■■■■■■，■■："■■，■■■■■■■■■■■？"[31] ■■："■■■■。"■■■■■■■■，■■■■■■■■■■■■■，■■■■■■■■■■■■，■■■■，■■■■■，■■■■[32]。

天生法者根利是，则自来〈〉缘知；根钝生者，但乐受知。尔时彼母老天上既生后，五百天女与娱乐，乐受生缘不知。时[舍利]子[忉利]天上在，此天子〈〉天生因缘知，问言："天子，汝何如福因天上已生汝？"答言："不知〈〉〈〉。"时[舍利]子道眼已借，故身之观[伽旃延]由天上已生见，便即五百天子乃将寒林中至，华散香烧，死尸之供养，光明普照。

注释：

[28] ■■■■■■■，生天法者是利根，即金藏本作"生天之法，其利根者"。

[29] ■■■，彼老母，金藏本作"此女"。

[30] ■■■，舍利子，即金藏本作"舍利弗"。下同。

[31] ■■■■■■■■■，汝因如何福生天上，金藏本作"汝因何福生天中耶？"■■……■，翻译成汉语时，后面可以加疑问词，也可以不加。

[32] ■■，普照，金藏本作"照曜"。

第 325 页（1207～1211）：

■■■■ ■①[33] ■，■■■■[34]，■■■■，■■■■[35]。■■■

---

① ■■（大人），■（人）原脱，据上文补。

𗷒𗰖𗰛[36]𗷀𘝞𗗟𗾫𗹦，𗰜𗷀𗫪𘃭："𘓺𗭖𘓞𘟣𘝓，𘙛𗉛𘟟𗒹[37]，𗤎𗷦𗹦𗢵，𗤻𗭫𗰂𗰜𘓺𗷀𘝞𘊝？"[38]𘓞𗷒𗰜𗫪𗑴𗒔𘂤𘃭。（《𘓏𗴩𗖰𘜔》 𗢡 𘓏𘔇①𘕿𘝞𗰛）

其门下大人见，何由惊怪，近远皆告，林中寻诣。诸天子其死尸〈〉供养〈〉见，天于问曰："此婢丑秽，前〈〉有时，人皆见恶，何故诸天此于供养〈〉〈〉？"时彼天子本末具说。（《贤愚契经》卷七第中于出）

注释：

［33］𗷒𘓏𘔇𘙛𘊝𗹦，门下大人见其，金藏本作"大家见之"。"𘓏𘔇𘙛𘊝"（门下大人）、"𘓏𘔇"（门下）同品上文中，汉文本俱作"大家"。见注［17］［23］［26］。

［34］𘓏𘓺𘚳𗷀，惊怪何由，即金藏本作"怪其所由"。

［35］𗖰𘕿𗷀𗿒，寻诣林中，金藏本作"诣林观看"。

［36］𗷒𗰖𗰛，其死尸，金藏本作"此尸"。

［37］𘙛𗉛𘟟𗒹，有前之时，即金藏本作"生存之时"。

［38］𘓏𘓺𘛇𗫪𘓺𗷀𘝞𗹦𘊝𘊝，何故诸天于此供养，金藏本作"何故诸天而加供养"。𘓺𗷀，于此。𘊝𘊝，宾语是复数第一、第二人称时，也可在句末以𘊝与前呼应，也多在对话中使用。

意译（第 322～325 页）

迦旃延教老母卖贫遂得生天二

阿槃提国有一长者，多财饶富，贪悭暴恶无慈心。

时（有）一婢，晨夜走使，不宁休息。为小微失，便鞭棰。衣不蔽形，食不充腹。年老困悴，亦死不得。时持瓶，诣河边取水，思惟是苦，举声号哭。

时迦旃延来至其所，问言："老母何以哭？"老母言："尊者，我既年老，恒执受苦役，加复贫困，衣食不充，亦死不得。"迦旃延言："汝若如

① 𘓏𘔇𘕿𗰛（第七卷），𘓏（卷）原脱，据金藏本，应补。

是贫穷，何不卖贫？"老母答言："贫那可卖，谁人买我贫？"迦旃延言："贫实可卖。"

如是复三次，老母言："卖。"迦旃延言："汝真实欲卖，则应听我语。"答言："唯诺。"迦旃延言："汝先自浴。"自浴毕，又（谓）："汝当布施。"老母答言："尊者，我极贫困，今我身无毛许六具衣，惟持此瓶，是门下大人，何以布施？"随即与钵，谓"汝持此钵可取少许净水"。如教取水，施与迦旃延。

迦旃延受，寻为咒，次教受斋，后教念佛种种功德。其问："汝有住址处？"答言："无有。若其磨时，住所磨处；作舂炊时，彼所住栖；或时无作，止宿粪堆。"迦旃延言："汝怀持心，应勤以为事，莫生嫌恨。所有门下皆已卧时，私密开门户。彼于户曲敷净草坐，思惟观佛，莫生恶念。"

尔时老母修行归依，如敕施行。于后夜时，即便命终，生忉利天。门下大人使人系以草索捆脚而拽，乃置寒林中。一天子与五百天人为眷属，福尽命终，此老母已生其处。

生天法者是利根，则自知来缘；钝根生者，但知受乐。尔时彼老母既生天中后，与五百天女娱乐，受乐不知生缘。

时舍利子在忉利天，知此天子生天因缘。问言："天子，汝因如何福生天上？"答言："不知。"时舍利子借其道眼，观见故身由迦旃延得生天上，便即将五百天子来至寒林，散华烧香，供养死尸，光明普照。

门下大人见之，惊怪何由，皆告远近，寻诣林中。见诸天子供养其死尸，问于天曰："此婢丑秽，有前之时，人皆恶见，何故诸天于此供养？"彼时天子具说本末。

（出《贤愚经》第七卷）【参见金藏本［900c21～901b16］】

三 难陀为奈女接足生内愧闲居得道三

录文、对译（第 325～328 页）

第 325～326 页（1212～1309）：

𘝻𗍫𘟀𗗊𗹟𗏆𘃽𗒤𗙴𘗠𘜶𗰏𗡅𘉅𘝶𗊨𗏛𘝩

𗷛𗱀𗾔𗧎𗜀𗡯，𗰗𗉖𗑱𗧜𗩾𗁬[1]𗷉𗕍𗥛𗷘𗸕，𗫂𗬩𗤢𗰟。𗰟𗜀𗩾𗷛
𗷛𗧵𗸕[2]，𗰗𗏁𗃛𗷛𗓽𗦵𗧩𗖃𗴺𗈢𗫉，[3]𗁬𗥛𗙷𗷘𗏁𗃛𗧜𗷘𗸕，𗥫𗊬𗏁𗃛𗌮
𗧜𗆍，𗧽𗥛𗠋𗎋："𗏁𗃛，𗥓𗬩𗁬𗥛𗀔𗿒𗎋。"𗡮𗰗𗏁𗃛𗙷𗷘𗌫𗩾𗅱𗸐，𗷒
𗌫𗤢𗭪𗄈𗈅。𗁬𗥛𗙷𗷘𗲯𗰆，𗄈𗫤𗧜𗷘𗸕，𗠋𗎋："𗄈𗫤，𗦲𗥫𗊬𗙨𗬩𗠮𗷘𗈢
𗸕[4]？"𗷛𗁬𗥛𗌮𗎋："𗄈𗫤𗙨𗬩𗠮𗷘𗈢𗉐[5]，𗄈𗈅𗣓𗥿[6]，𗏁𗃛𗋽𗁬
𗦵𗦲𗕾𗀔𗬩𗝢。"𗁬𗥛𗨔𗠮，𗦵𗝢𗵒𗃛。

[难陀][奈]女为足接内羞愧生闲居道得三

佛[鞞舍离]国在，时[奈]女宝车〈〉驾如来于所诣，亲近觐问。车上〈〉
下佛于〈〉诣，时[难陀]佛方不远化行〈〉见，[奈]女便即[难陀]于所至，手
以[难陀]〈〉足接，是如言语："［难陀]，我者[奈]女是〈〉〈〉。"尔时[难
陀]便即精已失为，其精手于已污。[奈]女便即顶戴，世尊于所往，言语：
"世尊，此如人者众中在得有乎？"佛[奈]女之告："是如人者众中在应，此
者何云，[难陀]将定不久漏无成就。"[奈]女默然，不对而去。

注释：

[1] 𗧜𗩾𗷉𗕍，驾宝车，即金藏本作"严驾羽宝车"。

[2] 𗰟𗜀𗩾𗷛𗷛𗸕，下车诣佛。𗰟，上，指在车上。𗷛，下。

[3] 𗰗𗏁𗃛𗷛𗓽𗦵𗧩𗖃𗴺𗈢𗫉，时见难陀佛不远方化行，金藏本作
"时难陀去佛不远经行"。化行，教化施行。佛教徒因养身散除郁闷，旋回
往返于一定之地叫"经行"。下同。

[4] 𗄈𗫤𗧜𗙨�ⷬ𗠮𗷘𗈢𗸕，如此之人者在众中得有乎，金藏本作
"如此之人听在众次"。

[5] 𗄈𗫤𗧜𗙨�ⷬ𗠮𗷘𗈢，如是之人者应在众中，金藏本作"如是之人
应在众次"。

[6] 𗄈𗈅𗣓𗥿，何云此者，金藏本作"所以然者"。

第 326～327 页（1309～1407）：

𗁬𗥛𗦵𗃛，𗷛𗷉𗏁𗌮𗎋："𗷙𗉖𗸋𗅍𗖃𗩾𗏂𗎋𗏂𗎋。"𗝢𗏂𗦵𗴺[7]，𗷛
𗉖𗸋𗌮𗎋："𗷙𗉖𗸋𗆍𗅍𗅍𗈢𗸄，𗅍𗱀𗛉𗊬𗏂𗭕𗁬𗫂[8]，𗄈𗫤𗷙𗉖𗸋𗄈𗒀𗅱
𗫂[9]。"𗷛𗏁𗃛𗌮𗎋："𗣓𗥿𗏁𗃛，𗪶𗄈𗫤𗒬𗅱𗣓𗀔𗎋[10]？"𗏁𗃛𗏂𗴺𗷫𗸕，

[Tangut text]：“[Tangut]！[Tangut]，[Tangut]，[Tangut]，[Tangut死Tangut]，[Tangut]。”[Tangut]：“[Tangut]，[Tangut]死[11]。[Tangut]，[Tangut]，[Tangut][12]。[Tangut]，[Tangut]？[Tangut]？[Tangut]，[Tangut]？”[13]

[奈]女未远,佛[阿难]〈〉告：“诸[比丘]尽法堂中令集〈〉。”已会方后,佛[比丘]于告：“我[比丘]中皆悉观察,皆[舍勒]以内相覆应,是如诸[比丘]是学为应。”佛[难陀]〈〉告：“何云[难陀],汝是如行为作〈〉〈〉?”[难陀]内愧生,言语：“善哉！世尊,速我于法乃说,我法使闻〈〉,闲静处在实如观察。其以娱乐〈〉〈〉。”佛[难陀]于告：“汝此身观,所行到处。头从足至,发毛爪齿,若干不净此身于盈。实如观察,净是耶？不净是耶？复彼漏者何所处有,何所处而来〈〉观当?”

注释：

[7] [Tangut]，已会方后,金藏本作“既已会竟”。[Tangut]，方后/之后/以后。

[8] [Tangut]，皆应舍勒以覆内相，即金藏本作“皆当具舍勒以覆内形”。舍勒，内衣。《资持记》中二之三曰：“舍勒，梵语。旧记云：短裙之类。鼻奈耶云：泥洹僧也。梵语杂名曰：'裙，舍吒迦。'”

[9] ……[Tangut]，应为……即金藏本作“当作”。

[10] [Tangut]，汝作如是行为，即金藏本作“汝乃作如是形状”。[Tangut]，名词。

[11] [Tangut]死，到处所行，即金藏本作“随其所行”。

[12] [Tangut]，盈于此身，即金藏本作“盈满身中”。

[13] [Tangut]，[Tangut]：复当观彼漏者有何处所，何所处而来，金藏本作“当观彼漏为何处所，为从何来”。

第327~328页（1407~1505）①：

[Tangut]，[Tangut]。[Tangut]，[Tangut]，[Tangut]。[Tangut]

---

① 图版1501~1504与上半页图版1409~1412重复，翻译时已删除。

𗅆𗟻，𗅆𗅆𗰜𗰜𗅆𗟻𗰜。𗰜𗰜𗰜𗰜[14]，𗰜𗰜𗰜𗰜𗰜𗰜，𗰜𗰜𗰜𗰜：

    𗰜𗰜𗰜𗰜𗟻[15]，𗰜𗰜𗰜𗟻𗟻；

    𗰜𗰜𗰜𗰜𗰜[16]，𗰜𗰜𗅆𗰜𗟻[17]。

    𗰜𗰜[18]𗰜𗰜𗰜𗰜𗟻𗰜[19]，𗰜𗰜𗰜𗰜。（《𗰜𗰜𗰜𗰜𗰜𗰜》 𗰜𗰜𗰜𗰜𗰜①𗰜𗰜𗰜）

尔时［难陀］佛从教受，足礼而去。此身中观，头从足至，若干不净。诸所有处，皆悉合会由生知。我今远离，则故欲意无〈　〉，便说偈言：

    我淫汝命知，欲思想从生；

    我汝不思想，汝亦有真不。

    尔时［难陀］闲静处居，［阿罗汉］成。（《一增［阿含］契经》卷三十九第中于出）

注释：

［14］𗰜𗰜，远离，金藏本作"当离"。

［15］𗰜𗰜𗰜𗰜𗟻，淫我知汝命，金藏本作"淫我知汝本"。

［16］𗰜𗰜𗰜𗰜𗰜，我不思想汝，金藏本作"不我思想汝"。

［17］𗰜𗰜𗅆𗰜𗟻，汝亦有不真，金藏本作"则汝而不有"。

［18］𗰜𗰜，尔时，即金藏本作"是时"。

［19］𗰜𗰜𗰜𗟻𗰜，居闲静处，即金藏本作"在一静处闲居"。

意译（第 325～328 页）

难陀为柰女接足生内愧闲居得道三

佛在鞞舍离国，时柰女驾宝车诣如来所，亲近觐问。

下车诣佛，时见难陀佛不远方化行，柰女便至难陀行，以手接难陀足，便作是语："难陀，我是柰女。"尔时难陀即已失精，精污于手。柰女即以顶戴，往世尊所，言语："世尊，如此之人者在众中得有乎？"佛告柰女：

———————————

① 𗰜𗰜𗰜𗰜𗰜（第三十九卷），𗰜（卷）原脱，据金藏本补。

"如是之人者应在众中，何云此者，难陀不久将定成就无漏。"柰女默然，不对而去。

柰女未远，佛告阿难："诸有比丘尽集讲堂。"（既）已会方后，佛告比丘："我于比丘中皆悉观察，皆应舍勒以覆内相，如是诸比丘应为是学。"

佛告难陀："云何难陀，汝作如是行为？"难陀生内愧，言语："善哉！世尊，速与我说法，使我闻法，在闲静处如实观察，以其娱乐。"

佛告难陀："汝观此身，到处所行。自头至足，发毛爪齿，若干不净盈于此身。如实观察，是净耶？是不净耶？复当观彼漏者有何处所，何所处而来？"

尔时难陀从佛受教，礼足而去。观此身中，自头至足，若干不净。诸所有处，皆悉知由合会生。我今远离，则故无欲意，便说偈言：

> 淫我知汝命，欲从思想生；
> 我不思想汝，汝亦有不真。

尔时难陀居闲静处，成阿罗汉。

（出《增一阿含经》第三十九卷）【参见金藏本［901b17～901c21］】

四　难陀有三十相与佛相似四

录文、对译（第 328～329 页）

第 328 页（1506～1509）：

𘂳𗥔𗤋𗫐𗥤𗵖𘃵𘏟𗱢𗧦𗆜

𘃵𗕇𗟲𘎡𗋽，𗤙𗵕𗴗𗰖，𗥤𗤋𗔆𗩱。𗱢𘝼、𗵀𗫚、𘑕𗴲𘉐𗵱𘆡𗴺𘝲𘒏，𘆡𗤋𘃵𗫼𘏈。𗱰𘕕𘃊，𘂳𘆡𗫐𗫐𗥔。

［难陀］三十相有佛与相似四

佛始道得时，身色光明，相大千照。人民、天龙、十方菩萨皆法说听，咸大欢喜〈〉。本行随，皆各得道。

第 328～329 页（1509～1602）：

𘃵𗰣𘂳𗥔，𗜓𗐙𗫐𗤋𗁅𘉱[1]，𘃵𘉐𗦠𗲲，𗜓𗫐𘔼𗱗[2]。𗤋𗥤𘎡𗵖，𗤙

▢▢▢，▢▢▢▢▢[3]，▢▢▢▢[4]。▢▢▢▢▢▢▢▢▢，▢▢▢▢▢▢▢，[5]▢▢▢▢。

佛弟[难陀]，自独训诲不受，佛教反戾，自道修欲。三十相有，数弟子将，[钵][真越]衣著，佛与〈 〉似。或诸[比丘]道眼未得者，遥遥[难陀]见时，便为作礼。

注释：

[1] ▢▢▢▢▢▢，独自不受训诲，即金藏本作"独不从受"。

[2] ▢▢▢▢，自欲修道，即金藏本作"而欲为道"。

[3] ▢▢▢▢▢，著钵真越衣。著，明示。钵，梵语"钵多罗"（pātra）的省称，意为"应器"，指僧人食具。真越，《玄应音义》三曰："真越或作震越，此应卧具。"同十二曰："震越梵言也，此译云衣服也。"

[4] ▢▢▢▢▢，与佛似，金藏本作"颜似佛"。

[5] ▢……▢，字面义为"或……时"，▢，表示选择，金藏本作"有"。

第 329 页（1602~1604）：

▢▢▢▢▢："▢▢▢▢[6]▢▢▢▢▢▢，▢▢▢▢▢。▢▢▢▢[7]？▢▢▢▢，▢▢▢▢▢，▢▢▢▢[8]▢▢▢▢。"（《▢▢▢▢▢▢》 |▢| ▢▢▢①▢▢▢）

佛[难陀]〈 〉告："此之后〈 〉[真越]衣著得不，[袈裟]皂著应。此者何云？汝我戒反，[比丘]礼受，则后地狱中堕〈 〉〈 〉。"（《十分譬喻契经》卷四第中于出）

注释：

[6] ▢▢▢▢，此之后，即金藏本作"自今以后"。

[7] ▢▢▢▢，此者何云，所以者何金藏本作"所以者何"。

[8] ▢▢，地狱，金藏本作"泥犁"。泥犁，梵语 niraya（音译泥啰耶），naraka（音译捺洛迦）之略译，意即地狱。

---

① ▢▢▢（第四卷），▢（卷）原脱，据金藏本补。

意译 （第 328 ~ 329 页）

难陀有三十相与佛相似四

佛始得道时，身色光明，相照大千。人民、天龙、十方菩萨皆听说法，咸大欢喜。随其本行，皆各得道。

佛弟难陀，独自不受训诲，反戾佛教，自欲修道。有三十相，将数弟子，钵真越衣，与佛似。有诸比丘未得道眼者，遥遥见难陀时便为作礼。

佛告难陀："此之后不得著真越衣，应著皂袈裟。此者何云？汝反我戒，受比丘礼，当堕地狱中。"（出《十分譬喻经》第四卷）【参见金藏本 [901c22 ~ 902a8]】

五　毕陵伽婆蹉以神足化放牛女人五

录文、对译 （第 329 ~ 330 页）

第 329 页 （1605 ~ 1612）：

〔西夏文〕

〔西夏文〕[1] 〔西夏文〕。〔西夏文〕[2] 〔西夏文〕。〔西夏文〕[3]："〔西夏文〕？"〔西夏文〕："〔西夏文〕，[4] 〔西夏文〕，〔西夏文〕，〔西夏文〕[5]。"〔西夏文〕、〔西夏文〕[6] 〔西夏文〕、〔西夏文〕，〔西夏文〕。[7] 〔西夏文〕："〔西夏文〕？"[8] 〔西夏文〕，〔西夏文〕。[9]

[毕陵伽婆蹉]神足以牛牧女人〈〉化五

[毕陵伽婆蹉]王舍城内在，时限至时，食乞行欲。牛牧家一中至行饮食，其家中女人一啼哭。其〈〉〈〉问："何故啼哭〈〉〈〉？"答言："[阇犁]，今大会集日，众人集戏，我衣裳无，故去可不〈〉。"时尊者种种衣服、珍宝璎珞、金银校饰化作，与便已去。众人见又："何得〈〉〈〉？"因缘具说，国王耳至达。

注释：

[1] 〔西夏文〕，时限至时，金藏本作"日时将至"。

[2] ▢▢▢▢▢▢▢▢，行至一放牛家饮食，即金藏本作"至一放牧家食"。

[3] ▢▢▢▢，其问，金藏本作"即问女言"。

[4] ▢▢▢▢▢，今大集会日，金藏本作"今节会日"。

[5] ▢▢▢▢▢，故不可去，金藏本作"独不得去"。

[6] ▢▢，珍宝，金藏本作"珠宝"。

[7] ▢▢▢▢，与已便去。

[8] ▢▢▢▢▢▢：众人见又何得，金藏本作"众人见之问言：'那得？'"疑西夏文本翻译时漏译了"▢"（言）字。▢▢（何得），即金藏本"那得"。

[9] ▢▢▢▢▢，至达国王耳，即金藏本作"闻达国王"。

第 329~330 页（1612~1704）：

▢▢▢▢▢▢▢▢▢▢▢▢，[10] ▢▢："▢▢，▢▢▢▢▢▢▢▢？[11] ▢▢▢▢。"▢▢▢▢▢，▢▢▢▢，▢▢▢▢▢▢▢。▢▢▢▢："▢▢▢▢▢▢▢▢▢，▢▢▢▢▢。"[12] ▢▢："▢▢，▢▢▢▢，▢▢▢▢▢▢▢。[13]"（《▢▢▢》▢▢▢▢▢①▢▢▢）

王彼牛牧女人及［比丘］〈〉〈〉唤，问言："尊者，此如金好何得〈〉？世间非有。"［比丘］即杖捉，壁打床扣，一切皆金黄纯成。是如言说："［首陀罗］此金何得〈〉〈〉，者得可若是。"王言："［阇犁］，大神足有，自各〈〉去〈〉〈〉。"（《僧［祇］律》卷二十九第中于出）

注释：

[10] ▢▢▢▢▢▢▢▢▢▢▢▢，王唤彼牧牛女人及比丘，即金藏本作"王即唤牛女及比丘来"。

[11] ▢▢▢▢▢▢▢▢，何得如此好金，即金藏本作"何处得此好金"。

[12] ▢▢▢▢▢▢▢▢▢▢，▢▢▢▢▢：义为"首陀罗何得此金，可得者若是"，金藏本作"首陀罗何处得金，此即是也"。

---

① ▢▢▢▢▢（第二十九卷），▢（卷）原脱，据金藏本补。

[13] 𗼻𗀁𗦮𗆑，各自去，金藏本作"宜各还去"。

意译（第329~330页）

毕陵伽婆蹉以神足化放牛女人五

毕陵伽婆蹉在王舍城，时限至时，欲行乞食。

行至一牧牛家饮食，其家中一女人啼哭。其问："何故啼耶？"答言："阇梨，今大集会日，众人集戏，我无衣裳，故不可去。"

时尊者化作种种衣服、珍宝璎珞、金银校饰，与已便去。众人见（之问言）："何得？"具说因缘，至达国王耳。

王唤彼牧牛女人及比丘，问言："尊者，何得如此好金？非世间有。"

比丘即捉杖，打壁扣床，一切皆成纯黄金。作如是言说："首陀罗何得此金，可得者若是。"

王言："阇梨，有大神足，各自去。"

（出《僧祇律》第二十九卷）【参见金藏本［902a9~902a21］】

六　跋难陀为二长老分物佛说其本缘六

录文、对译（第330~334页）

第330~331页（1705~1801）：

𗡪𗫆𗬊𗄋𗴭𗥽𗎣𗤺𗢸𗰖𗰣𗥦𗷉𗤻𗲳𗰣𗹟

𗰣𗴽𗫡𗘅𗊟𗤻𗧦，𗰗𗢸𗫩𗤘𗹙𗹛[1]𗮩。𗰵𗾭𗆊、𗧾𗰢[2]，𗰗𗫽𗎻𗢒，𗷞𗱾𗧾𗘅𗴭𗳲𗰷𗮩�㐤。𗰣𗮝𗀖𗥘𗴽𗤘𗹙𗗟�㐤[3]。𗴭𗷚𗱈𗄋𗴭𗰣𗥄�æ𗊟[4]，𗰵𗧾𗰢𗰣𗰙𗸯�㐤[5]"𗹙𗧾𗓊𗰮𗗕𗳆𗸯，𗰠𗰮𗲳𗦮。𗰵𗥄�æ𗥽𗴭𗹃𗊟，𗹙𗧾𗪅𗰗𗚕�ᵞ𗤘𗱀𗭪[6]。𗰗𗴭𗤺𗯻，𗄋𗴭𗢸𗥽𗸯𗳆[7]。"𗤺𗄋𗴭𗢸𗫡�㐤𗰙�㐤：𗱀𗴽𗤺𗰵𗹟[8]，𗹙𗧾𗤒�æ，𗷉𗧾�㐤𗢒𗚕�æ𗰣𗭪[9]？"𗄋�æ�æ𗰙。

　［跋难陀］二长老〈　〉物分为佛其本缘说六

佛［憍萨罗］国内在，多［比丘］与夏坐为。诸俗人、户长，多众僧见，舍宅又及衣服乃〈　〉为。佛后岁［祇洹］中夏坐乃为。是处故二长老［比丘］

居，诸户长心中念言："我等今岁亦布施，去年使如。诸[比丘]之衣服得令，我等福德续〈〉不断〈〉。多衣物持，二长老〈〉〈〉施。"时二长老是如念作："是衣物多纷，我等若分，则何如罪得不知〈〉？"竟分不敢。

注释：

[1] ☐☐，夏坐，即金藏本作"安居"。下同。夏坐，又名坐夏，即结夏安居。

[2] ☐☐、☐☐：字面义为"俗人、户长"，即金藏本作"白衣、居士"。下文"户长"，汉文同作"居士"。此两词在"阿难七梦佛为解说十"中多出现。

[3] ☐☐，乃为，金藏本作"还"。

[4] ☐，居，金藏本作"有"。

[5] ☐☐☐☐☐☐☐，诸户长心中念言，金藏本作"诸居士心念"。

[6] ☐☐☐☐☐☐☐☐，我等福德不断续，金藏本作"我得福不断"。

[7] ☐☐☐☐，☐☐☐☐☐☐：多持衣物，施二长老，金藏本作"多持衣物施"。

[8] ☐☐，纷多。即金藏本作"分多"。分，同"纷"。

[9] ☐☐☐☐☐☐☐☐，则不知得如何罪，金藏本作"知得何罪"。

第 331 页（1801～1810）：

☐☐☐☐☐☐☐，☐☐☐☐☐☐。☐☐☐☐☐☐，☐☐☐☐☐，[10] ☐☐☐☐[11]。☐☐☐☐☐："☐☐☐☐☐☐，☐☐☐☐☐☐☐？[12]"☐☐："☐☐。"☐☐："☐☐，☐☐？[13]"☐☐☐："☐☐☐☐。""☐☐☐☐？"[14]☐☐☐☐☐："☐☐☐☐，☐☐☐☐☐。☐☐，☐☐☐☐☐☐☐。"☐☐☐☐："☐☐☐☐☐☐☐。"[15]☐☐☐☐☐☐☐☐："☐☐☐☐☐？[16]"☐☐："☐☐。"☐☐☐☐："☐☐☐☐☐☐，☐☐☐☐☐☐。"☐☐☐☐☐☐☐☐[17]，☐☐☐☐☐☐[18]。

[跋难陀]诸处游行，施物多少遍观。二长老遥遥见，又〈〉起接迎，坐与恭问。[跋难陀]问言："僧众夏坐已为，施物且有亦〈〉？"答言："有

〈〉。”问言：“已分，未分？”复答言：“未分〈〉〈〉。”“何故未分？”又长老答言：“衣物多纷，我等人少少。若分则何如罪得不知。”［跋难陀］言：“汝等安好未分亦〈〉。”二长老［跋难陀］〈〉说：“汝分〈〉能〈〉？”答言：“能〈〉。”［跋难陀］言：“此中［羯磨］作应，直直分得不〈〉。”时二长老衣服尽〈〉出，［跋难陀］面前乃置。

注释：

［10］𮂫𗜓𗌽𗥩𗭼，又起接迎，金藏本作“从坐起迎”。

［11］𗩳𗙴，恭问，金藏本作“问讯”。

［12］𗥺𗧓𗜓𗊱𗖵𗷰𗏇，亦有施物，金藏本作“有施物不”。存在动词“𗷰”（有）前置助词“𗊱𗖵”，表示发问。𗊱𗖵，有转折、后续意，可译为“而”“且”。

［13］𗀔𗥩，𗗚𗥩：已分，未分，金藏本作“分未”。

［14］𗀔𗣼𗗚𗥩，何故未分，金藏本作“何故”。

［15］𗧾𗙴𗼻𗼻𗗚𗥩𗷰𗚀，汝等未分亦安好，金藏本作“汝未分者好”。

［16］𗧾𗥩𗜓𗙚𗍫，汝能分，金藏本作“汝能分不”。

［17］𗼻𗟲𗼻𗰖𗒹，衣服尽出，金藏本作“尽持衣出”。

［18］𗍬𗰖，乃置，即金藏本作“著”，放置。

第 331～332 页（1801～1907）：

𗾧𗪴𗁅𗙴𗼻𗟲𗥩𗝠𗩳𗍬𗤁，𗘮𗜄𗤊𗏇：“𗧾𗙴𗁅𗵽𗜓𗩳𗄈𗼻𗗚𗦲𗥩。[19]”𗚀𗙚𗁅𗩳𗵅𗦲𗚀。[20]𗧾𗙴𗸆𗪴𗜓𗤀𗷢𗗀𗦲𗥩。[21]𗚀𗧾𗙴𗁅𗵽𗜓𗩳𗼻𗦲𗟰𗝠𗾼，[22]𗜓𗵽[23]𗁅𗩳𗼻𗦲𗟰𗝠𗾼。𗘮𗷢𗗀𗜓𗥱𗥩[24]？𗬩𗤊：“𗥱𗥩。”𗘮𗪴𗧾𗵺𗟰，𗜓𗤊𗍬𗷰。[25]𗚀𗁅𗵅𗪴𗤊：“𗘮[26]𗙚𗙴𗗚𗥩，𗙴𗤉𗼻𗥩[27]？”𗁅𗵅𗪴𗤊。[28]𗾧𗪴𗁅𗤊：“𗙚𗣼𗧾𗙴𗼅𗥩𗤁，𗤀𗘮𗚁𗪴𗀆𗤉𗕿𗜗𗥩𗰖𗗾，𗊱𗣼𗜄[29]𗥩𗦲。”𗬩𗤊：“𗗾𗥩𗏇。”𗟰𗯷𗙚𗥩𗪴𗤉𗰖𗒹𗜓𗵻𗍬𗰖，[30]𗝠𗪴𗁅𗩳𗤁，[31]𗁅𗵅𗪴𗕿𗕷𗗾。

［跋难陀］是衣服分三分乃作，是如言语：“汝等二人一分聚边〈〉坐。亦我二分间坐〈〉。汝等长老一心［羯磨］〈〉听：亦汝等二人一分衣犹如三为，一人二分衣犹如三为。是［羯磨］〈〉合矣？”答言：“合矣。”是衣持裹缚，

所需以担。又二长老言："是衣，我等未分，何云担所？"二长老言。[跋难陀]言："我若汝等〈〉分为，则是中衣好一法知人〈〉与，然后再分应。"答言："与〈〉〈〉。"即上宝衣一〈〉出一边乃置，余衣二分作，二长老〈〉〈〉与。

注释：

[19] 𗪟𗄊𗐋𗟠𗣺𗼕𗙲𗧗𗴴，汝等二人一分坐于聚边，金藏本作"汝二人坐一聚边"。聚边，即近傍。下同。

[20] 𗗙𗫮𗐋𗟳𗘮𗴴𗼕，我亦坐二分间，金藏本作"自坐二聚间，语言"。

[21] 𗟠𗟍𗤁𗭼𗼕𗴺，一心听羯磨，金藏本作"一心听羯磨言"。

[22] 𗗙𗪟𗄊𗐋𗟠𗟳𗼕𗍊𗩾𗙯：汝等二人亦一分衣犹如为三，金藏本作"汝等二人一聚衣名为三"。𗟠𗟳𗼕，一分衣，汉文本作"一聚衣"，下同。

[23] 𗟠𗄊，一人，即金藏本作"我一人"。

[24] 𗼏𗭼𗭼𗟠𗙯𗩾，是羯磨合矣，金藏本作"是羯磨好不"。𗙯𗩾，合矣，金藏本作"好"，下同。

[25] 𗟠𗥅𗐾𗼕，以担所需，金藏本作"欲担去"。

[26] 𗼏𗼕，是衣，金藏本作"是聚衣"。

[27] 𗩾𗪴𗼕𗙯，云何所担，金藏本作"云何便去"。

[28] 𗐋𗫨𗼕𗥃，二长老言，据文义和金藏本判断应属衍文，在本品意译中已删除，不做翻译。

[29] 𗭲，再，金藏本作"当"。

[30] 𗥃𗐾𗫮𗴴𗼕𗭟𗴴𗤁𗟠𗧤𗐾𗙯，即出一上宝衣乃置一边，金藏本作"即持一上宝衣出著一边"。𗙯，置，汉文本错为"著"。

[31] 𗩾𗼕𗐋𗟳𗞫，余衣作二分，金藏本作"分余衣作二分"。

第 332~333 页（1907~2002）：

𗩾𗼕𗏹𗔆𗼕𗯷𗴴𗤁𗟠𗪟，[32] 𗼆𗗙𗐋𗴺𗼕。𗌭𗥅𗨳𗩾𗌶，𗐚𗐚𗩾𗼕𗏹𗴴𗽀，𗤁，𗐇𗥃𗲉：𗼏𗫨𗫤𗤁𗤁、𗩾𗕊𗳾𗐚𗽀、𗤁𗼆𗩝𗫤𗄊𗙯𗽀𗙯。𗒭𗒭𗙯𗙯，𗲉𗥃：𗩾𗼕𗏹，𗪟𗕊𗙯𗙯𗼏𗼆𗼕𗾈𗥌𗽀。[33] 𗩾𗼕𗏹𗫤𗬘𗙯𗥃。𗼏

□□□□□□□，□□□□□，[34]□□□，□□□□□，□□□□："□□□□□□，□□□□□□□□□。[35]"□□□□□□□。[36]

[跋难陀]多衣而裹缚以担，[祇洹]中乃到。诸[比丘]化行，遥遥[跋难陀]〈〉来见，相〈〉言谓："此惭无愧无、闻见疑罪有、欲多厌无人〈〉来〈〉。"渐渐近已为，问言："[跋难陀]，汝何从处是多衣物得〈〉？"[跋难陀]上事广说。是中[比丘]欲少足知，[头陀]行行，是事闻，故心下嫌恨种种呵责："何云[比丘]名谓，二长老之物夺作〈〉〈〉。"此事佛处所说。

注释：

[32] □□□□□□□，裹缚多衣以担，即金藏本作"即裹缚多衣物担负"。

[33] □□□□□□□□□，汝从何处得是多衣物，金藏本作"汝从何处得是多衣物来"。

[34] □□□□，行头陀行，金藏本作"行头陀"。□（行），名词。□（行），动词。头陀行，修炼身心，摒除有关衣食住等一切贪欲的修行。头陀是梵语 dhuta 的译音，又写作杜多、杜荼、投多、偷多、尘吼多，或意译为抖擞、抖拣、淘汰、修治、浣洗、纷弹、弃除等。

[35] □□□□□□□□□，作夺二长老之物，金藏本作"故夺二长老物"。

[36] □□□□□□□，此事说佛处所，即金藏本作"以事白佛"。

第 333～334 页（2002～2106）：

□□□□□□□，□□□□□□：

"□□□□□，□□□□□□□□□□□□□□□□□□□。

"□□□□□□□□□□，□□□□□□□。[37]□□□□□□[38]□□，□□□□。□□□①？[39]□□□：'□□[40]，□□□□□[41]□□□□，□□□□□□□□？[42]'□□：'□□。□□□□□□□，□□[43]□□□。'□□□□□□□□

---

① □□（何为）下，西夏文底本疑脱三句，见本品注［39］。

[illegible]。[illegible]，[illegible]，[illegible]。[illegible]：‘[illegible]？’[illegible]：‘[illegible]。[44]’‘[illegible]？’[illegible]：‘[illegible]。’

“[illegible]：‘[illegible][45]：[illegible]；[illegible]；[46][illegible]。[47]’

“[illegible]。[48][illegible][49][illegible]：‘[illegible]？’[illegible]：‘[illegible]。[50]’

“[illegible]，[illegible]，[illegible]。[illegible]，[illegible]。”（《[illegible]》[illegible][illegible][illegible]①[illegible]、《[illegible]》[illegible]）

佛亦种种呵责，诸[比丘]〈〉语：

“是[跋难陀]，惟此世〈〉是二长老[比丘]〈〉物夺为又非但。

“过去世〈〉河曲一中，二獭其河中住。河边〈〉鱼大一得，分能者无。二何为？亦獭言：‘为能，我等鱼大一得分不能，我等鱼分〈〉能〈〉？’答言：‘能〈〉。此者经书依分应，直直分得不。’时狐其鱼已分三分以为。头一分为，尾一分为，中间肥者一分为。问言：‘谁岸近〈〉行喜？’答言：‘〈〉若是。’‘谁水深中入喜？’答言：‘〈〉若是。’

“尔时狐言：‘汝一心听经书中言：近岸〈〉行者〈〉尾与应；水深中行者〈〉头与应；二间身分法知者〈〉与应〈〉。’

“尔时其狐口中鱼大〈〉衔〈〉归。见者问曰：‘何处所得〈〉？’答言：‘愚痴问变断从不知中得〈〉〈〉。’

“诸[比丘]，此二獭者，今二长老[比丘]是。时狐者，今[跋难陀]是。”（《十诵律》诵善卷三第中于出、《僧[祇]律》与亦同）

注释：

[37] [illegible]：过去世一河曲中，二獭住其河中。金藏本作“过去世河曲中，有二獭在河中住”。

[38] [illegible]，大鱼。金藏本作“鲤鱼”。

[39] [illegible]，二何为。此处与汉文本差别很大，疑为西夏译者漏译。金藏本作“二獭守住，有野干来饮水，见已问言：‘阿舅汝作何等？’”野

---

① [illegible]（第三卷），[illegible]（卷）原脱，据金藏本补。

干，野兽名，形色青黄，如狗群行，夜鸣声音如狼。在本品下文中西夏人译为"𗄊"（狐）。

[40] 𗦻𗫡，能为，没有"外甥"的意思。金藏本作"外甥"，疑此处有脱文。

[41] 𗍫，一，金藏本作"此"。

[42] 𗏁𗋽𗍫𗣼𗤁𗫡𗫨，汝能于我等分，金藏本作"汝能为我分不"。

[43] 𗃶𗃶，形容词重叠，义为"直"，金藏本作"直尔"。

[44] 𗤦𗥃𗦀，若是，即金藏本作"此是"。下同。

[45] 𗤁𗣼𗆫𗫡𗣼𗄒𗤀𗏹，汝一心听经书中言，即金藏本作"汝一心听说经书言"。

[46] 𗥃𗪺𗰗𗰜𗏣𗰗�ワ𗅤𗫤，深水行者应与头，即金藏本作"入深水行者与头"。

[47] 𗧤𗣼𗥔𗋽𗫩𗊛𗰜𗏣𗅤𗫤𗦻，二间身应分与知法者，即金藏本作"中间身分与知法者"。

[48] 𗄊𗄊𗆧𗈶𗮥𗮝𗤛𗊩𗮨𗣼，其狐口中衔大鱼归，即金藏本作"狐口衔是大鱼身归"。

[49] 𗰯𗥃，见者，金藏本作"妇见"。

[50] 𗦤𗈶𗕋𗋦𗤁𗰜𗣼𗏣𗤀𗬥，从问愚痴不知变断中得，金藏本作"有愚痴不知断事间得"。

意译 （第 330 ～ 334 页）

跋难陀为二长老分物佛说其本缘六

佛在憍萨罗国，与多比丘夏坐。诸俗人、户长，见多众僧，乃为房舍及衣服。

佛后岁乃为祇洹中坐夏，是处故居二长老比丘。诸户长心中念言："我等今岁亦布施，使如去年。令诸比丘得衣服，我等福德不断续。多持衣物，施二长老。"时二长老作如是念："是衣物纷多，我等若分，则不知得如何罪？"竟不敢分。

跋难陀游行诸处，遍观施物多少。二长老遥见，又起接迎，与坐恭问。

跋难陀问："众僧已为坐夏，亦有施物？"答："有。"问言："已分，未分？"复答言："未分。""何故未分？"长老又答言："衣物多纷，我等人少。若分，不知得如何罪。"

跋难陀言："汝等未分亦安好。"二长老语跋难陀："汝能分不？"答："能。"

跋难陀言："此中应作羯磨，不得直分。"时二长老尽出衣服，乃置跋难陀前。

跋难陀乃分是衣作三分，如是语言："汝等二人一分坐于聚边。"我亦坐二人间。汝长老一心听羯磨：汝等二人亦一分衣犹如为三，一人二分衣犹如为三。是羯磨合矣？答言："合矣。"持是衣裹缚，以担所需。二长老又言："是衣我等未分，云何所担？"

跋难陀言："我若与汝等为分，则是中一好衣应与知法人，然后再分。"答言："与。"即出一上宝衣乃置一边，余衣作二分，与二长老。

跋难陀裹缚多衣以担，到祇洹。诸比丘化行，遥见跋难陀来，自相谓言："此无惭无愧、有见闻疑罪、多欲无厌人来。"渐渐近已，问言："跋难陀，汝从何处得是多衣物？"跋难陀广说上事。

是中有比丘少欲知足，行头陀行，闻是事，故心下嫌恨，种种诃责："云何谓名比丘，作夺二长老物。"此事说佛处所。

佛亦种种诃责，语诸比丘：

"是跋难陀，非但惟今世夺是二长老比丘之物。

"过去世一河曲中，二獭住其河中。河边得一大鱼，无能分者。二何为？獭亦言：'能为，我等得一大鱼不能分，汝能为我分不？'答言：'能，此应依经书语分，不得直分。'

"时狐已分其鱼为三分：头为一分、尾为一分、中间肥者作一分。问言：'谁喜近岸行？'答言：'若是。''谁喜入深水行？'答言：'若是。'尔时狐言：'汝一心听经书中言：近岸行者应与尾；深水行者应与头；二间身应分与知法者。'

"尔时其狐口中衔大鱼归，见者问曰：'汝何处得？'答言：'从问愚痴不知变断中得。'

"诸比丘，此二獭者，即今二长老比丘是。时狐者，今跋难陀是。"

（出《十诵律》善诵卷第三,《僧祇律》亦与同）【参见金藏本［902a22～903a3］】

七　迦留陀夷非时教化自丧其命七

录文、对译（第334～339页）

第334～335页（2107～2201）:

𗏇𗟲𗉈𗆫𘜶𗰩𗰳𗏇𘀈𘅀𘈈

𗼓𗟲𘌋𘊛𗋽𗸕,𘜶𘗠𘗿𗏇𗟲𗉈𗆫𗡅𗀱𘂊𘜶𗲇,𘝞𗰔𘉞𗓱[1]:"𗈪𗤀𘉷𗿢𘞌𗢳𗰩𗉈,𗟲𘌋𘊛𗋽𘕘𘜶𘛬𗆫𗈵𗣴[2],𘜶𘉞𘈈𘊛,𘜶𗣪𘟙𗟲𘝞[3]。"𗡉𘕤𘈈𗟲𗉈𘊛𗇋,𗏻𘕗𗏻𗣪𗏻𗀺[4]𘗠𗯟。𘝤𘉦[5]𗃬𘝈𘈊𘈊[6]𘊛𗫼;�i𘉦𘈊𘛏𘈊�e�ii𘉦𘊛𘊛𗫼,𘈈𗣴𗫔𘊛𘜊[7]。

[伽留陀夷]非时教化其自命〈〉丧七

佛[舍卫]国中在,时长老[伽留陀夷][阿罗汉]道得,心下念言:"先六群[比丘]中〈〉在,[舍卫]国中诸家于辱为,我念其还,清净令可〈〉。"即便其国中乃入,九百九十九户〈〉度。丈夫道得妻子不得;若妻子道得丈夫道不得者,其数中不在。

注释:

[1] 𘝞𗰔𘉞𗓱,心下念言,金藏本在本处和下处分别作"心念"和"念"。

[2] 𗟲𘌋𘊛𗋽𘕘𘜶𘛬𗆫𗈵𗣴,于舍卫国中诸家使辱,金藏本作"于舍卫国污辱诸家"。𗈵𗣴,于……使辱。

[3] 𘜶𘉞𘈈𘊛,𗣪𗟲�ii�iii�:我念还其,可令清净,即金藏本作"我念当还,令得清净"。

[4] 𗀺,户,金藏本作"家"。

[5] 𘝤𘉦,夫/丈夫,金藏本作"若夫"。𘝤𘉦,本品以下因文或译为"丈夫",或译为"夫",金藏本俱作"夫"。下同。

[6] 𘈊𘛏,妇/妻子,本品以下因文或译为"妻子",或译为"妇",

金藏本作"妇"。下同。

[7] 𗄊𗏴𗝓𗏇𗵘，不在其数中，即金藏本作"则不在数"。

第 335～336 页（2201～2301）：

𗼕𗏴𗱪𗵿𗎤𗏿𗼕𗏴𗻼𗗕，𗫡𗰏𗣫𗱪𗃤𗤶。𗗩𗷸𗹙𗣫𗮔𗊱："𗾞𗵎𗲾𗚷𗶷，[8]𗏴𗱪𗵿𗦉𗎯𗠁[9]𗾞𗪱。"𗃛𗃛[10]𗮾𗮣𗱪𗵿𗷻𗻯𗊐，𗎤𗏿𗼕𗻼𗰄𗼕，𗼤𗼕𗎯𗼰𗵚𗤶。𗗩𗷸𗹙𗣫𗃤𗊐𗗽𗤶，𗨙𗿷𗄎𗺉。�=�=𗿷𗢳，𗎯𗵄�=𗧠。𗵎𗱪𗮔𗤶："𗵎𗐰𗹒�=�=𗨗𗣠，�=𗗽𗨙𗿙𗲾𗨗𗣠，𗾞𗵎𗻯𗦎。𗲕𗗼𗉩𗒀，𗩲�=𗹍𗷄[11]𗾞𗪱。"𗃤�=𗮔𗣫𗵎𗰄�=𗤶，𗻼𗏇："𗮰𗰄𗵚𗵿𗹙𗣓[12]，𗩲�=𗹍𗷄𗾞𗪱。"𗃤�=𗮔𗣫𗵎𗯠𗵚𗵿𗣓，𗻼𗏇："𗸈𗾞𗒼𗤸𗊷𗵛𗲕�=𗒐[13]，𗩲�=𗹍𗷄𗾞𗪱。"𗃤�=𗮔𗣫𗤸𗚷𗒼𗤸𗊷𗵛𗿰�=，𗻼𗏇："𗸈𗵎𗒐𗹙𗣠[14]，𗩲�=𗹍𗷄𗾞𗪱。"𗃤�=𗮔𗣫�=�=𗧒𗗽𗤶，𗻾�=𗿙𗉻，𗻼𗤶�=𗶷。

时［舍卫］城中［婆罗］门家一有，声闻以度得应。［伽留陀夷］念言："我此家〈〉度，［舍卫］城中千室满〈〉〈〉。"今晨［钵］持城中食乞入，［婆罗］门舍〈〉到，主人不在，妻子门闭饼煎。［伽留陀夷］即禅定入，〈〉起指弹。妇回顾，门犹闭看。是如念作："此沙门何从处所入，必定饼贪故乃来，我终不与。若眼使脱，亦不〈〉与我〈〉。"即神力以眼脱如为，复念："眼出碗如使成，亦不〈〉与我〈〉。"即神力以眼变碗如成，复念："若我面前颠倒能立〈〉，亦不〈〉与〈〉〈〉。"即神力以其〈〉面前颠倒〈〉立，复念："若死〈〉得是，亦不〈〉与〈〉〈〉。"即神力以想受灭定入，心想皆灭，知觉所无。

注释：

[8] 𗾞𗵎𗲾𗚷𗶷，我度此家，即金藏本作"我得度此家者"。

[9] 𗠁，足/满，即金藏本作"足满"。

[10] 𗃛𗃛，今朝，金藏本作"晨朝"。

[11] 𗩲�=𗹍𗷄，我亦不与。𗷄，《文海》注"彼他也，彼也，语之助是也"。此处为虚词。下同。

[12] 𗮰𗰄𗵚𗵿𗹙𗣓，使出眼如成碗，即金藏本作"出眼如碗"。下同。

[13] 𗸈𗾞𗒼𗤸𗊷𗵛𗲕�=𗒐，若能倒立我面前。𗤸𗊷，面前/前。𗵛𗲕，

颠倒/倒。下同。

[14] 〔西夏文〕，若得是死，金藏本作"若死"。

第336~337页（2301~2406）①：

〔西夏文〕：[15]〔西夏文〕，[16]〔西夏文〕[17]〔西夏文〕。〔西夏文〕，[18]〔西夏文〕。〔西夏文〕，[19]〔西夏文〕，[20]〔西夏文〕：[21]〔西夏文〕。〔西夏文〕，[22]〔西夏文〕，[23]〔西夏文〕：[24]〔西夏文〕。〔西夏文〕，[25]〔西夏文〕[26]。

时[婆罗]门妇牵挽不动，大惊怖起，心下念言："是沙门者常[波斯匿]王宫中出游，[末利]皇后〈〉师长是。若我家中已死闻，则我等大衰同值。若彼活，则饼一与〈〉〈〉。"[伽留陀夷]便定中〈〉出，彼妇饼看。先所煎者好，贪恪不与。复盆边刮饼小一作，先如转胜，则先所为与，〈〉一〈〉举适，余皆相〈〉著。[伽留陀夷]言："姊，心随我之几许与〈〉〈与〉。"四饼〈〉举，其之与欲。[伽留陀夷]不受，言："我是饼不须〈〉，若汝施欲〈〉，则[祇]园中僧之〈〉施往〈〉〈〉。"是妇先世善根已种，自思惟言："是[比丘]僧实饼不贪，但我〈〉慈愍，故而食乞来。"即饼筐〈〉持[祇]园中所诣，诸僧众〈〉施。僧〈〉施竟，[伽留陀夷]面前在。

注释：

[15] 〔西夏文〕……〔西夏文〕，〔西夏文〕：沙门者出游……是末利皇后之师长，金藏本作"是沙门常游波斯匿王宫，末利夫人之师"。〔西夏文〕，出游。〔西夏文〕，皇后。末利夫人，舍卫国波斯匿王之夫人。

———————

① 图版2401~2404上半页2309~2312重复，翻译时已删除。
② 〔西夏文〕（言），底本原脱，据金藏本补。

［16］𗹭𗥤𗁬𗉆𗒼𗥤𗲠𗩙，若闻已死我家中，金藏本作"若闻在我家死者"。

［17］𗒷𗦹，同值，金藏本无此词。

［18］𗤋𗆀，贪悭，金藏本作"意惜"。

［19］𗂸𗟲𗅲𗪉，如先转胜，金藏本作"煎之转胜"。依照事物的因缘再生，叫转。

［20］𗉳𗂸𗤁𗋈𗩾，则与先所为，即金藏本作"以先者与"。

［21］𗥫𗒷，姊。𗥫，表示男称姐妹。

［22］𗹭𗤀𗩾𗌰：欲与其之，金藏本作"欲持与之"。

［23］𗉳𗹝𗉢𗤀𗪴𗤀𗩙𗸦𗹨，则往施祇园之僧，金藏本作"可以与祇洹中僧"。𗹝𗉢，祇园，或作祇苑、祇洹。祇树给孤独园，梵文的略称。本品及"阿难七梦佛为解说十"注［1］，同。

［24］𗤚𗆀𗷝𗀆，自思惟言，金藏本作"即自思惟"。

［25］𗪴𗤀𗸦𗥝，施僧竟，金藏本作"与僧饼竟"。

［26］𗅲𗨻𗒸𗤁𗬿𗒷𗐆，在伽留陀夷面前，即金藏本作"在迦留陀夷前坐"。

第 337～338 页（2406～2504）：

𗉋𗅲𗨻𗒸𗤁𗼇𗤀𗫀𗀏𗅲，𗥥𗥤𗅲𗤋𗋈，𗹭𗾾𗦉𗒴[27]𗊳𗕁𗾧𗤀，𗥠𗥤𗹭𗑗，𗧯𗤁𗤀𗬛𗂸，𗫦𗒷𗤀𗩙𗁬。𗁬𗥥[28]𗀉𗂸𗥤𗲠𗥤，𗉋𗹭𗥤𗎹𗂸𗥤𗤀𗟲𗉳。[29]𗤁𗂸𗇊𗋈[30]"𗂸𗥥𗤚𗒸𗹝𗉢𗤀𗂸，𗫉𗥤𗐆𗥝𗹨。"𗹭𗁬𗬿𗝰𗐵𗷎𗅲𗷎[31]，𗅲𗨻𗒸𗤁𗥥𗤁𗅲𗤋𗋈，𗤁𗬛𗧯𗑗，𗫦𗒷𗄴𗩙𗁬。𗯨𗢲𗬛𗬛[32]𗁩𗋈𗤀𗹨𗷎，𗆑𗘂[33]𗓝𗉑，𗥝𗤀𗒸𗹭，[34]𗂸𗐆𗒷𗼇𗀉𗋈𗥤𗉳。[35]𗹭𗥝𗒷𗬛，𗤁𗬛𗹨𗷎。𗹭𗟱𗥥𗉋𗤁𗑗𗫩[36]，𗼔𗷎𗥠𗆀，[37]𗹭𗅸𗹨𗹨。𗹭𗟱𗼇𗨻，[38]𗁬𗯨𗤋𗂸[39]。

时［伽留陀夷］其〈〉因缘观，妙法〈〉说为，其坐于上尘远垢离，净法眼得，三宝〈〉依归，［优婆夷］〈〉作。尔乃又舍〈〉〈〉返，时其丈夫家〈〉〈〉归，妻子具说："我今［须陀洹］道得〈〉，君今往可〈〉。"是［婆罗］门即便〈〉往，［伽留陀夷］妙法〈〉说为，法眼净得，［优婆塞］〈〉为。常财力依［阇犁］〈〉供养，寿尽乃至，子〈〉指教，我在与一样为当〈〉。其子命奉，法如供养。其子妇后时机织中，贼主一见，年少端正。其子妇〈〉唤，共娱乐享。

注释:

［27］𗏬𗴟𘜑𗑾，于其坐上，金藏本作"即于坐上"

［28］𗫂𗭴，尔乃，连词性结构。是连词"而"与副词"乃"的结合形式。一般表示前后两件事情的承接关系。相当于"然后""这才""然后才"。

［29］𗏬𘜶𗫀𗧯𗴦𘟃𗤛，其丈夫归家，金藏本作"夫后还归"。

［30］𗫀𗭴𗘂𗐹，妻子具说，即金藏本作"具以白"。

［31］𗕥，往，金藏本作"往诣"。

［32］𗤧，依，金藏本作"尽"。

［33］𗭴𗏹，寿尽，即金藏本作"身死"。

［34］𗧐𗦲𗭴𗵒，指教于子，金藏本作"犹命其子"。

［35］𗤧𗴘𗫠𗣗𘘥𗬩𗴦𗵒，与我在当为一样，金藏本作"如在无异"。

［36］𗏬𘞂𗋰𘜶𗒅𗴦𗤻，其子妇后时机织中，即金藏本作"子妇于后在机上织"。𘞂，即"媳妇/子妇"。下同。

［37］𘟃𘜶𘀽𘜑，见一贼主，即金藏本作"遇见贼主"。

［38］𗏬𘞂𗣗𘒦，其子妇唤，金藏本作"妇便唤之婢，语之使来"。

［39］𗊀，享，金藏本作"相"。

第 338 页（2505～2508）:

𗬩𗩾𘗽𗤌𘖬𗏬𘜶𗧯𘉋𘘥𗕥，𗥑𘜶𗪒𗫀𗭴𗦲𘔉𘈮𘉦𗐹，𗴦𗋽𘈮𘒫。𗫀𗭴𘜶𗑱，𘟃𘍁𗑭𗧐𘜖𘜶𗫀𗧯𘜷𗐹𗵒，[40]𘓰𗑺𗦲𗵒𗪚𗪩𗬫𘉦𗬤，[41]𗩾𘗽𗤌𘗳𘘥𗵒𗬤，[42]𗳉𗩾𗵒𗬤[43]𘗈𘘤𗪚𘖫。

时[伽留陀夷]其舍处食饮往，[婆罗]门妇〈〉淫欲过说，戒破罪诃。妇疑生，或此事知我夫向恐说〈〉，即方便以疾〈〉托为〈〉请。[伽留陀夷]法乃说为，多时〈〉留日没乃至。

注释:

［40］𘟃𘍁𗑭𗧐𘜖𘜶𗫀𗧯𘜷𗐹𗵒，或知此事恐向我夫说，即金藏本作"恐知此事或向夫说"。

［41］𘓰𗑺𗦲𗵒𗪚𗪩𗬫𘉦𗬤，即以托疾方便为请，即金藏本作"即作

方便，托疾请之"。

[42] ▢▢▢▢，乃为说法，金藏本作"住为说法"。

[43] ▢▢▢▢，留多时，金藏本作"苦相留连"。

第 338 ~ 339 页（2509 ~ 2603）：

▢▢▢▢▢▢▢▢▢▢▢▢▢[44]，▢▢▢▢▢▢▢▢▢▢▢▢，▢▢▢▢。▢[45]▢▢▢▢，▢▢▢▢▢▢▢，[46]▢▢▢▢。[47]▢▢："▢▢▢▢▢▢▢▢▢。"▢▢▢▢▢，▢▢▢▢▢▢▢▢▢▢▢▢，[48]▢▢▢▢▢。▢▢▢▢，▢▢▢▢，▢▢▢▢。▢▢▢▢▢，▢▢▢▢▢[49]。▢▢▢▢▢▢▢▢，[50]▢▢▢▢。

时[伽留陀夷]〈〉起粪聚所〈〉至到，彼贼主〈〉〈〉刀利以头而断为，粪中〈〉埋。其戒说曰，筹行〈〉一〈〉长，更相咨访。佛言："[伽留陀夷][涅槃]已入〈〉。"夜过天已晨，佛僧众与相随[舍卫]城中乃入，粪聚所乃到。佛神力故，死尸踊出，虚空中在。诸[比丘]〈〉取，床上乃著持。城复出火以〈〉焚，塔起供养。

注释：

[44] ▢▢▢▢▢▢▢▢，起至到粪聚所，即金藏本作"起到粪聚"。

[45] ▢，其，金藏本作"至"。

[46] ▢▢▢▢▢▢，行筹长一。▢▢，行筹，谓以筹码计数。▢，增。意思是说迦留陀夷始终没来。筹是计算人数的工具。一人对应一筹。人没来，筹就多了一个。就是说计算人数时，还剩一个筹暗示少一个人。

[47] ▢▢▢▢，更相咨访。▢▢，更相/互相，其字面义为"自代"。

[48] ▢▢▢▢▢▢▢▢，相随乃入舍卫城中，即金藏本作"入舍卫城"。

[49] ▢▢▢▢▢，持著床上，金藏本作"著床上"。

[50] ▢▢▢▢▢▢▢▢，复出城以火焚，金藏本作"持之出城，以火烧身"。

第 339 页（2603 ~ 2608）：

▢▢▢▢▢▢▢▢▢▢▢▢▢[51]▢▢▢▢▢▢▢▢▢▢，▢▢▢▢▢▢▢▢▢▢▢▢

𗖻𗟲𗦳，[52]𗫴𗆧𗏹𗣫𗣼𗤆。[53]𗃛𗏴𗫤①𗫨𗣫𗤆，[54]𗏹𗣫𗨁𗟲𗄒𗣼，𗵒𗷯𗰗𗦫𗖻𗈢𗥃。𗫸𗩾𗫿𗃛𗧯𗍫𗵒，𗫨𗍤𗪒𗫜𗩱。𗫸𗆧："𗵝𗆫𗦬𗟲，𗏹𗆰𗫨𗫤𗏹②[55]𗌥𗚬𗶷𗡪𗧯。"（《𗤆𗣫𗫴・𗍤𗣫》▢𗾟𗗆𗗙③𗌥𗵜𗖻）

    [波斯匿]王[伽留陀夷]某甲[婆罗]门家〈 〉已死闻，则便即其〈 〉七世首尾七门〈 〉灭，食物皆〈 〉夺为。五百贼人〈 〉捕，悉足手〈 〉截为，[祇]园堑中〈 〉投著。诸[比丘]食乞是事闻，又佛以具白。佛言："此过罪者，皆非时村舍中人由是〈 〉。"（《十诵律・三诵》卷四第中于出）

    注释：

    [51] 𗫴𗆫，某甲，金藏本作"某"。

    [52] 𗌥𗄒𗏴𗫤𗶷𗣼𗟲𗣠𗵒𗖻𗟲𗦳，则便即灭其七世首尾七门，金藏本作"即灭七世"。𗟲𗣠，字面义"首尾"，对应金藏本"左右"。

    [53] 𗃛𗏴𗏹𗣫𗣼𗤆，皆夺食物，金藏本作"左右十家皆夺财物"。

    [54] 𗃛𗏴𗫤𗫨𗣫𗤆，捕五百贼人，即金藏本作"捕取五百贼"。

    [55] 𗫨𗏹，村舍，即金藏本作"聚落"。聚落（grāma），就是村落。印度古代的聚落，一般是四周围绕着垣墙、篱栅、水沟。《善见律毗婆沙》说："有市故名聚落……无市名为村。"这里指僧舍。

    意译（第 334～339 页）

    迦留陀夷非时教化自丧其命七

    佛在舍卫国，时长老迦留陀夷得阿罗汉道，心下念言："先在六群比丘中，辱舍卫国中诸家，我念还其，可令清净。"即便乃入其国中，度九百九十九户。

    丈夫得道（而）妻子不得；若妻子得道（而）丈夫不得道者，不在其数中。

    时舍卫城中有婆罗门家，应以声闻得度。迦留陀夷念言："我度此家，

    ----

    ① 𗫤（贼），底本笔画不全，左偏旁缺少右竖画缺少折拐弯。
    ② 𗫨𗏹（村舍）。𗏹，底本笔画不全，左偏旁右边缺少两横。
    ③ 𗾟𗗆𗗙（第四卷），𗾟（卷）原脱，据金藏本补。

（于）舍卫城满千室。"

今晨持钵入城中乞食，到婆罗门舍，主人不在，妻子闭门煎饼。

迦留陀夷即入禅定，起（乃）弹指。妇（即）回顾，看门犹闭，作如是念："此沙门从何处所入？此必定贪饼故乃来，我终不与。若使眼脱，我亦不与。"而以神力两眼脱出，复念："使出眼如成碗，我亦不与。"即以神力变眼如碗，复念："若能倒立我前，我亦不与。"即以其神力于前倒立，复念："若得是死，我亦不与。"复以神力入灭受想定，心想皆灭，无所觉知。

时婆罗门妇牵挽不动，起大惊怖，心下念言："是沙门者出游波斯匿王宫，是末利皇后之师长。若闻已死我家中，我等大衰同值。彼若活（者），我与一饼。"

迦留陀夷便出于定，妇即看饼。先煎者好，贪悭不与。复刮盆边，作一小饼。如先转胜，则与先所为，适举一（饼），余皆相著。迦留陀夷言："姊，随心与我几许。"举四饼，欲与其之。迦留陀夷不受，言："我不须是饼，若汝欲施（者），则往施祇园之僧。"是妇先世已种善根，自思惟言："是比丘僧实不贪饼，但慈愍我，故而来乞食（耳）。"即持饼筐诣祇园中，施诸众僧。施僧竟，在迦留陀夷面前。

时迦留陀夷，观其因缘，为说妙法，于其坐上远尘离垢，得法眼净，归依三宝，作优婆夷。尔乃又返舍，时其丈夫归家，妻子具说："我今得须陀洹道，君今可往。"是婆罗门即便往，迦留陀夷为说妙法，得法眼净为优婆塞。常依财力供养阇梨，乃至寿尽，指教于子，与我在当为一样。其子奉命，供养如法。其子妇后时机织中，见一贼主年少端正。其子妇唤（之），共享娱乐。

时伽留陀夷往其舍处饮食，为婆罗门妇说淫欲过，诃破戒罪。妇生疑，或知此事恐向我夫说。即以托疾方便为请。迦留陀夷乃为说法，留多时乃至日没。

时迦留陀夷起至粪聚所，彼贼主以利刀而断（其）头，埋（著）粪中。其说戒日，行筹长一，更相咨访。佛言："迦留陀夷已入涅槃。"夜过天已晨，佛与众僧相随乃入舍卫城中，到粪聚所。佛神力故，死尸踊出，在虚空中。诸比丘取，持著床上，复出城以火焚，起塔供养。

波斯匿王闻迦留陀夷某甲婆罗门家死，则便即灭其七世首尾七门，皆夺食物。捕五百贼人，悉截手足，投著祇园堑中。

诸比丘乞食（得）闻是事，（又）具以白佛。佛言："此过罪者，皆是由非时入于村舍。" （出《十诵律·三诵》第四卷）【参见金藏本［903a4 ~ 903c15］】

八　阿难与佛先世为善友八

录文、对译（第 339 ~ 347 页）

第 339 ~ 340 页（2609 ~ 2702）：

𗹭𗿒𗙴𗴺𗤛𗣼𗵎𗱲𗆟𘗡

𗙴𗤩�873𗘟𗀋𘘣𗣓𘋘，𘚢𗖺𗤊𘜔[1]。𗀾𗙴𗀉𗟻，𗕶𗫒𘍞𗫉。𗹭𗿒𗡪𗤀[2]𘁝𘖃，𗙴𗝢："𗤪𘜸𗵜𗙴𗤛，𘛔𗆉𗳡𗊽[3]𘏢。𗀾𗵜𗳡𗘟𗁛𘕿𗬻𘀀𗉄，𘘢𗵜𗙴𘓞𘝶𗩾𘐡。"𗹭𗿒𘛔𘙌𘁝𗙥[4]，𗡪𗤀𗰖𗝢："𘛔𘙌𘟣𗟻𘜔𘐳𗭴，[5]𘛔𗆩𘝶𗵜，𘏢𗙴𘁝𘒳。"

［阿难］佛与先世善友为八

佛［波罗奈］国中行游，树一下坐。其然〈〉笑，五色光出。［阿难］膝跪而问，佛言："昔［迦叶］佛时，此处众园有。其众园中二万沙门有，［迦叶］佛常正法说。"［阿难］此床即施，膝跪劝言："此床上〈〉坐〈〉，斯地福有，两佛乃致。"

注释：

[1] 𗤊𘜔，坐一树下，即金藏本作"住树下坐"。

[2] 𗡪𗤀，跪膝，金藏本作"跪"。下同。

[3] 𗳡𗊽，众园，即金藏本作"精舍"。下同。西夏文文献，多以"𗳡𗊽"来翻译"精舍"。"众园"来自梵文"僧伽蓝摩"（Samgha-ārāma，略称僧蓝）。精舍，又作精庐，意为智德精练者之舍宅。世俗谓佛寺为精舍，即寺院之别称。古之儒者教授生徒，其所居之舍也谓之精舍。下同。

[4] 𘛔𘙌𘁝𗙥，即施此床，金藏本作"即施绳床"。

[5] 𘛔𘙌𘟣𗟻𘜔𘐳𗭴，坐此床上，即金藏本作"愿就尊坐"。

第 340 页（2702 ～ 2708）：

〔西夏文〕[6]，〔西夏文〕：

"〔西夏文〕，〔西夏文〕，〔西夏文〕，〔西夏文〕，〔西夏文〕，〔西夏文〕。〔西夏文〕，〔西夏文〕，〔西夏文〕，〔西夏文〕。[7]〔西夏文〕，〔西夏文〕，[8]〔西夏文〕。[9]〔西夏文〕，〔西夏文〕，[10]〔西夏文〕[11]〔西夏文〕。〔西夏文〕[12]，〔西夏文〕，[13]〔西夏文〕[14]。

佛〈 〉坐后方，手举指曰：

"彼〈 〉县大一〈 〉有，名者[维绫]。时陶家一，名者[欢豫]。子为慈爱，数佛所诣，佛〈 〉清化禀。陶家虽为，然土垦以虫豸惧害未尝。唯岸崩鼠壤土取，其以器为，五谷与贸。多少无知，价量不讼，父母〈 〉供养。父母已老，眼亦已盲，[欢豫]孝顺比无。

注释：

[6] 〔西夏文〕，方后，即金藏本作"毕"。

[7] ……〔西夏文〕，〔西夏文〕……〔西夏文〕，即"虽为……然……未尝……"表示转折。

[8] 〔西夏文〕，以其为器，即金藏本作"和之为器"。

[9] 〔西夏文〕，与五谷贸，即金藏本作"以贸五谷"。

[10] 〔西夏文〕，〔西夏文〕：无知多少，价量不讼，即金藏本作"多少在彼，未尝诤价"。

[11] 〔西夏文〕，父母，金藏本作"老亲"。在本品中，西夏文均以"〔西夏文〕"来对译汉文本"老亲""亲老""亲"。下同。

[12] 〔西夏文〕，已老，金藏本作"羸乏"。

[13] 〔西夏文〕，眼亦盲，即金藏本作"已且失明"。

[14] 〔西夏文〕，孝顺无比，即金藏本作"仁孝难齐"。

第 340 页（2708 ～ 2711）：

"〔西夏文〕[15]〔西夏文〕，〔西夏文〕，〔西夏文〕：'〔西夏文〕？'〔西夏文〕：'〔西夏文〕[16]。'〔西夏文〕[17]，〔西夏文〕，[18]〔西夏文〕。"

"［迦叶］佛晨朝衣摄［钵］持城入，［欢豫］家处〈〉至，其父母〈〉问曰：'孝顺子〈〉〈〉在〈〉？'答言：'佛〈〉弟子暂时不在。'家处饭好豆羹处〈〉，佛［钵］以受，〈〉坐食毕即去。"

注释：

［15］□□，晨朝，金藏本作"晨兴"，也即"早起"。

［16］□□□□，暂时不在，金藏本作"小出耳"。

［17］□□，处，金藏本作"有"。疑"□□"应为"□□"之误。

［18］□，受，即金藏本作"受却"。

第 340～341 页（2711～2808）：

"□□□□，□□□□□□：'□□□□□□？'[19]，□□□□：'□□□□①□□□□□□□，[20]□□□□，□□□□□□。'□□□□，□□□□：'□□□□□、□□□、□□、□□□[21]、□□□□[22]、□□□□。□□□□□□□[23]□□，□□□□□。□□，□□□□，□□□□[24]，□□□□□□□□，□□□□□□□□□。'[25]'□□□□，□□□□，[26]□□□□[27]，□□□□□。[28]□□□□□，□□□□。□□□□，□□□□□□□。[29]

"其子〈〉归，羹饭〈〉减〈〉睹：'此饭谁〈〉食曰？'父母答言：'天中天此〈〉来尔〈〉慈愍故，羹饭〈〉取，食毕即去〈〉。'［欢豫］〈〉怅，喜悲交集：'佛者如来为、著所无、至真、正等觉、法以调御、天人师。诸天帝王心归供馔，又恐不致〈〉。世尊，吾居下贱，食又劣衰，但吾〈〉下贱慈愍，故此〈〉来食〈〉饮〈〉曰。'喜悲交集，依归礼拜，佛〈〉恩念，普〈〉此如闻。欢喜十五日，时饥已忘。父母随喜，欢喜七日饥〈〉忘。

注释：

［19］□□□□□□，曰谁食此饭，金藏本作"曰：'谁取此饭者？'"在本品中，西夏人在翻译欢豫作主语的问话中都是以后置"□曰"表述。下同。

---

① □（此），底本形似误作□（高、勾），据改。

[20] □□□□□□□□□□，天中天来此慈愍尔故，金藏本作"天中天属来顾尔"。属，近时，方才。顾，探望、访问。

[21] □□□，正等觉，金藏本作"等正觉"。"正等觉"或谓"等正觉"，梵语"Anuttarasdmya-ksam bodhi"（阿耨多罗三藐三菩提）的译名，与"正遍知"同义，也是"无上正等正觉"的略称。

[22] □□□□，法以调御/法御，金藏本作"道法御"。

[23] □□，归心/诚心，即金藏本作"肃虔"。

[24] □□，劣衰，即金藏本作"不腆"。腆，丰盛、多。

[25] □□□□□□□，故来此饮食，金藏本作"故自取耳"。

[26] □□□□，归依礼拜，即金藏本作"稽首于地"。下同。本品除[76]外，其余西夏文本译汉文"稽首"为"归依"。实际在佛教中，稽首、归依，是不同的。

[27] □，念，金藏本作"追惟"。

[28] □□□□□，普闻如此，即金藏本作"知普乃尔"。

[29] □□……□□……□□，此段句序和汉文本不同。□□，随喜，金藏本作"助之"。

第 341 页（2808～2811）：

"□□□□□□，[30] □□□□□□□，□□□□□□。□□□□□□，□□□□。□□□□[31]，□□□□□□。□□□□□□□，□□□□，□□□□。

"其又一月方后，佛复其家中〈 〉至，其子又不在。佛羹饭〈 〉取，饭毕即去。其子近归，父母其事以说。[欢豫]并复父母等，重喜饥忘，日数前如。

注释：

[30] □□□□□□，其又一月方后，金藏本作"却后月余"。

[31] □□，近归，即金藏本作"寻还归"。近，不久，即"寻"。

第 341～342 页（2811～2906）：

"□□□□，□□□□，□□□□□。□□□□□□，□□□□□□□□，

𘕿𗧘𗡜𗣼𗐰𗫂𗫨𗄊𗰜，𗫨𗅳𗪊𘜶𗰜𗿒。𗧘𘐆𗌮𗄑𗱲，𗗙𗖀𗤁𗼻𗐰[32]𗉛𗣼。
𗰜𗧘𗭼：'𗫨𘝯𘘥𗔗𗡜𘝾�女𘘣𗰜？'𘐆𗌮𗪴𗭼：'𗌮𗫨𗅳𗰤𘘥，𗫨𗧘𗼻𘟣，𗗙
𘟑𘘥𗡜𘝾𘝾�女，[33]𗫨𗅳𗤁𘈇𘄀𗰜𗰜。'𗰜𗧘𗭼：'𘚺𗰜！��𗖀𗼻𗤁，𘘥𗃽𘏘
𗤁𗆟𗰜？'𗔗𗹙𗖀𗕿：'𘏫𗡜� 𘈇𗰜，[34]�和𗤁𗈆𘍞𗴩𗰜。'"

"尔时龙雨，日夜不休，众园毁漏。佛诸沙门〈 〉告，[欢豫]居室新〈 〉
为，汝等其处瓦〈 〉撤往〈 〉，众园〈 〉护〈 〉〈 〉。诸沙门〈 〉往，其子此刻亦不
在。父母曰：'吾舍屋上瓦撤为人何〈 〉？'沙门对曰：'佛众园〈 〉漏，吾等〈 〉
遣，其屋上瓦撤来使〈 〉，众园以修补〈 〉。'父母曰：'善哉！吾子德重，乃
致于兹乎〈 〉？'欢喜归依：'益多〈 〉取〈 〉，吾福无量愿为曰。'"

注释：

[32] 𗼻𗐰𗰜，此刻亦，金藏本作"又"。

[33] �女𗡜𘝾，𗗙𘟑𘘥𗜦𘘣�女：使遣吾等来撤其屋上瓦，金藏本
作"使吾等撤斯屋"。

[34] 𘏫𗡜�𘈇𗰜，益多取，金藏本作"日愿益取之"。

第 342 页 （2906～2912）：

"𘐆𗌮𗡜�𗨳𗐰�，[35]𗖀𗉛𘈇：'𗉛𗰜𘘥𗡚��𗡜�𗰜𗰜？[36]'，𗰜𗧖：'𗌮
��𗅳𗰤��，�𗌮����𗡜��𗡙𗻰𗰜[37]𗰜。'𗔗𗸧𘟣𗉒𗰜𗒹[38]𗔗𗨆𘘝�𗙷
𗨳：'𘏫𘜶𗤁𗈆，𗳷𘈈𗭼𗳽𗒯𘘥𗒝𗇇，𗰣𗇇𗱟��，𗼻𗔗𗤁𘍞𗉒。𘚺𗡜𗤁𗤥�，
�𘏫�𗈆𘍞𗴩𗰜[39]。'𗔗𗨆𗼋𗉛，� 𗴺𗻰𗜪。"

"沙门〈 〉去大未为，子归睹：'又屋上瓦谁撤〈 〉去曰？'父母曰：'佛众
园〈 〉漏〈 〉，沙门〈 〉遣瓦取修补将用〈 〉。'[欢豫]自住处于佛向依归礼拜：
'尊慧无量，帝王诸侯七宝殿兴，贡献相给，亦佛不其居。此瓦粗取者，我
〈 〉福使得曰。'欣欣食不，前如饥忘。"

注释：

[35] 𗡜�𗨳𗐰�，去未大，即金藏本作"适去"。

[36] 𗉛𗰜𘘥𗡚��𗡜�𗰜𗰜，日谁又撤去屋上瓦，即金藏本作"日谁撤
屋者乎"。

[37] □□□□，将用修补，金藏本作"补之"。

[38] □□□□，自住处于，即金藏本作"所在"。

[39] □□□□□，使吾得福，金藏本作"惟欲福我"。

第 342 ~ 343 页（2912 ~ 3005）：

"□□□□□□□，□□□□□。□□□□，□□□□。□□□□□□□□□，[40]□□□□□。□□□□□□□[41]：'□□□□□、□□□□□□□□□□□□□。[42]'□□□□□，□□□□□，□□□□□。□□□□，□□□□□。□□□□，□□□□□□□。

"佛五百沙门〈 〉将，王国中〈 〉入。王名［脂维］，自佛迎奉。王车上下五体投地，作礼问讯。〈 〉坐经听〈 〉毕：'唯愿天中天、诸沙门，与吾〈 〉慈愍以薄食〈 〉饮顾〈 〉。'佛默然以可，供馔〈 〉备，遣使迎奉。王自沃盥，饭奉供养。作礼毕，复佛面前〈 〉坐。

注释：

[40] □□□□，五体投地，即金藏本作"卸五威仪"。

[41] □，毕，金藏本作"毕曰"。

[42] □□□□□□□□□□□□□，与吾慈愍以顾饮薄食，金藏本作"下顾薄食"。

第 343 ~ 344 页（3005 ~ 3101）：

"□□□□：'□□□□□□□□□，□□□□□□□，□□□□□□，□□□□□，□□□[43]□。□□□□□□□□□，[44]□□□□，□□□□□□□□；□□□□□□□□□，□□□□□□。'□□□□□□。□□□□□□□□□□[45]。□□□□、□□、□□、□□□□，□□□□，□□□□。□□□□□：'□□□□，□□□□□□□□？'□□□□①□□□□，[46]□□□□：'□□□□□，□□□□。'□□：'□□□□□□。'"

"佛王〈 〉曰：'王宿三尊〈 〉侍奉，随今宿福受，人道中〈 〉生，女去男为，

---

① □（下），原形误作□（无），据西夏文词语搭配法改。具体考证见本品注释［45］。

世上宫获。王〈〉制者圣人法是，怀心制御，己恕民〈〉育为当；妖言者国火器烧也，王谨慎当〈〉。’王依归教受。王又佛〈〉三个月〈〉请。七宝床机、帷帐、茵褥、病药供设，国珍皆尽，佛未其许。王心下念曰：‘供养中上，吾〈〉胜者孰是〈〉？’佛王心下贡高起知，其王〈〉曰：‘王〈〉胜一有，智慧无量。’王曰：‘其名愿闻〈〉〈〉。’”

注释：

[43] [illegible]，上宫，即金藏本作“上位”。

[44] [illegible]，王之制者是圣人法，金藏本作“夫王者之法，当以圣人教令”。

[45] [illegible]，请佛三个月，金藏本作“留佛时三月”。

[46] [illegible]，佛知王心起贡高，金藏本作“佛知王心有贡高意”。[illegible]，贡高/恭慢。“[illegible]”原作“[illegible]”（心不贡高）与意不符，形似而误。贡高意，是从心中、心下产生的，西夏人在翻译这类词语时，总要把它的出现与心联系在一起。在本文献中如，“念/心念”（[illegible]），心念，心中思念，见导言、索引。

第344页（3101～3110）：

“[illegible]：‘[illegible]，[illegible]。[illegible]，[illegible]，[illegible]，[illegible]。[illegible][47]，[illegible][48][illegible]。[illegible]，[illegible]，[illegible]。[illegible]，[illegible]。[illegible]，[illegible][49][illegible]。[illegible]，[50][illegible]。[illegible]，[51][illegible]。[52][illegible]，[illegible]，[illegible][53][illegible]。[illegible][54][illegible]，[55][illegible]。[illegible]，[illegible]，[illegible]。’[illegible]。

“佛曰：‘[维绫]县中至孝子一有，名者[欢豫]。佛三宝奉，吾〈〉明法受，己恕彼视，平等以群生〈〉育为。清贞真和，手中宝并又诸器械不持。器卖以父母供养，价量不诤，忍辱慈惠。正道以心为，圣典以乐为。娶妻不敢，父母〈〉惧不孝顺〈〉。每佛所，侧心法听，父母〈〉眼不见苦陈，清净以不睹佛言时流涕。佛其〈〉食取，屋上瓦撤，皆悉无怨。欢喜以十五

日许饥忘。最中至孝，德具陈难。吾周行，天下教化，王请不就。'王愠
心兴。

注释：

[47] ▢▢，真和，即金藏本作"守真"。

[48] ▢▢，器械，即金藏本作"利刃"。

[49] ▢▢▢▢▢▢▢，惧不孝顺父母，金藏本作"惧傲其亲以为
不孝"。

[50] ▢▢▢，每佛所，金藏本作"每之佛所"。疑西夏文翻译缺漏
"▢▢（往）"两字。之，往／到。

[51] ▢▢▢▢▢▢▢，父母之眼不见苦陈，金藏本作"为亲陈丧明
之苦"。

[52] ▢▢▢▢▢▢▢▢▢▢，清净而不睹佛言则流涕，即金藏本作
"不清睹佛言之流涕"。

[53] ▢▢，皆悉，金藏本作"举门"。

[54] ▢▢▢▢▢▢▢▢▢，欢喜以忘饥十五日许，即金藏本作"喜忘
饥，十有五日"。

[55] ▢▢▢▢，最中至孝，义为"最为至孝"，金藏本作"其为至仁、
至孝"。

第 344～345 页（3110～3203）：

"▢▢①：'▢▢▢▢▢，▢▢▢▢▢▢▢▢▢▢▢，[56]▢▢▢▢▢▢
▢，[57]▢▢▢▢▢▢，[58]▢▢▢▢▢[59]，▢▢▢▢。[60]'，▢▢：'▢▢！▢▢
▢▢，▢▢▢▢▢。▢▢▢▢，▢▢▢▢。▢▢▢▢[61]，▢▢▢▢[62]▢▢
▢▢。'▢▢▢▢▢▢▢，▢▢▢▢。

"佛曰：'与德论功喻，彼人清贞孝信等同者无，皆〈〉不孝顺者无。王
德父母〈〉思，斯行比无，逮者非有。'王言：'善哉！［欢豫］至孝，佛〈〉叹

---

① ▢（曰），原误作▢（日）。系西夏文翻译者"日""曰"不分所成，据文意和金藏本乙
正。

所为。德称美合，于兹是矣。吾今尊仰，其〈〉至孝加助〈〉〈〉。’［迦叶］佛法说〈〉竟，行游教化。

注释：

［56］[西夏文]，彼人清贞孝信等同者无，即金藏本作“彼仁清贞信孝行难齐”。

［57］[西夏文]，皆于不孝顺者无，金藏本作“兴居周旋，未尝不孝”。

［58］[西夏文]，王德思父母，金藏本作“仁德思亲”。

［59］[西夏文]，斯行无比，金藏本作“斯行难等”。

［60］[西夏文]，非有逮者，金藏本作“非所能逮矣”。

［61］[西夏文]，吾今尊仰，即金藏本作“吾当贡之”。贡，上。

［62］[西夏文]，至孝，即金藏本作“养”。

第 345 页（3203～3209）：

“[西夏文][63]，[西夏文][64]、[西夏文]、[西夏文]、[西夏文]、[西夏文]、[西夏文]，[西夏文][65]。[西夏文]：‘[西夏文]，[西夏文]，[西夏文]。[66][西夏文]，[西夏文][67][西夏文]。’[西夏文]：‘[西夏文]。’[西夏文]，[西夏文]。

“王人〈〉遣，五百乘车上粳大麦米、麻油、醍醐、石蜜、杂物、珍宝重载，致敬辞谦使。其〈〉遣人至到：‘天中天尊者〈〉至孝普慈赞叹，因王大致虔，吾〈〉乃遣。此赏施〈〉纳，父母〈〉所养敬〈〉曰 。’［欢豫］对曰：‘王大慈惠吾〈〉助〈〉〈〉。’宫中〈〉还，其意具宣。

注释：

［63］[西夏文]，遣人，即金藏本作“遣使者”。

［64］[西夏文]，粳大麦米，即金藏本作“粳米”。

［65］[西夏文]，到，金藏本作“到曰”。

［66］[西夏文]，[西夏文]：致虔，乃遣吾，即金藏本作“欣惧使吾致虔”。

［67］[西夏文]，[西夏文]：纳此赏施，以敬养父母。金藏本作“愿纳此贡，以育于亲，并供养佛”。

第 345～346 页（3209～3304）：

"𗼕𗿳𗣼𗈁𗙏𗕿，𘋥𗰖𗏵𗷅，𗧇𘃽𗗙𗗙𗾈[68]𗫸𗣼𗆍。𗧾𗎆𗖵𗀸𗣼𗤒𗭡，𗭻𗿷𗑱𗙏，𗖕𗛱𗃛[69]。𗧇𗧇𗏵𗆫𗙳𘟀[70]，𗎆𗎆𗑱𗀗𘟀𘕿，𗧇𘃽𗗙𗤒：'𘝢𗹙𗧇𗅢𘑠𗗟𘋥𗖌𗕿，𗏵𘄒𗃛𗾈𗷅。𗴻𘋕𗆷𗛱𗣼[71]，𗭡𗘍𗙻𗭡𗎒[72]。'𗧇𘃽𗆉𗤒𗤒：'𗧇𗹙𗃛𗣼，𗈁𗰖𗏵𗃛。𗧾𗎆𗥃𗈁，𗼛𗿷𗣼𗷅，[73]𗵒𗵒𗵒𗂸𗄌𗎒？'𗨪𗉘𗄌[74]�䇁𗧇𗧇𗬢𗫸𗭭𗥃。𗧇𘃽𗱔𗣼，𗏵𗷅𗨳𗤒𗾈，�ੀ�ੀ𗀗𘏨。

"县同[梵]志〈〉子有，名者花结，[欢豫]与年幼善友是。累劫〈〉结亲〈〉为，道化相成，久厚成。共水中自浴，遥大树一睹，[欢豫]指曰：' [迦叶]如来圣人〈〉此在，先始谒拜往。〈〉佛道毁难，吾冀欲〈〉〈〉。'[欢豫]恻然曰：'佛世值难，[优昙]花犹。累劫之后，方或子有，时失可岂有〈〉？'衣执牵以共佛所至往。[欢豫]依归，花结礼不拜，揖让而坐。

注释：

[68] 𗗙𗗙，幼年，即金藏本作"总角"。下同。

[69] 𗖕𗛱𗃛，久成厚，金藏本作"久而益厚"。

[70] 𗏵𗆫𗙳𘟀，水中自浴，金藏本作"深水浴"。

[71] 𗆷𗛱，难毁，金藏本作"难忘"。

[72] 𗭡𗘍𗙻𗭡𗎒，吾欲冀，金藏本作"吾敢冀矣"。

[73] 𗧾𗎆𗥃𗈁，𗼛𗿷𗣼𗷅：累劫之后，方或有子，金藏本作"或复累劫，乃一有耳"。

[74] 𗨪𗉘𗄌，牵执衣服，金藏本作"牵衣力挽"。

第 346 页（3304～3307）：

"𗧇𘃽𗧇𗣼𗤒𗎒：'𗏵𗷅𗧇，𗭡𗗙𗗙𗾈𗫸𗣼𗆍，𗢳𗴻𗿷𗣼，𗑱𗃛𗰖𗨳𗤒𗎒。'𘝢𗹙𗧇𗅢，𗭡𗴻𗪺𗎒。𗧇𗩱𗓽𗣼，𗑱𗵒𘈷𗄌。𗟔𗀊𗧇𘃽，𗥃𗵒𗭭𗥃[75]。

"[欢豫]佛〈〉言白：'花结者，吾与年幼善友是，邪迷未寤，其痴〈〉灭作〈〉。'[迦叶]如来，病应法说。心即〈〉解，三宝敬信。二人欢喜，稽首〈〉退。

注释：

[75] 𗥃𗵒𗭭𗥃，稽首而退。𗥃𗵒，稽首/礼拜/致敬。

第 346 页（3307～3312）：

“[illegible]：‘[illegible][76][illegible]，[illegible][77][illegible]。[illegible]，[illegible][78]？’[illegible]：‘[illegible][79]，[illegible]，[illegible]，[80][illegible]。’[illegible]：‘[illegible]。’[illegible]，[illegible]。[illegible][81][illegible]，[illegible]。[illegible]，[82][illegible]。[83]”

“花结道寻言曰：‘世间佛有，家不净为。汝沙门不作〈〉，谁宜？’对曰：‘吾父母年大，又眼亦不见，吾于恃依，故家不出〈〉。’花结曰：‘吾沙门为〈〉。’［欢豫］其事如佛处〈〉启，即戒〈〉授使。百岁以后，四第［兜率］天上生。天上一遍下生，自佛道成。”

注释：

［76］[illegible]，世间，金藏本作“世幸”。

［77］[illegible]，不净，即金藏本作“秽薮”。

［78］[illegible]，谁宜，金藏本作“为乎”。

［79］[illegible]，年大，金藏本作“年在西垂”。

［80］[illegible]，[illegible]：又眼亦不见，恃依于吾，金藏本作“又俱丧明，恃吾为命”。

［81］[illegible]，百岁，金藏本作“亿岁”。

［82］[illegible]，一遍下生，金藏本作“一下”。

［83］[illegible]，自成佛道，金藏本作“自致成佛”。

第 346～347 页（3312～3405）：

[illegible]：“[illegible]，[illegible]。[illegible]，[illegible]。[illegible]。[illegible]，[illegible]，[illegible]。[illegible]，[84][illegible]。[illegible]，[illegible]。[illegible]，[illegible]。”（《[illegible]》[illegible]）

佛诸［比丘］〈〉告：“时花结今吾身是。［欢豫］者，［阿难］是。［阿难］吾〈〉良友真为。力挽以吾〈〉乃牵，佛所〈〉至经听，佛道〈〉得令。吾贤友者，万福之基为。现世王之牢狱与免，死则三涂门户杜塞。天升道得者，皆贤友加助由是 。”（《［欢豫］契经》中于出）

注释：

[84] 𗹦𗙴𘄄𗫡，吾贤友者，金藏本作"夫贤友之喻"。

意译（第 339～347 页）

阿难与佛先世为善友八

佛行游波罗奈国中，坐一树下。其欣然而笑，五色光出。

阿难跪膝而问，佛言："昔迦叶佛时，此处有众园。众园中有二万沙门，迦叶佛常说正法。"

阿难即施此床，跪膝劝曰："坐此床上，斯地有福，乃致两佛。"佛就坐方后，举手指曰：

"彼有一大县，名者维绫。时一陶家，名者欢豫，为子慈爱，数诣佛所，禀佛清化。虽为陶家，然垦土未尝惧害虫豸。唯取崩岸鼠壤之土，以其为器，以贸五谷。无知多少，价量不讼，（以）供养父母。父母已老，眼亦已盲，欢豫孝顺无比。

"迦叶佛晨朝摄衣持钵入城，至欢豫家，问其父母曰：'孝子安在？'对曰：'佛弟子暂时不在。'家有好饭豆羹，佛以钵受，坐饭毕即去。

"子归，睹羹饭有减曰：'谁食此饭（者）？'父母答言：'天中天来此慈愍尔故，取羹饭，饭毕即去。'欢豫怅然，悲喜交集曰：'佛为如来、无所著、至真、正等觉、法御、天人师。诸天帝王归心供馔，常恐不致。世尊，吾居下贱，食又劣衰，但慈愍吾下贱，故来此饮食。'悲喜交集，归依礼拜，念佛之恩，普闻如此。欢喜十五日，时已忘饥。父母随喜，欢喜七日忘饥。

"其又一月方后，佛复至其家，子又不在。佛（复）取羹饭，饭毕即去。其子近归，父母说以其事。欢豫并父母等，重喜忘饥，日数如前。

"尔时龙雨日夜不休，众园毁漏。佛告诸沙门，欢豫新为居室，汝等往撤其瓦，修补众园。诸沙门往，其子此刻亦不在。父母曰：'何人撤吾舍屋上瓦？'沙门对曰：'佛众园漏，使遣吾等来撤其屋上瓦，以修补众园。'父母曰：'善哉！吾子德重，乃致于兹乎？'欢喜归依曰：'益多取之，愿为吾福无量。'

"沙门去未大，子归睹（之）曰：'谁又撤去屋上瓦？'父母曰：'佛众园漏，遣沙门取瓦将用修补。'欢豫于自住处向佛归依礼拜曰：'尊慧无量，帝王诸侯兴七宝殿，贡献相给，佛亦不居，取此粗瓦者，使吾得福。'欣欣不食，忘饥如前。

"佛将五百沙门（前）入王国，王名脂维，自奉迎佛。王下车五体投地，作礼问讯。就坐听经毕（曰）：'惟愿天中天、诸沙门，与吾慈愍以顾饮薄食。'佛默可之。供馔皆备，遣使奉迎。王自沃盥，奉饭供养，礼毕于佛前坐。

"佛与王曰：'王宿奉三尊，随今受宿福，得生人道，去女为男，获世上宫。王之制者是圣人法，当以制御其心，恕己育民；妖言者烧国火器也，王当慎之。'王归依受教。王又留佛时三月。七宝床机、帷帐、茵褥、病药之供，竭尽国珍，佛未之许。王心下念曰：'供养之上，孰胜吾者？'佛知王心起贡高，其于王曰：'有一胜王（者），智慧无量。'王曰：'愿闻其名。'

"佛曰：'维绫县中有一至孝子，其名欢豫。奉佛三宝，受吾明法。恕己视彼，等育群生。清贞真和，手不持宝并诸器械。卖器以供养父母，不净其价，忍辱慈惠。以正道为心，以圣典为乐。不敢娶妻，惧不孝顺父母。每（之）佛所，侧心听法，陈父母眼不见之苦，清净而不睹佛言则流涕。佛取其食，撤其屋瓦，皆悉无怨。喜以忘饥，十五日许。（其）最为至孝，德难具陈。吾（当）周行，教化天下，不就王请。'王兴愠心。

"佛曰：'论功喻德，彼人清贞孝信等同者无，皆于不孝顺者无。思王德与父母，斯行无比，非有逮者。'王曰：'善哉！欢豫至孝，为佛所叹。德称合美，于兹是矣。吾今尊仰，助其至孝（也）。'迦叶佛说经竟，游行教化。

"王遣使者，重载五百乘车上粳大麦米、麻油、醍醐、石蜜、杂物、珍宝，谦辞致敬。使者到曰：'天中天赞叹尊者，至孝普慈，因大王致虔，乃遣吾。纳此赏施，以敬养父母。'欢豫对曰：'大王慈惠助吾。'还宫具宣其意。

"同县梵志有子名花结，与欢豫幼年善友。累劫结亲，道化相成，久（而）成厚。共于水中自浴，遥睹一大树，欢豫指曰：'迦叶如来圣人在此，先往谒拜。佛道难毁，吾欲冀（矣）。'欢豫恻然曰：'佛世难值，犹优昙花。

累劫之后，方或有子(耳)，岂可失时?’牵执衣服，共至佛所。欢豫归依，华结不拜，揖让而坐。

“欢豫白佛言:‘华结者，是我幼年善友，邪迷未寤,(愿)作灭其痴。’迦叶如来,应病说法。心即开解，敬信三宝。二人欢喜，稽首而退。

“花结寻路曰:‘世间有佛，家为不净。汝不作沙门，谁宜?’对曰:‘吾父母年大，又眼亦不见，恃依于吾，故不出家(耳)。’华结曰:‘吾(当)为沙门(矣)。’欢豫即如事启佛,即授其戒。百岁以后，生第四兜率天上。(从)天一遍下生，自成佛道。”

佛告诸比丘:“时花结者，我身是(也)。欢豫者，阿难是。阿难为吾真良友，以挽力牵吾，至佛所听经，令吾得佛。(夫)吾贤友者，(乃)万福之基。现世免王之牢狱，死则杜塞三涂之门户。升天得道者，皆是由贤友之助(矣)。”(出《欢豫经》)【参见金藏本［903c16～905a20］】

九　阿难奉佛敕受持经典供给左右九

录文、对译（第347～349页）

第347页（3406～3411）:

[illegible]

[illegible]:“[illegible]，[illegible]。[illegible]，[illegible]，[illegible]，[illegible]①[illegible]。[1]”[illegible][2]:“[illegible]。”[illegible]:“[illegible][3][illegible]。”[illegible][4][illegible]。

[阿难]佛敕奉经典受持左右供给九

佛[文殊]〈〉告:“我佛已成〈〉来，三十年〈〉过。今此众中，谁我〈〉十二部经受持，左右供给其所须事不无使能，自身利善矣。”五百[罗汉]:“皆我能〈〉〈〉。”佛言:“不能〈〉〈〉。”[目连]观如来〈〉心[阿难]上已在见，[目连]数遍[阿难]〈〉劝。

① [illegible]（善），原形误作[illegible]（能），据大正藏文义改。

注释：

[1] ▯▯▯▯▯▯▯▯▯▯▯▯，▯▯▯▯▯：供给左右能使其所须事不失，自身利善矣。金藏本作"供给左右所须之事使不倾失，自身善利"。

[2] ▯，皆，金藏本作"皆云"。

[3] ▯▯，不能，即金藏本作"不了"。

[4] ▯▯，数遍/数次，即金藏本作"累"。

第 347 ~ 348 页（3412 ~ 3503）：

▯▯▯："▯▯[5]▯▯▯▯。▯▯▯▯▯▯▯，▯▯▯[6]▯▯。▯▯，▯▯▯▯▯▯▯▯，▯▯▯▯；[7]▯▯，▯▯[8]▯▯▯▯，▯▯▯▯；▯▯，▯▯▯，▯▯▯▯[9]▯▯。"

[阿难]曰："贱下奉给不堪。若佛我〈 〉三愿与，当众言从我。一者，如来我〈 〉衣故赐时，我不尔受；二者，施主别请受时，我不从听；三者，我入出，时节无分听〈 〉。"

注释：

[5] ▯▯，贱下/卑贱，即金藏本作"秽弱"。

[6] ▯▯，众言，金藏本作"僧命"。

[7] ▯▯▯▯，▯▯▯▯：赐我故衣时，我不受尔，金藏本作"设赐故衣，听我不受"。听，允许。设，如果。下同。结合下文阿难所言二者、三者，"▯"下脱"▯"（听）。

[8] ▯▯，施主，即金藏本作"檀越"。檀越，梵文 Danapati，施主之意。

[9] ▯▯，无分，金藏本作"无有"。

第 348 页（3503 ~ 3511）：

▯▯▯："▯▯！▯▯▯▯▯▯▯▯▯。▯▯▯▯▯▯▯▯▯▯▯▯▯，▯▯▯▯▯▯▯▯：

"▯▯，▯▯▯▯▯；▯▯，▯▯▯▯▯；▯▯，▯▯▯▯；▯▯，▯

〔西夏文〕……①〔西夏文〕；〔西夏文〕，[10]〔西夏文〕；〔西夏文〕②，〔西夏文〕；〔西夏文〕[11]，〔西夏文〕，[12]〔西夏文〕。

［文殊］言："善哉！预讥嫌事见〈〉〈〉〈〉。［阿难］我〈〉〈〉事二十〈〉余年为，八种思议可不具：

"一者，别请食不受；二者，衣服陈不受；三者，来时非不；四者，始烦恼具，我随诸王豪贵家中出入，诸女人见欲心不生；五者，十二部契经说，一遍耳经再不尔问，犹瓶一中泻，瓶一中置如；六者，他心智知，佛如定入；七者，愿智未得，现四果得，或后获得，皆知了能；八者，秘密言，悉知了能。

注释：

［10］〔西夏文〕，一遍经耳再不问尔，即金藏本作"一经于耳曾不再问"。

［11］〔西夏文〕，未得愿智，金藏本作"未得愿智，而能了知"。

［12］〔西夏文〕，〔西夏文〕：或后获得，皆能了知，金藏本作"有后得者"。

第 348～349 页（3511～3604）：

"〔西夏文〕。〔西夏文〕，〔西夏文〕：〔西夏文〕，〔西夏文〕；〔西夏文〕，〔西夏文〕；〔西夏文〕，〔西夏文〕；〔西夏文〕，〔西夏文〕；〔西夏文〕，〔西夏文〕；〔西夏文〕，〔西夏文〕③〔西夏文〕[13]；〔西夏文〕，〔西夏文〕；〔西夏文〕，〔西夏文〕。"

（《〔西夏文〕》〔西夏文〕。《〔西夏文〕》〔西夏文〕："〔西夏文〕，〔西夏文〕，〔西夏文〕，〔西夏文〕，〔西夏文〕[14]。〔西夏文〕，〔西夏文〕

---

① 〔西夏文〕（随我）。〔西夏文〕（随）形误作〔西夏文〕（异/别），应据金藏本文意乙正。
② 〔西夏文〕（知他心智）。"〔西夏文〕"原作"〔西夏文〕"。〔西夏文〕（智），名词。〔西夏文〕（知），动词，应据西夏文词法乙正。
③ 〔西夏文〕（下），原形误作〔西夏文〕（无），据西夏文词语搭配法改。具体考证见上品注释［45］。

𗈪𗰖𗵘，𗫅𗣼𗡛𗄈𗣼𗮅𗗟。")

"是故我常其〈〉多闻称。[阿难]八法具足，堪十二部契经受持能：一者，信根坚固；二者，怀心勇进；三者，身病苦无；四者，常勤精进；五者，念心具足；六者，心下骄慢无；七者，定意成就；八者，闻从生智具。"

（《菩萨从兜率天下经菩萨[兜率]天上从下契经》中于出。《贤愚契经》中云："[阿难]昔长者为，[释伽]沙[弥]为，师课契经诵使，食乞故，则限量不足。长者慈愍，食衣仍给，是由左右奉侍也。"）

注释：

[13] 𗗟𗮅𗡛𗈜𗗟，心无骄慢。"𗮅"原形误作"𗵘"。参考第八品注[45]。

[14] 𗫅𗣼𗗟𗵘𗮅，则限量不足，金藏本作"功程不止"，义为功课的限量不减。止，减省。

意译 （第 347~349 页）

阿难奉佛敕受持经典供给左右九

佛告文殊："我成佛来，过三十年。今此众中，谁能为我受持十二部经，供给左右能使其所须事不失，自身善利矣。"五百罗汉皆（云）："我能。"佛言："不能。"目连观见如来心在阿难，目连数遍劝阿难。

阿难曰："贱下不堪奉给。若佛与我三愿（者），当从众言。一者，如来赐故衣时，（听）我不受；二者，受施主别请时，听我不从；三者，听我出入，无分时节。"

文殊言："善哉！预见讥嫌事。阿难事我二十余年，具八种不可思议：

"一者，不受别请食；二者，不受陈衣服；三者，来不非时；四者，始具烦恼，随我出入诸王豪贵家，见诸女人不生欲心；五者，说十二部经，一遍经耳再不问尔，犹如泻一瓶置于一瓶；六者，知他心智，如佛入定；七者，未得愿智，现得四果，或后获得（者），皆能了知；八者，秘密（之）言，悉能了知。

“是故我常称其多闻，阿难具足八法，堪能受持十二部经：一者，信根坚固；二者，心怀勇进；三者，身无病苦；四者，常勤精进；五者，具足念心；六者，心无憍慢；七者，成就定意；八者，具从闻生智。”

（出《菩萨从兜率天下经》。《贤愚经》云：“阿难昔为长者，释迦为沙弥，使师课诵经，［为］乞食故，则限量不足。长者慈愍［之］，仍给衣食，由是奉侍左右也。”）【参见金藏本［905a21～905b24］】

十　阿难七梦佛为解说十

录文、对译（第349～352页）

第349～350页（3605～3708）：

[illegible]

[illegible][1][illegible]，[illegible]，[illegible]。“[illegible][2][illegible]：

“[illegible]，[illegible]；

“[illegible]，[illegible]，[3][illegible]；[4]

“[illegible][5][illegible]，[illegible]，[illegible][6][illegible]；

“[illegible]，[illegible]，[illegible]，[illegible]，[illegible]，[illegible]；

“[illegible]，[illegible][7][illegible]，[illegible][8][illegible]；

“[illegible][9][illegible][10]，[illegible]，[illegible]。[illegible]①，[illegible]。[11][illegible]，[12][illegible]。[illegible]，[illegible]，[illegible]，[illegible]；

“[illegible]，[illegible]。[illegible]，[illegible]，[13][illegible][14][illegible]。[illegible]，[illegible]。[15]” [illegible]，[illegible]。[16]

［阿难］七梦佛解说为十

佛［祇］园中在，［阿难］异处七事〈〉梦见，寻惊毛竖。

---

① [illegible]（憎恶/患），[illegible]，左偏旁部首错，应改。

"我昨夜中七事〈〉梦见〈〉：

"一者川流河海，悉皆火然；

"二者日〈〉将没欲，时[阎浮提]冥为，我身[须弥]山顶戴见；

"三者[比丘]粪坑中宛转在，又人一[比丘]头登，净地上到往见；

"四者[比丘]一法衣不具，但[袈裟]结，手以炬火捉，邪径中入乐，荆棘中处，衣裳〈〉裂破见；

"五者[旃檀]树一甚大茂好，猪一泥深中出，[旃檀]树〈〉自揩见；

"六者三品象小〈〉〈〉，大象〈〉捺挃搪突，草好践踏，水清浊使。大象憎恶，避为而逃。水清草好处至，象小遨戏都不觉知。故本处在水草乏绝，饥渴苦极，木树啮咬，其遂饿死见；

"七者师子王死一，名曰[企萨]。头上毛白生，庄严有如，飞鸟百兽，近为不敢。师子身内虫蛆而出，还自肉食见。"此〈〉梦缘因，晨今佛所〈〉诣。

注释：

[1] 𱲺𱲺，祇园，即金藏本作"祇树"。参见"迦留陀夷非时教化自丧其命七"注[23]。

[2] 𱲺𱲺𱲺𱲺，梦见七事，金藏本作"梦凡见七事"。

[3] 𱲺𱲺𱲺𱲺𱲺𱲺，时阎浮提为冥，金藏本作"阎浮提冥"。阎浮提，梵名之音译。又作阎浮利、赡部提、阎浮提鞞波。阎浮，梵语，乃树之名；提，梵语，洲之意。梵汉兼译则作剡浮洲、阎浮洲、赡部洲、谵浮洲。略称阎浮。旧译为秽洲、秽树城，乃盛产阎浮树之国土。又出产阎浮檀金，故又有胜金洲、好金土之译名。此洲为须弥山四大洲之南洲，故又称南阎浮提、南阎浮洲、南赡部洲。阎浮提原本系指印度之地，后则泛指人间世界。

[4] 𱲺𱲺𱲺𱲺𱲺𱲺，见我身顶戴须弥山，金藏本作"自见我身顶戴须弥"。须弥山，须弥，梵名。又作苏迷卢山、须弥卢山、须弥留山、修迷楼山。略作弥楼山，意译作妙高山、好光山、好高山、善高山、善积山、妙光山、安明由山。原为印度神话中之山名，佛教之宇宙观沿用之，谓其为耸立于一小世界中央之高山。以此山为中心，周围有八山、八海环绕，而形

成一世界——"须弥世界"。

[5] 絿燺，粪坑，即金藏本作"溷"，同"圂"，厕所、粪坑。下同。

[6] 纖蕭，到往，即金藏本作"度出"。下注[22]同类内容则译"蕭"（往），来对应汉文"出住"。

[7] 絿瓶，深泥/黑泥，即金藏本作"秽"。下同。

[8] 蒿絨茷，自揩，金藏本作"揩"，义为摩擦、磨、抹。絨茷，揩/揩突。

[9] 皷絑，小象，即金藏本作"象子"。下同。

[10] 皷蕬蒒祗刎訛繩，捻捱搪突大象，即金藏本作"皷触黯啮，搪突大象"。訛繩，齿舐/搪突/皷突。皷，同"獷"[huī]，猪食。黯[hú]，胡骨切，音鹘，义啮。下同。

[11] 皷皷絤絩，絒絳蕤叓：大象憎恶，为避而逃，即金藏本作"大象患之，避逃而去"。憎恶，金藏本作"患"。下同。

[12] 絀誃絴狶死蕬，至清水好草处，金藏本作"至大清水好草之中"。

[13] 炏骹狞绖，如有庄严，金藏本作"如系傅饰"。下同。

[14] 絀絳，为近，金藏本作"摩近"。摩，迫近、接近。

[15] 蝫蕤絿絨，絏蒿絼潋莜：虫蛆而出，还自食肉，金藏本作"自有虫出，还食其肉"。

[16] 巍絥絴絨絾蕭，今晨诣佛所，金藏本作"故晨诣佛"。

第 350 ~ 351 页（3709 ~ 3801）

絴鹘："絀絥蕐絥炏蒿阤絿，骹嫩犇蕫絴禐炏絿収。皷愭絳絿，狣蕅蒿蕅狣，烂蘱狑蒿。

"刎炏骹絀①絿[17]絲，絿骹蒒蕫炏蒿阤絿，莬絥狑骹靶烂嫩，炏忱炏絿娘絿。[18]絿絥犇蕫莬骹絥絥莜，絿絥炏絿禐蒒蒿。

佛言："水中火然〈〉梦〈〉者，当来［比丘］佛法与违犯。是非违戒，其因供养得，复诤斗起。

"日〈〉将没冥为，［须弥］顶戴〈〉梦〈〉者，世尊九十日却至，当［涅槃］

---

① 絿（没），据金藏本疑应为蔽（欲），存疑。

入。后众[比丘]诸天龙人民，[阿难]从经教启受。

注释:

[17] 𗣼𗣼，没冥，金藏本作"欲冥"。

[18] 𗢛𗣼𗫂𗣼𗣼，𗴂𗦤𗵸𗵣𗊱：却至九十日，当入涅槃，金藏本作
"却至九十日，当般泥洹"。在本品中，西夏文以"𗵣𗊱"对译汉文的"般
泥洹"和"泥曰"。般泥洹，梵语的译音，即"般涅槃"，义为圆寂，与
"涅槃"同义。涅槃，梵语的译音，意译圆寂。泥曰，在资福藏、碛砂藏、
普宁藏中作"泥洹"。下同。𗵣[槃]，底本笔画错。𗫂𗣼，却至/之后/以
后/后。

第 351 页 （3801～3806）

"𗴭𗵶𗤁𗰖𗄈𗖻𗖼𗪽，𗵶①𗄈[19]𗦤𗢝𗦤𗩾，𗰖𗄈𗀱𗪽，𗊱𗖼𗊱𗫂𗆟，𗤁
𗄈𗰖𗖼𗰖𗗟，𗵣𗬆𗀱𗤘[20]𗴂𗰞𗖆𗄈，𗖂𗴂𗵣𗦤𗣼，𗵲𗴂𗲚𗤋𗤵[21]。𗬆𗣼[22]
𗴭𗵶𗬉，𗴂𗺌𗵲𗗉，𗵫[23]𗖂𗫚𗵲𗴂𗵷𗫒𗮮。𗊱𗪽[24]𗄈𗴜𗵷𗗟，𗵲𗲚𗫚𗪽。
𗴂𗫚𗴜𗴜，𗴭𗷪𗦤𗫚𗰞。𗴭𗵶𗵸𗄈，𗴂𗫚𗊱𗄈。

"[比丘]一身〈〉法衣著，常日制与不如，但[袈裟]结，粪坑中宛转，
人一头上登为，净地处往〈〉梦见〈〉者，佛[涅槃]后，法〈〉将灭欲。时后
[比丘]有，大会经说，时佛深法不尔奉行。俗人与结近为，色财寻随。居
士谏呵，其〈〉不从信。[比丘]殃受，居士福得。

注释:

[19] 𗵶𗄈，常日，即金藏本作"常"。

[20] 𗤘，往，金藏本作"出住"。参看上注[6]。

[21] 𗵲𗴂𗲚𗤋𗤵，法将欲灭，金藏本作"法向欲尽"。向，面临、将
近。欲，将要。

[22] 𗬆𗣼，时后，金藏本作"当"。

[23] 𗵫，时。"时"在此句子中文义不通，在资福藏、碛砂藏、普宁

---

① 𗵶（常），底本笔画错，已改。

藏中作"持"。

[24] □□，俗人，即金藏本作"白衣"。此词和"□□"（居士）在"跋难陀为二长老分物佛说其本缘六"中多出现。下同。

第 351 页（3806～3811）

"□□□□□□□，□□□□□□，□□□□□□，□□□□□□[25]□□□□□□□□□，□□□□□□□，□□□□[26]□□□□，□□□□，□□□□□□，[27]□□□□□。□□□□，□□□□。□□□□□□，[28]□□□[29]□□□，□□□[30]□□。

"[比丘]一[袈裟]结被，手中炬火持，邪径中入乐，荆棘中[袈裟]破裂〈 〉梦见〈 〉者，佛[涅槃]之后，诸[比丘]法衣无有，俗人服著，但[袈裟]一有结以腋络。戒弃俗乐，妻子养育。供给以卫为，得时欢乐，无时愁苦。

注释：

[25] □□，袈裟，金藏本作"衣裳"。

[26] □□□□□□，□□□：佛涅槃之后，诸比丘。金藏本作"佛泥日后当有比丘"。下同。佛涅槃之后来，即"佛涅槃之后而来"。西夏文《慈悲道场忏法》有"□□□□"（已生来今）。"□（来/由……而后/由……而来）"，表示某一时间以后。泥日，可参考本品注[18]、[34]。

[27] □□□□□，但有一袈裟，金藏本作"但一袈裟"。

[28] □□□□□□，以卫供给，即金藏本作"分卫供给"。分卫，谓僧人乞食。

[29] □□，得时，即金藏本作"有则"。

[30] □□，无时，金藏本作"无则"。

第 351～352 页（3811～3902）

"□□□□□□□□□，□□□□□□□，□□□□□□□□□，□□□□□□□，□□□□□□□[31]□□□，□□□□□，□□□□，□□□□□，□□□□□□□□[32]，□□□□□，□□□□□。

"[栴檀]树一甚大茂好，猪一泥深中出，树〈 〉揩突〈 〉梦〈 〉者，佛[涅槃]后来，诸[比丘]佛法不承，酒饮迷乱，食期度无，明智士有，善意以晓喻时，更诽谤兴，[罗汉]〈〉呵骂。

注释：

[31] 𗈈𗗟，佛法，金藏本作"用法"。

[32] 𘊝，时，即"之时"。金藏本无。有此"𘊝"，可帮助理解和断句。

第352页（3902~3907）

"【西夏文】[33]【西夏文】。

"三品象小大象〈〉觑突，草好踏践，水清浊使。大象憎恶，避为〈〉逃，水清草美处往。象小遨戏都不知觉，水草乏绝，其遂饥死〈〉梦〈〉者，佛[涅槃]后来，诸长老、经明[比丘]，年少自教诫，罪福示指，从受不肯，死复地狱中堕。

注释：

[33] 𗈈，处，即金藏本作"之间"。

[34] 𗈈𗏹𗐲𗝢𗤶𗵐，𘜶𘏨𗁬，佛涅槃后诸长老，金藏本作"佛泥日后当有长老"。泥日，可参考本品注[26]。

第352页（3907~3912）

"【西夏文】[35]【西夏文】[36]【西夏文】。[37]

"【西夏文】[38]【西夏文】。"（《【西夏文】》【西夏文】）

"师子王死一，名者[企萨]，头〈〉毛白生，庄严有如，飞鸟百兽，食敢者无。身内虫出，还自肉噉〈 〉梦见〈 〉者。佛世间在，经法广说，佛［涅槃］后，道外我法坏能者无，但世弟子后我法坏。

"汝今所梦〈 〉者，但将来为，故斯祥瑞〈 〉现。"（《七梦十善契经》中于出）

注释：

［35］𗾕𗾕𗾕𗾕，飞鸟百兽，即金藏本作"蜚虫鸟兽"。

［36］𗾕𗾕𗾕𗾕𗾕𗾕𗾕，外道能坏我法者无，即金藏本作"无有外道能坏此法"。

［37］𗾕𗾕𗾕𗾕𗾕𗾕𗾕，但后世弟子坏我法，金藏本作"但由弟子当自坏我法"。

［38］𗾕𗾕，祥瑞，金藏本作"怪"。

意译（第 349～352 页）

阿难七梦佛为解说十

佛在祇园。阿难于异处梦见七事，寻惊毛竖。"我昨夜梦见七事：

"一者川流河海，悉皆火然；

"二者日将欲没，时阎浮提为冥，见我身顶戴须弥山；

"三者比丘宛转在粪坑中。又见一人登比丘头到往净地；

"四者见一比丘法衣不具，但结裂裟，手捉炬火，乐入邪径。处荆棘中，裂破衣裳；

"五者见一旃檀树甚大茂好，一猪从深泥中出，自揩旃檀树；

"六者见三品小象，捻挃搏突大象，踏践好草，搅浊清水。大象憎恶（之），避逃而（去）。至清水好草处，小象遨戏都不觉知。故在本处水草乏绝，饥渴苦极，咬啮树木，遂其饿死；

"七者见一死师子王，名曰企萨。头生白毛，如有庄严。飞鸟百兽，不敢为近。师子内身，虫蛆而出，还自食（其）肉。"因此梦缘，今晨诣佛所。

佛言："梦水中火然（燃）者，当来比丘违犯佛教。是非违戒，其因得供养，复起净斗。

"梦日将没冥，顶戴须弥者，世尊却至九十日，当入涅槃。后众比丘、诸天龙人民，（当）从阿难启受经教。

"梦见一比丘身著法衣，不如常制，但结袈裟，宛转粪坑中，一人登头往净地者，佛涅槃后法将欲灭。时后有比丘，大会说经，时佛深法而不奉行。结近俗人，寻随财色。居士谏呵，（而）其不信从，比丘受殃，居士得福。

"梦见一比丘结被袈裟，手持炬火，乐入邪径，（处）荆棘中破裂袈裟者，佛涅槃之后，诸比丘无有法衣，著俗人服，但有一袈裟结以络腋。弃戒乐俗，育养妻子。以卫供给，得时欢乐，无时愁苦。

"梦一旃檀树甚大茂好，一猪从深泥中出，揩突树者，佛涅槃之后，诸比丘不承佛法，饮酒迷乱，食无期度。有明智士，善意晓喻之时，更兴诽谤，（并）骂罗汉。

"梦三品小象，麤突大象，踏践好草，搅浊清水。大象憎恶之，避逃而去，往清水美草处。小象遨戏都不觉知，水草乏绝，其遂饥死者，佛涅槃之后，诸长老、明经比丘，教诫年少，示其罪福，不肯从受，死复堕地狱。

"梦见一死师子王，名曰企萨，头生白毛，如有庄严，蜚虫鸟兽，不敢（侵）食，身内虫出，还自啖其肉者。佛在世间广说经法，佛涅槃后，外道能坏我法者无，但后世弟子坏我法。汝今所梦者，但为将来，故现斯祥瑞（耳）。"

（出《七梦十善经》）【参见金藏本 ［0079c11～906b3］】

十一　阿难为旃陀罗母以咒力所摄十一

录文、对译（第 353～359 页）

第 353 页（4001～4010）：

𗴟𗫂𗰉𗔋𗱔𗻪�774𗆧𗆨𗅋𗆐𗄈𗙦𗴢𗄈𗅘

𗴟𗫂𗵹𗵙𗱤，𗝰𗄊𗳦。𗰉𗔋𗱔𗆧𗔇𗥃𗅻𗵘𗈆𗴢𗘦𗓁，𗆪𗅽。𗴟𗫂𗰅𗙷[1]𗆪𗆸，𗆡𗴟𗫂𗆨𗔇："𗅻𗵘𗘄𗙵𗶷𗣩𗤒𗙫𗅻。"𗴟𗫂𗥃："𗅻𗵙𗪉𗿳𗦳，𗤒𗅻𗆨𗆪𗝰𗈶𗙯。"𗆡𗥃："𗘈𗱔𗣩[2]𗊮𗆴𗷖𗷖𗆨𗵒𗰾𗥃𗅘𗝰𗣼，𗓁𗆪𗪺𗰕𗮊𗤒，𗈤

𗟲𗝔𗐩[3] 𗤁𗥤𗊴𗏁𗤧。𗏅𗪙𗏅𗷖，𗊱𗤲𗰖𗩾𗳫𗨙𗜈[4]。" 𗣼𘟣𗰗𗻰："𗏅𘕤𗗆𗰖𗣦，𗭪𗭫𗰜𗥗。" 𗣡𗷖𗩾𗺉[5]，𗧆𗣡𘃡𗷁𗥃𗷖𗤿[6]，𗣼𘟣𗤁𗰜𗼃。𗰗𗷁𗥃𗷖𗤿，𗣼𘟣𗤁𗤧𗼃，𘃡𗺉𘊝𗠇。𗣼𘟣𗽜𗰜𗤙𗴟。

[阿难][旃陀罗]母〈〉咒力以所摄十一

[阿难]〈〉行路，中〈〉焦渴。[旃陀罗]女一名者[钵吉蹄]，水汲。[阿难]其处水乞，女[阿难]〈〉报："我者[摩邓伽]种是〈〉。"[阿难]言："我是义不问，但我〈〉水〈〉施〈〉。"女曰："君母种沙门[瞿昙]〈〉第一弟子〈〉成，[波斯匿]王所敬，[末利]皇后〈〉[阿阇梨]为。我下贱是，你〈〉水与不敢〈〉。"[阿难]又言："我是言不问，但水见与。"女水给欲。时女先合而水掬，[阿难]〈〉足浇。复合而水掬，[阿难]〈〉手浇，淫欲意生。[阿难]饮便已去。

注释:

[1] 𗝠𗷖，其处，金藏本作"诣从"。

[2] 𗶷𘕤，母种，金藏本作"母种成就"。母种，母亲的种族。

[3] 𗾈𗟲𗝔𗐩，末利皇后，金藏本作"末利夫人"。末利，梵名又作摩利夫人、摩利迦夫人。意译作胜鬘夫人。中印度迦比罗卫城人，为波斯匿王之夫人。

[4] 𗊱𗤲𗰖𗩾𗳫𗨙𗜈，不敢与你水，金藏本作"不敢持水相与"。

[5] 𗣡𗷖𗩾𗺉，女欲给水，金藏本作"女许"。

[6] 𘃡𗷁𗥃𗷖𗤿，合而掬水，即金藏本作"掬水"。𘃡(合)，指用两手掌边合拢，可不翻译。下同。

第 353~354 页 (4010~4102)

𗥺𗷁𘟣𗻰，𗸗𗶷𗤁𗻰："𗶷𘟛，𗰅𗫽𗣼𘟣𗏅𗤁𗸺𘕤𗸓𗝔。" 𗶷𗣐："𗝠𘁭𗥤𗁬𗱷、𗷁𗟲𗶷𘕤、𗨛𗣐𗋆𗾝𗺾𗤿，𗵒𗽅𗵒𘝾。𘘚𗧀𗪙𘕤𘕤𗷖，[7]𘉞𗧾𗊱𗤲𗸺𘕤𗾓?" 𗣡𗣐："𗩾𗱷𘟛，𗝆𗏅𘍞𗉢𗟻，𗾑𗥃𗈪𗕷、𗈪𗈪�514𗶷𗝔[9]。"

[钵吉蹄]还，父母〈〉白："阿母，沙门[阿难]我〈〉婿愿为。"母言："其转轮王子、[刹利释]种、圣师贵族主是，人天宗奉。我等下贱种是，何云你〈〉夫为?"女言："不得〈〉，则我今毒饮，刀以自刺、自己杀〈〉〈〉。"

注释：

[7] □□□□□□，我等是下贱种，金藏本作"我小家种"。□□，我等/我们/我你，第一人称复数。

[8] □□□，则我今，金藏本作"会当"。

[9] □□□□□，自杀，金藏本作"若自绞死"。

第 354 页（4102～4107）

□□："□□□□□□□□□□，□□□□□□□□□□，□□□□□□[10]，□、□□□□□□□□[11]。□□□□□□□□□，□□□□□□？[12] □□□，□□□□[13] □□，□□□□□，□□□□□。□□□□□□□□□。"

母言："[摩邓伽]神语符咒一有，日月〈〉移地上堕使能，亦咒因缘依，[释]、[梵]天〈〉亦下来使能，况沙门[阿难]〈〉来使，不能者何理？若已死，若生淫行不能，若[瞿昙]所护，则我得不能。此除后皆可得〈〉〈〉。"

注释：

[10] □□□□□，亦依咒因缘，即金藏本作"亦能咒因"。

[11] □、□□□□□□□□：亦能使释、梵天下来，金藏本作"帝梵天使下"。释梵，又作梵释，指帝释天和梵天。此二天王归依释迦牟尼佛，为经论中常见之守护神。帝释天，梵名音译释迦提桓因陀罗，略称释提桓因、释迦提婆。又作天帝释、天主。并有因陀罗、憍尸迦、婆婆婆、千眼等异称。本为印度教之神，于古印度时称因陀罗；入佛教后，称为帝释天。

[12] □□□□□□□□□，□□□□□：况沙门使沙门来，不能者何理。金藏本作"况不能得沙门阿难使来"。

[13] □□，行淫。金藏本作"淫"。

第 354 页（4107～4112）

□□□□□[14]，□□□□，□□□□，□□□□，□□□□□：□□□□□，□□□□□□；□□□□□，□□□□□；□□□□□□□□[15] □□□□□□□，□□□□；□□□□□□，□□□□；□□□□，□□[16] □□□；□□□□□□□[17]，□□□□□□。

女便起自浴，身以庄严，衣白严饰，诸卧具敷，遥相母方望：牛屎以地涂，五色缒以结缕；四瓶内水盛满，四碗糗浆盛满；四口刀大牛屎上地，四角上四枝箭安，八灯明然（燃）；四人死髑髅取，种种香涂；地上华布，香斗捉香烧；三匝绕东方膝跪，[摩邓伽]咒术诵。

注释：

[14] 􀀀􀀀，自浴，金藏本作"澡浴"。

[15] 􀀀􀀀􀀀􀀀􀀀􀀀􀀀，四口大刀牛屎地上。金藏本作"以四口大刀竖牛屎"。疑"􀀀"（地）下脱"􀀀"（竖）。

[16] 􀀀􀀀，香斗，即金藏本作"熨斗"。

[17] 􀀀􀀀，跪膝/膝跪，金藏本作"跪"。

第 354～355 页（4112～4209）

􀀀􀀀􀀀􀀀􀀀􀀀􀀀􀀀，􀀀􀀀􀀀􀀀，􀀀􀀀􀀀􀀀􀀀[18]。􀀀􀀀􀀀􀀀􀀀[19]􀀀􀀀，􀀀􀀀􀀀􀀀􀀀􀀀􀀀􀀀􀀀􀀀􀀀。􀀀􀀀􀀀􀀀："􀀀􀀀􀀀􀀀。"􀀀􀀀􀀀􀀀􀀀􀀀，􀀀􀀀􀀀􀀀􀀀[20]。􀀀􀀀􀀀􀀀，􀀀􀀀􀀀􀀀􀀀。􀀀􀀀􀀀􀀀􀀀􀀀􀀀􀀀􀀀􀀀①􀀀，􀀀􀀀􀀀􀀀􀀀[21]􀀀。􀀀􀀀􀀀􀀀􀀀􀀀􀀀􀀀，􀀀􀀀􀀀􀀀􀀀􀀀􀀀􀀀􀀀[22]􀀀。􀀀􀀀􀀀􀀀􀀀􀀀􀀀，􀀀􀀀􀀀􀀀􀀀􀀀􀀀，􀀀􀀀􀀀􀀀。􀀀􀀀􀀀􀀀􀀀􀀀，􀀀􀀀􀀀􀀀􀀀。"􀀀􀀀􀀀􀀀，􀀀􀀀􀀀􀀀[23]，􀀀􀀀􀀀􀀀，􀀀􀀀􀀀􀀀􀀀􀀀􀀀􀀀[24]。"

尔时[阿难][祇洹]林中在，意心恍惚，咒行为所缚。鱼象钩以牵〈〉如，其咒术随[旃陀罗]家处至。母女〈〉语："[阿难]至。"时女[阿难]〈〉抱，床上〈〉坐使。衣裳牵制，[阿难]〈〉捻挃。譬力有人手以毛长羊小捉，人〈〉手牵制如。[阿难]十方皆阇冥为见，譬日月[罗睺]〈〉〈〉所厌如。[阿难]大人力有，十大力士力〈〉当，得动不能。[阿难]圣道谛力还念以得瘥。"我今困厄，我今蒙难，世尊大慈，何云我〈〉不慈愍为〈〉。"

注释：

[18] 􀀀􀀀􀀀􀀀􀀀，为咒行所缚，即金藏本作"为咒所缚"。􀀀􀀀，

---

① 􀀀􀀀，小羊。􀀀（羊），疑底本形误作"􀀀"（捻）。

为……行。

[19] [illegible]，钩以牵，金藏本作“钩”。

[20] [illegible]，使……坐，即金藏本作“坐著”。

[21] [illegible]，牵制，即金藏本作“捉”。

[22] [illegible]，为罗睺所厌。罗睺，四星曜之一。金藏本作“罗祝”，其“校勘记”所用参考本或作“罗枧”或作“罗咒”。厌，闭藏。

[23] [illegible]，我今蒙难，金藏本无。

[24] [illegible]，何云不为我慈愍，金藏本作“宁不愍我”。

第 355～356 页（4209～4304）：

[illegible]，[illegible]。

[illegible]：

[illegible][25]，[illegible][26]；
[illegible]，[illegible][27]。
[illegible]，[illegible][28]；
[illegible]，[illegible][29]。
[illegible]，[illegible][30]；
[illegible]，[illegible][31]。

佛即速知，佛语诵。

偈云：

佛者世间最中尊是，谛佛于超过能者无；
佛者人天中最尊为，谛诸法王上福田是。
法者世间最中尊是，谛法于超过能者无；
法者人天中最尊为，谛诸缚断永息福田。
僧者世间最中尊是，谛僧于超过能者无；
僧者人天中最尊为，谛福第一极上福田。

注释：

[25] [illegible]，佛者是世间最尊，金藏本作“佛者最极尊于

世间"。𗦬，最/极。下面偈云中五句语法同此。

[26] 𗦬𗾫𗂧𗀉𗟻𗤓𗉞𗏆，谛无能超过于佛者，即金藏本作"谛无有能过佛之前"。𗦬，谛/实/真，指真实、真理。下同。

[27] 𗦬𗰖𗣼𗤭𗫮𗤭𗰌𗴢，谛是诸法王上福田，金藏本作"谛诸法之王无上田"。

[28] 𗦬𗫮𗂧𗀉𗟻𗤓𗉞𗏆，谛无能超过于法者，金藏本作"谛无有能过法之前"。

[29] 𗏹𗤣𗤭𗰌，永息福田，金藏本作"结永息田"。

[30] 𗦬𗸐𗂧𗀉𗟻𗤓𗉞𗏆，谛无能超过于僧者，金藏本作"谛无能过有僧之前"。

[31] 𗦬𗉞𗤭𗤧𗆄𗤭𗰌𗴢，谛极福第一上福田，金藏本作"谛美福第一无上田"。

第 356 页（4305 ~ 4312）：

𗢳𗰖𗥔𗦬𗊢𗮔𗤻，�831𗠈𗰕𗤦𗯿𗤂𗙼𗇃[32]，𗤱�831𗠈𗰕𗤦𗫣𗤓𗋽𗤔𗧢𗓉：𗁘𗤻𗤫𗤾，𗿒𗥯𗤱①𗤶𗤫[33]；𗤴𗤣②，𗯿𗤣𗤶𗤜；�831𗷔𗷾𗃸，𗬱𗬱𗤮𗤱𗤉。�831𗠈𗰕𗓉𗫮𗤲𗬓。𗤮𗣀𗡞𗤜："𗥔𗫣𗤂𗧹𗫮𗯿𗾭𗤻𗤊𗒹𗤮[34]。𗪄𗣀𗤱𗤁𗤺，𗓉𗫮𗤲𗬓。"𗢳𗰖𗢻𗤨："𗤻𗮔�831𗫐𗤻𗤓𗤜。𗢳𗰖𗦳𗒀，𗐨𗤚𗩭𗣼 级 𗷙③𗤊𗤣𗀉，𗌉𗋽𗤣𗤨，𗲋𗤚𗤦𗿒，𗲁𗧙𗯿𗤺，𗤱𗊻𗥔𗬱𗩛𗏆𗤊𗤋𗤴[34]。𗢳𗰖𗮼𗬱𗒀𗢳𗡨[35]。"

[阿难]此实义以，[旃陀罗]舍于偈诵竟，又[旃陀罗]家内所设咒具：刀箭破折，瓶瓮陶皆破坏；灯灭，髑髅皆迸碎；风黑起，展转相不见。[旃陀罗]咒术不行。母女〈〉告："此者必[瞿昙]沙门神力所为，众物皆〈〉碎散，咒术不行。"[阿难]念言："世尊恩力依是也。[阿难]得解，譬大象王年盛六十为，醉时暴凶恶，身大牙长，铁锌上解，城中出逃空闲处走向如。[阿难]亦其与一样。"

---

① 𗤱（陶），底本笔画错，已改。

② 𗤴𗤣（灯灭）。𗤣（灭），偏旁部首位置不同，异体字。

③ 级𗷙（盛年）。级（年）底本脱，据金藏本补。

注释：

[32] 〔西夏文〕，诵偈竟，金藏本作"得诵偈适竟"。

[33] 〔西夏文〕，瓶瓮陶皆破坏，金藏本作"瓶瓮破坏"。

[34] 〔西夏文〕，城中出逃走向空闲处，金藏本作"从城走向空闲处"。

[35] 〔西夏文〕，阿难亦与其一样，金藏本作"阿难亦尔"。

第 356~357 页（4312~4405）

〔西夏文〕

世尊佛语诵，从［旃陀罗］舍〈〉得解，［祇洹］中向还。时此女人［阿难］又逐［祇洹］门边至，是如言语："［阿难］者我〈〉夫是。［阿难］者我〈〉夫是〈〉。"［阿难］后逐，须臾不离。［阿难］此言佛处具白，佛曰："我诸法中幻惑不见，此如女人欲以意〈〉系〈〉。"

注释：

[36] 〔西夏文〕，欲，金藏本作"淫"。

第 357~358 页（4406~4501）

〔西夏文〕

［阿难］旦今衣著［钵］持，［舍卫］城中食乞入，此女人亦后逐不离，诸长者〈〉语："［阿难］者我〈〉夫是。［阿难］者我〈〉夫是〈〉。"［阿难］〈〉还佛所至，又佛〈〉白。佛言："汝语所为往〈〉，姊妹如〈〉想〈〉。何云矣？此女

人当[比丘尼]作应〈〉。"女佛〈〉言白："唯愿世尊，我之夫婿〈〉还为〈〉。"佛言："若[阿难]须〈〉，则我法中[比丘尼]〈〉作，尔然后与〈〉〈〉。"女人欢喜，还步行往，父母欢喜。

注释：

[37] 𗏇𗏇，今旦，即金藏本作"平旦"。

[38] 𗼱𗰖，乞食，即金藏本作"分卫"。参看前注。

[39] 𗦎𗫿𗦎𗹦，逐后不离，金藏本作"逐其后"。

[40] 𗸒𗵽𗸈𗾟𗼷𗾕，汝往为语，金藏本作"汝往共语"。

[41] 𗖻𗭔𗫻𗡉𗫸𗾕，如姊妹相想，金藏本作"姊妹相向"。向，爱。𗖻𗭔，字面义为"女姊"，即"姊妹"。

[42] 𗫠𗭨𗤋，何云矣，即金藏本作"何以故"。

[43] 𗟟𗪱𗫿𗭨𗼷𗷻，然后与尔，金藏本作"当以相与"。从"𗼷𗷻"之"𗼷"，可以分析出"𗟟"之前省略"𗼷"。𗪱𗫿，然后/后再。

[44] 𗷅𗴺𗶩𗼷，还步行往，金藏本作"女还奉辞"。

第 358 页（4501~4510）

𗼻[45] 𗸈𗦓𗸈𗫻𗴺，𗏇𗫷𗶩𗾟。𗵤𗫗𗫠𗦎𗖻𗩬𗳅𗫸𗸈𗴦，𗷗𗫘𗋽𗨁𗸈𗾕𗾟，𗫠𗐏𗱖𗴅。𗫷𗫗𗨁𗩙、𗘾𗦾𗩙、𗓚𗩙[46]、𗥃𗩙[47]𗼷。𗞂𗦎𗦺𗩙、𗫗𗵤𗼱𗫗𗪱𗤋𗩙、𗸈𗸨𗩙、𗫗𗫷𗵦𗩙𗷻。𗦎𗵺𗭓𗼱𗸈𗾟𗾕。𗼻𗫷𗸘𗩬𗴣𗷷𗵦𗫷𗵣，𗵺𗭓𗼱𗸈𗾕。𗵤𗫗𗝥𗦎𗷗𗫷𗴦，𗖻𗫘𗹥𗩬𗫷𗶩，𗐏𗫿𗫻𗓚𗹺𗵬𗦶𗟟𗵺[48]。𗼻𗵺𗵤𗫗𗳅𗁁𗴺𗫣、𗫷𗁁𗴺𗫣、𗥃𗁁𗴺𗫣，𗶩𗭔𗦓𗹺𗷻。𗳅、𗧄𗫗𗵦𗵺𗡴𗰖𗟟，𗁽𗇋𗫷𗷻𗰖，𗫠𗐏𗴺𗶷𗸈𗚠𗵬𗫷。

先善根已殖以，各道得应。父母及女同佛所〈〉往，世尊广法〈〉说为，数无方便。以诸法义、柔软义、施义、戒义现。淫不净义、诸结根生〈〉增长义、家出义、诸道品义说。又四圣谛〈〉说为。时此女人即坐在上，四圣谛〈〉解。父母[阿那含]道得，女[须陀洹]道得，譬白氎、白衣色染易如。时其父母佛〈〉依归、法〈〉依归、僧〈〉依归，[优婆塞]听为。佛、[阿难]处其痴罪悔，[比丘尼]为乞，世尊依梵行修行得。

注释：

[45] ▢，先，金藏本作"本"。

[46] ▢▢，施义，即金藏本作"檀义"。施，布施的略称，梵语音译为檀或檀那。

[47] ▢▢，戒义，金藏本作"尸义"。尸，主，即主持、执掌。

[48] ▢▢▢▢▢▢▢▢，譬如白氎白衣易染色，即金藏本作"譬如纯帛氎衣易为染色"。▢(染)，形误作▢(青/绿)。

第 358～359 页（4510～4603）

▢▢▢▢▢："▢▢▢▢▢▢▢▢▢▢▢▢▢[49]▢▢▢，▢▢▢▢▢[50]，▢▢▢▢▢▢▢。"▢▢▢▢▢▢▢▢："▢▢，▢▢[51]▢▢▢▢▢▢▢▢[52]▢▢？"▢▢▢▢▢▢▢，▢▢▢▢▢▢▢[53]，▢▢▢▢。（《▢▢▢▢▢》▢▢▢①▢▢▢。▢《▢▢▢▢▢▢》▢▢▢▢）

佛[阿难]〈〉告："二[比丘尼]及此女人[钵拓钵提瞿昙弥]所〈〉将，此女人〈〉剃度，具足戒得授使〈〉。"大道爱[阿难]〈〉问言："[阿难]，何云世尊[旈陀罗]女〈〉家出许耶？"[阿难][瞿昙弥]〈〉报，尔后并剃度戒受，[阿罗汉]得。（《戒因缘契经》卷三第中于出。又《[摩邓伽]女契经》中亦于出）

注释：

[49] ▢▢▢▢▢▢▢，钵拓钵提瞿昙弥，释尊之姨母之名号。其本名音译为摩诃波阇婆提，尊称为瞿昙弥、大爱道。

[50] ▢▢，剃度，金藏本作"为道"。

[51] ▢▢，▢▢：阿难，何云。金藏本作"何阿难"。

[52] ▢▢，出家，金藏本作"为道"。

[53] ▢▢▢▢▢▢▢，尔后并剃度受戒，金藏本作"然即与剃发受戒"。

---

① ▢▢▢（第三卷），卷（▢）原脱，据金藏本补。

意译（第 353 ~ 359 页）

阿难为旃陀罗母以咒力所摄十一

阿难行路，中（道）焦渴。（有）一旃陀罗女名钵吉蹄，汲水。阿难其处乞水，女报阿难："我是摩邓伽种。"阿难言："我不问是义，但施我水。"女曰："君（以）母种成沙门瞿昙之第一弟子，波斯匿王所敬，为末利皇后之阿阇梨。我是下贱，不敢与你水。"阿难又言："我不问是言，但水见与。"女欲给水。时女先掬水，浇阿难足。复掬水浇阿难手，（便）生淫欲意。阿难饮已便去。

钵吉蹄还白父母（言）："阿母，愿（以）沙门阿难为我之婿。"母言："其是转轮王子、刹利释种、圣师贵族主，天人宗奉。我等是下贱种，云何（得）为你之夫？"

女言："不得（者），则我今饮毒，以刀自刺、自杀。"

母曰："有一摩邓伽神语符咒，能移日月（以）堕[着]地，亦依咒因缘，亦能使释、梵天下来，况沙门使来阿难，不能者何理？若已死，若生不能行淫，若瞿昙所护（者），则我不能得，除此皆可得（耳）。"

女便起自浴，庄严以身。白衣严饰，敷诸卧具，遥相望母：以牛屎涂地，以五色绖结缕；盛满四瓶水，盛满四碗糒浆；（以）四口大刀（竖）地上牛屎，四角上安四箭，然（燃）八明灯；取四死人髑髅，种种香涂（其上）；以华布地，捉香斗烧香；绕三匝（向）东方跪膝，（而）诵摩邓伽咒术。

尔时阿难在祇洹林，心意（便）恍惚，为咒行所缚。如鱼象（被）牵钩，随咒术至旃陀罗家，母（便）语女："阿难（已）至。"时女（前）抱阿难，使坐床上。牵制衣裳，捻捱阿难。譬如有力人手捉长毛小羊，牵制（其）人手。阿难见十方皆为闇冥，譬如日月为罗睺所厌。阿难有大人力，当十大力士力，（而）不能得动。阿难以圣道谛力，念还得寤。"我今困厄，世尊大慈，何云不为我慈愍。"

佛即速知（之），（便）诵佛语。

偈云：

> 佛者是世间最尊，谛无能超过于佛者；

佛者为人天最尊，谛是诸法王上福田。

法者是世间最尊，谛无能超过于法者；

法者人天中最尊，谛断诸缚永息福田。

僧者是世间最尊，谛无能超过于僧者；

僧者人天中最尊，谛极福第一上福田。

阿难以此实义，于旃陀罗舍诵偈竟，又旃陀罗家内所设咒具：刀箭破折，瓶瓮陶皆破坏；灯灭，髑髅皆迸碎；黑风起，展（辗）转不相见。旃陀罗咒术不行。母（便）告女："此必瞿昙沙门神力所为，众物皆碎散，咒术不行。"阿难念言："依世尊恩力是也。阿难得解，譬如大象王盛年六十醉暴凶恶，身大牙长，（从）铁鞚得解，（从）城出逃走向空闲处。阿难亦与其一样。"世尊诵佛语，从旃陀罗舍得解，还向祇洹。

时此女人又逐阿难至祇洹门，（并）如是言语："阿难是我夫，阿难是我夫。"逐阿难后，不离须臾。阿难具此言（以）白佛，佛曰："我（于）诸法中不见幻惑，如此女人以欲系意。"

阿难今旦著衣持钵，入舍卫城乞食，（而）此女人亦逐后不离，语诸长者："阿难是我夫，阿难是我夫。"阿难还至佛所，又（前）白佛。佛曰："汝往为语，如姊妹（相）想。何云矣？此女人应当作比丘尼。"女白佛言："唯愿世尊，还我夫婿。"佛曰："若须阿难（者），则（于）我法中作比丘尼，然后与尔。"女人欢喜，还步行往，父母欢喜。

以先殖善根，各应得道。父母及女同往佛所，世尊广为说法，无数方便。现以诸法义、柔软义、檀义尸义。说淫不净义、增长生诸结根义、出家义、诸道品义。又说四圣谛。时此女人即在坐上，解四圣谛。父母得阿那含道，女得须陀洹道，譬如白氎白衣易染色。时其父母归依佛、归依法、归依僧，听为优婆塞。（向）佛、阿难悔其痴罪，乞为比丘尼，得依世尊修行梵行。

佛告阿难："将二比丘尼及此女人钵拓钵提瞿昙弥所，（以）此女剃度，使得授具足戒。"大爱道问阿难言："阿难，云何世尊许旃陀罗女出家耶？"阿难报瞿昙弥，尔后并剃度受戒，得阿罗汉。

（出《戒因缘经》第三卷，又亦出《摩邓伽女经》）【参见金藏本[906b4～907b14]】

十二　阿难去乞牛乳佛记其方来十二

录文、对译（第 359～361 页）

第 359 页（4604～4608）：

𗖵𗄈𗅆𗏁𗤻𗠁[1] 𘝿𗾸𗤼𗼺𗷖𗵤𗒹𗑗

𘝿𗾟𗛪𗣼𗥃𗶜，𘜶𗅆𗏁[2] 𗤼，𗖵𗄈𗸫𗖵𗠁𗳜𘓨𗊴𗤼𗼺𗅆𗏁𗤻𗼺𘏨。𗖵𗄈𗫻𘕜𘚱𗤻，𘓨𗊴𗤼𗑗："𗏁𘜶𗣼𗶜，𗑗𗒆𗥃𗼺𘟂𘜶。"𗖵𗄈𗅆𘕜𗼺𗠁。𗾸𗅆𗼺𗷖𘉍𗯿𗤘，𗼹𘟑𗤘𗷒。

[阿难]牛乳乞去佛其方〈〉来记十二

佛[舍卫]国中在，时风疾患，[阿难]〈〉〈〉呼[婆罗]门家中牛乳乞往使。[阿难]言如求索，[婆罗]门言："牛彼间在，汝〈〉拘取往〈〉〈〉。"[阿难]牛所〈〉往到。此牛常人〈〉觚踏喜，得近可不。

注释：

[1] 𗤻𗠁，去乞，即金藏本作"乞"。参看"优波离为佛剃发得入第四禅一"第一品注 [6]。

[2] 𗅆𗏁，风疾，即金藏本作"中风"。

第 359～360 页（4608～4704）

𗖵𗄈𗝠𗤘："𗛪𗖜𗤘𗄈𗥃𗼺[3]，𗣼𗅆𗠁①𗼺𗤘𗷒𘜶𗵳𘜶[4]。"𗥃𗳫𗻴𗵾[5]𗬩𗼹𗒆𘓨，𗊴𗤴𗲠𘉍，𗙈𗖵𗏁𗅆𗤻𗤵𗳜𘟂𘏨[6]。𗖵𗄈𘍞𗛪𗅆𗤻𗳜𗼺𘉍𘜶，𗊴𗤴𗤼𗑗："𗒹𗱼[7]。"𗸫𗐩𗥃𘝿𗅆𘏇𘉍，"𘝿𗈁𗤾𗅆𗥃𗤼[8]，𗐩𗛪𗤼𗅆𗅆𘜶，𘝿𗗘𘓨。𘝿𗫻𗏁[9]，𗛁𗐩𗯿𗼺，𗏤𗼼𘜶𗷒"。𗅆𗤘："𗫻𘜶②𗤴𗛪𘕜𘟂𘟂，𗉻𗼺𘕜𗒆𗼺[10]？𗛪𗖜𗐩𘕜𗳜𗼺𗠁𘟑[11]，𗐩𘕜𗛪𗈁𗖜𗳜𗺍𘕜。𗛪𗈁𘏨𗤼𗊃𗤻𗴼[12]，𘟑𘜶𘏇𗗘𘜶。"

---

① 𗅆𗠁（牛乳），𗠁（乳）原脱，据金藏本补。
② 𗤘𗫻𘜶（言此手），原作"𗫻𗤘𘜶"（此言手），据汉文本乙正。

[阿难]念言："我〈〉师课法中，自牛乳拘取得不〈〉〈〉也。"［忉利释］天王下即来，[婆罗]门一化作，被〈〉服牛傍〈〉立使。[阿难]此〈〉牛乳〈〉拘取为〈〉〈〉，[婆罗]门言："当是。"即右手以牛乳扪摸为，"佛少许风疾患，汝我〈〉乳〈〉与，佛令饮。佛〈〉差，则汝福得，量称可不"。牛言："此手以我乳扪摸〈〉，益得〈〉何有？我〈〉两乳〈〉去〈〉取，两乳我子〈〉〈〉遗置。我子今朝自起，食未其饮也。"

注释：

［3］□□□□□□，我师课法中，金藏本作"我所事师法"。□□，师课/师长。

［4］□□□□□□□□□，不得自拘取牛乳也。……□□□□□□，……不得……也。

［5］□□□□□，忉利释天王，金藏本作"忉利天王释"。

［6］□□□□□□□□□，服被立牛傍，金藏本作"被服住牛傍"。

［7］□□，当是，即金藏本作"诺"。

［8］□□□□□□，佛患少许风疾，金藏本作"言佛小中风"。

［9］□□□，佛差，即金藏本作"佛差者"。□，差，同"瘥"，病愈。

［10］□□□□□，何有得益，金藏本作"何益快乎"。

［11］□□□□□□□□，取去我两乳，金藏本作"取我两乳去"。□□□□，取去。去，除/去掉/取。

［12］□□□□，自起今朝，金藏本作"朝来"。

第360页（4704～4710）

□□□□□□，□□□□，□□□□："□□□□□□□□□[13]。□□，□□□□□□□□□，□□□□□。□□□□□□。□□□□，□□□□□□，□□[14]□□，□□□□□□□□，□□□□□□。□□□□[15]□□□□。□□□□[16]，□□□□□，□□□□，□□□□□□，□□□□□□□。"

其犊子母傍〈〉在，佛说声闻，是如语言："我乳亦尽佛处〈〉持。佛者，天上天下人之大师也，甚中值难。我水饮草食〈〉。我人作时，恶知识与坐随，佛法不信，故我牛马〈〉作，十六劫〈〉经。此刻然后佛声闻〈〉。我饮所乳，尽佛〈〉与〈〉，器满而去，我〈〉后世智慧佛道愿得令〈〉〈〉。"

注释：

[13] 𗼲𗥃𗓽𗊞𗧇𗹙𗗙𗰖，持我乳亦尽佛处，金藏本作"持我分尽用与佛"。

[14] 𗊞𗉂，佛法，金藏本作"佛经"。

[15] 𗜓𗒅𗵘𗏹，字面义为"此刻然后"，即金藏本作"到今"。下品"阿难试山中比丘并问阿育王十四"作"今者"（见注[59]）。

[16] 𗼲𗫐𗵘𗥃，我所乳饮，金藏本作"持我所饮乳"。𗥃（乳），动词。

第 360 ～ 361 页（4710～4803）

𗤋𗤃𗥃𗸯𗸃𗏹，𗊞𗤹𗬻："𗤿𗰇𗵿𗗻𗉮𗊀?"𗤋𗤃𗦧𗒒𗴷𗸃𗣼。

𗊞𗬻："𗤿𗥃[17]𗥩𗤄𗳅𗊞𗣽𗸉，𗰢𗰖𗧠𗔀[18]，𗫽𗼻𗭪𗼻𗬒。𗄈𗥃，𗜳𗏹𗦫𗵘，𗼲𗠁𗵬𗤄、𗵶𗤄𗭪𗬼、𗹙𗴺𗸯𗵘。[19]𗆫𗐂𗭪𗏹𗥩𗫽𗼻𗬒𗊀①，𗊞𗼖𗤅𗨡𗽁𗲠𗰖𗪻。[20]"（《𗄈𗉂𗭪》𗮔𗸃𗏦）

[阿难]乳持〈〉还，佛问言："牛子母何说〈〉?"[阿难]始事依而答。

佛言："牛者后[弥勒]佛为时，沙门作使，[阿罗汉]道得。犊子者，死后人作，我〈〉幡悬、华散香烧、经戒奉持。二十劫已后，[阿罗汉]得〈〉，佛天下万民见度脱。"（《犊子契经》中于出）

注释：

[17] 𗤿𗥃，牛者，金藏本作"牛母"。

[18] 𗧠𗔀，使作，金藏本作"与作"。

[19] 𗼲𗠁𗵬𗤄……𗸯𗵘：我悬幡，金藏本作"当为我悬缯"。

[20] 𗊞𗼖𗤅𗨡𗽁𗲠𗪻，见佛度脱天下万民，金藏本作"佛度脱天下万民"。疑"𗲠𗪻度脱"下脱"𗬻……𗊀"照应之虚词"𗊀"。

---

① 𗫽𗼻𗭪𗬒𗊀（得阿罗汉），金藏本作"当作阿罗汉"。疑此句为衍文，应删除。可参考导言部分。

意译（第 359~361 页）

阿难去乞牛乳佛记其方来十二

佛在舍卫国，时患风疾，呼阿难往婆罗门家乞牛乳。

阿难（即）如言求索，婆罗门言："牛在彼间，（自）往拘取。"阿难（即）往到牛所。此牛常喜觚踏人，不可得近。

阿难（自）念言："我师课法中，不得自拘取牛乳也。"忉利释天王即来下，化作一婆罗门，服被立牛傍。阿难（请）为拘取牛乳，婆罗门言："当是。"即以右手扪摸牛乳（言）："佛患少许风疾，汝与我乳，令佛饮之。佛差（者），则汝得福不可称量。"牛言："此手扪摸我乳，何有得益？取去我两乳，置两乳遗我子。我子自起今朝，未饮食也。"

犊子在母傍，闻说佛声（即）如是语言："持我乳亦尽佛处。佛者，天上天下人之大师也，甚难得值。我自食草饮水。我作人时坐随恶知识，不信佛法，故（使）我作牛马，经十六劫，此刻然后（乃得）闻佛声。我所乳饮，尽（用）与佛，满器而去，令我后世智慧愿得佛道。"

阿难持乳还，佛问言："牛母子何说？"阿难始依事而答，佛言："牛者后为弥勒佛时，使作沙门得阿罗汉道。犊子者，死后作人，（当为）我悬幡、散华烧香、奉持经戒。二十劫已后见佛，度脱天下万民。"

（出《犊子经》）【参见金藏本［907b15~907c15］】

十三　阿难化施波斯匿王十三

录文、对译（第 361~362 页）

第 361 页（4804~4809）：

𗼣𗗊𗾺𗫲𗆊𗣋𗩭𗓨𗣈[1] 𘟣𗣈

𗴺𗍯𗴢𗦎𗦎𗓨𗩻[2]，𗔉𘕘𗸞𗤶𗟱𗸖，𗗙𗯨𗴯𗟻[3] 𗅁。𗼣𗗊𗼊："𗄿𗴺𗴮𗦎𗦎𗸞𗟻𗗙𗯨，𗴕𗞞𗣈𗕍𗝠𘟣𗫼𘘚𗽹。𗄊𗄿𘘚𗵰𗴺𗍯𗴢𗦎𗸖[4]，𘘚𗸣𘕘𗹙�452𗰜。"𗾺𗆊𗣋𗤛，𗗟𗮅𗸣𗗥𗣋𗠇𗷝，𗣈𘞩𗹙𘝦𘞩。

［阿难］［波斯匿］王〈〉化施十三

［舍卫］国内岁饥〈〉遭，诸［比丘］自各分散，夏坐为去欲。［阿难］言："若诸［比丘］余国内诣夏坐造，则此数无人皆德本失。假使如来此［舍卫］国内在，则多安隐有〈〉。"［波斯匿］王闻，又佛及僧〈〉〈〉请，三月供养。

注释：

［1］▨▨▨▨▨▨▨▨，阿难化施波斯匿王，金藏本作"阿难化波斯匿王施"。参看卷首目录第一品注［7］。

［2］▨▨▨▨，遭岁饥，即金藏本作"岁饥"。▨▨，岁饥/饥馑。

［3］▨▨▨▨，去为夏坐，金藏本作"以为岁节"。下同。

［4］▨▨▨▨▨，住舍卫国，金藏本作"止此舍卫"。▨，住/在。

第 361～362 页（4809～4902）

▨▨▨▨[5]，▨▨▨▨▨▨▨▨，▨▨▨▨，▨▨▨▨。▨▨▨▨，▨▨▨▨，▨▨▨▨，▨▨▨▨[6]。▨▨▨▨▨，▨▨▨▨▨▨，▨▨▨▨。▨▨▨▨[7]，▨▨▨▨，▨▨▨▨▨[8]▨。▨▨：'▨▨▨▨[9]，▨▨▨▨▨▨，▨▨▨▨▨[10]？'"

佛言："过去世于，［波罗奈］国王名者［梵达］，大威德有，名称远闻。时国饥馑，乞者众多，王施与喜，四面皆集。天久时不雨，谷米渐转价贵，人民饥困。乞者多成，仓廪竭虚，大臣请施息使。王言：'若此及如，则吾本心与违，改何能〈〉〈〉？'"

注释：

［5］……▨：于……，金藏本作"……时"。▨，于/在。

［6］▨▨，集，皆，金藏本作"云集"。▨，皆/尽。

［7］▨▨，为多，金藏本作"日滋"。▨，为/成。

［8］▨▨▨▨▨，大臣请施息，即金藏本作"大臣请息"。▨，息/停/止。

［9］▨▨▨▨，若如此，即金藏本作"若尔"。

［10］▨▨▨▨▨，何能改，金藏本作"何忍逆之"。

第 362 页（4902~4907）

"〇〇〇〇〇〇，〇〇〇〇，〇〇〇〇〇，〇〇〇〇〇〇。〇〇〇〇，〇〇〇〇〇[11]，〇〇〇〇：'〇〇〇〇〇[12]。'〇〇〇〇〇：'〇〇〇〇〇[13]。'〇〇：'〇〇〇〇〇？'〇〇〇〇：'〇〇〇〇〇。'

"〇〇〇〇，〇〇〇〇：'〇〇〇[14]〇〇，〇〇〇〇〇〇。'〇〇〇，〇〇〇。"（《〇[15]〇〇》 〇 〇〇①〇〇〇、《〇〇〇〇》〇〇 〇 〇 〇 〇〇②[16]）

"时诸法明臣吏，四远宣告，乞谁敢〈〉者，皆都市中弃〈〉〈〉。乞者忧愁，王大臣〈〉问，大臣答言：'或遥远从来。'[梵]志得人言：'中面〈〉来。'王问：'汝谁此使〈〉？'[梵]志答言：'腹吾〈〉使。'

"时王慈愍，偈以〈〉报曰：'犊随牛千头，并诸犊子等〈〉施。'[梵]志者，[阿难]是。"（《生契经》卷三第中于出、《腹使契经》与〈〉多同少许异）

注释：

[11] 〇〇〇〇〇，王问大臣。也可译作"大王问臣"。金藏本作"王问"。

[12] 〇〇〇〇〇，或从遥远来，金藏本作"有此远来得"。〇（或），代词，泛指人或事物，相当于"有人""有的"。

[13] 〇〇〇〇，中面而来，金藏等汉文本无此句。

[14] 〇〇〇，随犊牛，金藏本作"赤犊牛"。〇，随/引。

[15] 〇，生。金藏本作"出生"。

[16] 〇〇〇〇〇〇，多同少许异，即金藏本作"大同小异"。

意译（第 361~362 页）

阿难化施波斯匿王十三

舍卫国遭岁饥，诸比丘欲各自分散，去为夏坐。

---

① 〇〇〇（第三卷），卷（〇）原脱，据金藏本补。

② 〇〇〇〇〇〇（多同少许异）。〇（多），底本左边笔画不清。〇（少），底本右边笔画错。补改。

阿难言："若诸比丘诣余国（而）造夏坐，则此无数人皆失于德本。假使如来住舍卫国，则多有安隐。"波斯匿王闻，又请佛及僧，三月供养。

佛言："于过去世，波罗奈国王名梵达，有大威德，名称远闻。时国饥馑，乞者众多。王喜施与，四面皆集。天久时不雨，谷米转贵，人民饥困。乞者为多，仓廪虚竭，大臣请施息。王曰：'若如此，则违我本心。何能改（之）？'

"时诸明法臣吏，宣告四远，敢有乞者，皆弃都市。乞者愁忧，王问大臣，大臣答曰：'或从遥远来。'梵志得入言：'中面而来。'王问：'谁使汝（来）此？'梵志答言：'腹使我（来）。'

"时王慈愍，以偈报曰：'施随犊牛千头，并诸犊子。'梵志者，阿难是。"

（出《生经》第三卷，《腹使经》大同小异）【参见金藏本［907c16～908a10］】

十四　阿难试山中比丘并问阿育王十四

录文、对译（第 362～368 页）

第 362 页（4908～4911）：

𗥃𗙴𗉛𗥃𗢳𗣜𗃬𗢬𗮔𗸚𗩾𗇋[1] 𗫵𗾈𗗙𗰖

𗥃𗙴𗉛𗢳𗣜𗢬，𗮔𗸚𗰖𗇋𗰖𗟻𗥔𗸯。𗉛𗥃𗢳𗣜𗫵𗙴𗷖𗩾𗮗𗀔[2]，𗙴𗮔𗔉𗗟，𗸯𗸚𗔭𗀀𗷪。𗉛𗥃𗢳𗣜𗰞𗸯𗜓𗜏𗥠𗮗，𗰖𗥲𗸯𗮔，𗰖𗟻𗇐𗋽𗸚𗨁[3]。

［阿难］山中［比丘］试并［阿育］王〈〉问十四

［阿难］两［比丘］与，［阿育］国王国中到。山中［比丘］〈〉松树上在，香华自至，铃鸣语作如。山中［比丘］何故〈〉出不知，四面作礼，堂中会还经诵。

注释：

［1］𗉛𗥃𗢳𗣜𗢬𗮔𗸚𗩾𗇋，试山中比丘并阿育王。𗉛𗥃，山中/山间，金藏本、大正藏本俱作"山向"。下同。"向"，介词，表示动作的地

点、方向。"⬚⬚⬚"（阿育王），前述目录中又作"⬚⬚⬚"。参看"优波离为佛剃发得入第四禅一"第一品注[8]。

[2] ⬚⬚⬚⬚⬚⬚⬚⬚：山中比丘在松树上，即金藏本作"在山向中，比丘之松上"。⬚，用作系词。

[3] ⬚⬚⬚⬚⬚⬚，还会堂中诵经，金藏本作"还斋堂中诵经"。⬚（会），动词。斋、斋堂，名词。

第 362～363 页（4912～5005）

⬚⬚⬚⬚⬚⬚⬚⬚⬚[4]⬚，⬚⬚⬚⬚⬚⬚⬚⬚⬚[5]。⬚⬚⬚⬚⬚⬚⬚⬚，⬚⬚⬚⬚⬚⬚。⬚⬚⬚⬚，⬚⬚⬚⬚⬚，⬚⬚⬚⬚[6]。⬚⬚⬚⬚⬚，⬚⬚⬚⬚⬚⬚⬚⬚，⬚⬚⬚⬚。⬚⬚⬚⬚⬚⬚⬚⬚，⬚⬚⬚⬚⬚⬚⬚[7]，⬚⬚⬚⬚⬚⬚。⬚⬚⬚⬚⬚⬚⬚⬚⬚。

[阿难]两[比丘]与化乞者作，复三百乞者〈〉将食乞。山中[比丘]食作饭讫，衣索便衣假。三百乞者，其复去不肯，朝夕侍奉。乞者悉病遇，山中[比丘]朝夕香烧，福请药合。三百乞者皆悉〈〉死，山中[比丘]便丐告，沐浴棺中敛。[阿育]国王人令埋葬使。

注释：

[4] ⬚⬚，乞者，即金藏本作"乞儿"。下同。

[5] ⬚⬚，乞食，金藏本作"住乞食"。

[6] ⬚⬚，侍奉/奉侍，即金藏本作"供养"。

[7] ⬚⬚⬚⬚，便告丐，金藏本作"便行假"。

第 363 页（5005～5011）

⬚⬚⬚⬚⬚，⬚⬚⬚⬚⬚⬚⬚⬚⬚[8]⬚⬚，⬚⬚⬚⬚，⬚⬚⬚⬚⬚。⬚⬚⬚⬚⬚⬚⬚⬚⬚，⬚⬚⬚⬚⬚。⬚⬚⬚⬚⬚⬚⬚⬚：⬚"⬚⬚⬚⬚⬚⬚⬚⬚？"⬚⬚⬚⬚⬚："⬚⬚⬚，⬚⬚[9]⬚。⬚⬚⬚⬚[10]，⬚⬚⬚⬚[11]。⬚⬚⬚⬚⬚，⬚⬚⬚⬚⬚，⬚⬚⬚⬚⬚，⬚⬚⬚⬚⬚。"

后数日〈〉过，[阿难]又两[比丘]与三字识人〈〉化，衣被洁净，松树中〈〉往到。山中[比丘]法堂中〈〉下迎奉，座设〈〉坐令。三字识人山中[比丘]

〈〉言："汝佛〈〉事何如求欲〈〉?" 山中[比丘]言："佛道者，妙道也。天地两间，唯佛道胜。我佛事者，佛道祈愿〈〉，人非人度欲，他求所无〈〉。"

注释：

[8] 𗦇𗵒𗃮，识字人，即金藏本作"书生"。下同。

[9] 𗦁𗗙，妙道，即金藏本作"神道"。在本品中，除注[9]外，俱以"𗦁"（妙）来对译汉文本"神"。

[10] 𗗚𗦫，两间，即金藏本作"之间"。

[11] 𗫂，胜，金藏本作"神"。

第 363～364 页（5011～5104）

𗢳𗦇𗵒𗃮𗟲："𗢳𗗙𗦁𗅋[12]，𗏁𗡶𗍫𗰜。𗃮𗏹𗂧𗫔𗄻，𗏁𗒹𗉘𗍳𗎵𗰜，𗃮𗣼𗢳𗏹𗂧𗵘。" 𗇋𗥤𗡞𗤁𗟲："𗋕𗅉𗎭𗟲𗟲[13]𗅋𗫻。𗢳𗗙𗦁𗓱，𗃮𗅲𗘂𗅁；𗠔𗠁𗅁𗍊，𗃮𗆐𗘂𗅋。𗦳𗤋𗍳𗎵，𗋽𗅁𗆐𗄻。𗟲𗂧𗆤𗣼[14]，𗋕𗃮[15]𗦻𗗄𗣼。"

三字识人言："佛道妙非，但空虚也。人事者少，汝等何愚痴是，人〈〉佛事追。" 山中[比丘]言："诸尊者所言非法。佛道妙最，人见所非；变化无常，人知所非。百姓愚痴，自不知之。语空只作，诸人罪益为。"

注释：

[12] 𗦁𗅋，非妙，即金藏本作"不神"。

[13] 𗋕𗅉𗎭𗟲𗟲，诸尊者所言，金藏本作"诸君所言"。𗟲（言），动词重叠为"所言"。

[14] 𗟲𗂧𗆤𗣼，只作空语，即金藏本作"空作此语"。

[15] 𗋕𗃮，诸人，即金藏本作"诸君"。

第 364 页（5104～5111）

𗢳𗦇𗵒𗃮𗧓𗏇："𗏁𗢳𗣼𗏹𗂧，𗑗𗃮𗊏𗎫𗅁𗗂。𗏁𗒹𗓁𗒹𗣼𗆮𗗥𗧓𗓦𗤶[16]?" 𗇋𗥤𗡞𗤁𗟲："𗂸。" 𗢳𗦇𗵒𗃮𗟲："𗏁𗒹𗆮𗖵𗣼𗘂𗏵𗅋，𗏁𗒹𗓦𗧓𗒛𗑠𗤶。𗏁𗒹𗓁𗏉𗅋𗆐𗦺𗣼[17]𗓱。𗆑𗓁𗏉𗅋𗅁𗦺𗤶，𗑗𗏁𗒹𗣼𗆐𗆝𗣼𗤶

[西夏文]。"[西夏文]。[西夏文][18]，[西夏文][钱]①[西夏文][19]："[西夏文][20]，[西夏文]，[西夏文][21]。"[西夏文]，[西夏文]，[西夏文][22][西夏文]，[西夏文]。

三字识人大怒："汝佛〈〉事，则人意与不逆。汝等我等〈〉奴作〈〉能〈〉？"山中［比丘］言："诺。"三字识人云："汝等奴善作应不中，汝等屎〈〉担去〈〉。汝等百石粪〈〉足为〈〉。若百石粪不足〈〉，当汝等〈〉头斩作〈〉〈〉。"山中［比丘］便屎担行。多不得，还书识人〈〉曰："岂敢出力，多不得，罪〈〉判作〈〉〈〉。"三字识人大怒，便〈〉缚，三百打〈〉抽作，突然而去。

注释：

[16] [西夏文]，汝等能作我等奴不，金藏本作"汝工追我作奴不"。下俱以"[西夏文]"（汝等）译汉文本"汝"。工，擅长、善于。追，比配。

[17] [西夏文]，足为，金藏本作"当得"。西夏文以"[西夏文]"（足）翻译汉文的"得"，可谓准确。[西夏文]，足/满。下同。

[18] [西夏文]，不得多，金藏本作"不能得多"。下同。

[19] [西夏文]，还曰识字人，金藏本作"还谢书生"。

[20] [西夏文]，其中"[西夏文]"，字面意思是"岂敢"，表示"不敢不……"，相当于"哀求对方原谅""再不敢如此这样"。"[西夏文]"（出力、运力），即力极、力竭、力尽，金藏本作"力极"。"[西夏文]"在西夏文《慈悲道场忏法》中出现频率高。如"[西夏文]"（金藏本、大正藏本俱作"稽颡求哀忏悔往罪"。见国家图书馆藏本第四册《慈悲道场忏法卷第一·归依三宝第一》第110页7~8行）。"[西夏文]"（《大正藏》作"稽颡求哀，忏悔此罪"。见《慈悲道场忏法卷第一·断疑第二》，第132页7行）。"[西夏文]"（汉文本俱作"求哀礼忏"。见《慈悲道场忏法卷三》第209页7行）。"[西夏文]"（"哀能心诚罪释忏悔"，金藏本、大正藏本俱作"至诚求哀发露忏悔"。见《慈悲道场忏法卷五》第309页10行~第310页第1行）。"[西夏文]

---

① [西夏文]（识字人）。[西夏文]（人）原脱，据文义补。

[illegible]”（汉文本俱作“至心求哀四生六道”。见《慈悲道场忏法卷五》第 312 页 8 ~ 9 行）。

[21] [illegible]，〈汝等〉判罪，金藏本作“乞原罪负”。此句西夏文主语“[illegible]”（汝等）省略，通过句尾呼应词“[illegible]”的分析，在完整翻译时应译出被省略的第二人称复数。

[22] [illegible]，抽打，即金藏本作“痛鞭”。

第 364 ~ 365 页（5111 ~ 5204）

[illegible]，[illegible]：“[illegible]。[illegible][23]？”[illegible]：“[illegible]，[illegible]。[illegible]，[illegible]：[illegible]，[illegible]。[illegible]，[illegible][24][illegible]？”

[阿难]便[优婆塞]一化作，山中[比丘]〈〉语：“三字识人所为无道，王处诉告不斩令〈〉何当？”山中[比丘]言：“此我〈〉过是，故此如为。佛〈〉事者，爱惜所无：头求头与，躯求躯与。我但屎担人见鞭者，此何如苦是〈〉？”

注释：

[23] [illegible]，〈汝等〉不诉告王处何当令斩，金藏本作“不当语王令治之乎”。“[illegible]”（何当），什么时候。此句西夏文主语“[illegible]”（汝等）被省略。

[24] [illegible]，[illegible]，被人见鞭者，言此何如苦，金藏本作“见鞭，此有何苦”。“[illegible]”，义即“此有何苦”。

第 365 页（5204 ~ 5209）

[illegible]，[illegible]，[illegible]①[25]：“[illegible]，[illegible]。[illegible][26][illegible]，[illegible]？[illegible]。[illegible]，[illegible]；[27][illegible]，[illegible]。[28]”[illegible]②：

① 据下文内容，疑[illegible]（往）下脱[illegible]（言）。

② [illegible]（言）原误作[illegible]（事），据文义乙正。

"⿰⿰，⿰⿰⿰①⿰⿰⿰^[30]?"

[阿难]两[比丘]与，复[阿育]王〈〉化，山中[比丘]处〈〉往，"佛事者定自益无，空自勤苦。人间须臾复死，何故自独勤苦是契经奉〈〉？我今汝与议事。我与依顺，则〈〉住〈〉我与不依顺，则必死〈〉。"山中[比丘]言："王大，何如事议欲〈〉？"

注释：

[25] ⿰⿰⿰⿰⿰⿰，往山中比丘处，金藏本作"往告山中比丘言"。

[26] ⿰⿰，人间，金藏本作"人生世间"。据此，西夏文本缺漏，应为"⿰⿰⿰⿰"。

[27] ⿰⿰⿰⿰，⿰⿰⿰⿰：与我依顺则住。金藏本作"从我者任"。⿰⿰，依顺/从/相从。下同。⿰，住，其他汉文本作"佳"，与文义均不通。

[28] ⿰⿰⿰⿰⿰，⿰⿰⿰⿰⿰：不与我依顺则必死，金藏本作"不从我者，道人必死"。

第 365～366 页（5209～5303）

⿰⿰："⿰⿰⿰⿰⿰，⿰⿰⿰⿰^[29]。⿰⿰⿰⿰，⿰⿰⿰⿰⿰。⿰⿰⿰⿰^[30]⿰⿰⿰⿰⿰，⿰⿰⿰⿰^[31]，⿰⿰⿰⿰⿰⿰。⿰⿰⿰，⿰⿰⿰⿰⿰⿰。"⿰⿰⿰⿰⿰："⿰⿰⿰⿰⿰。⿰⿰⿰⿰⿰，⿰⿰⿰⿰^[32]，⿰⿰⿰⿰。⿰⿰⿰⿰，⿰⿰⿰⿰⿰⿰⿰^[33]？⿰⿰⿰⿰。⿰⿰⿰⿰，⿰⿰⿰⿰^[34]⿰⿰。"⿰⿰⿰⿰，⿰⿰⿰⿰⿰⿰⿰⿰⿰⿰。

王言："我女贵一有，辩才比无。面目好美，手蜂子如。我道修者人为温良贪，其〈〉与欲，故报言来〈〉。道修者，必当依顺〈〉为。"山中[比丘]言："王之厚意知。我佛法〈〉为，多年已经，德功未成。反王女贪，则佛道〈〉不毁〈〉乎？是罪不小。王若杀我，则我今受〈〉〈〉。"王便人使，山中[比丘]〈〉市中斩诣将。

---

① ⿰（事）原误作⿰（言），据文义乙正。

注释:

[29] 〔西夏文〕,辩才无比,即金藏本作"才操绝人"。〔西夏文〕,比/匹。

[30] 〔西夏文〕,修道者,即金藏本作"道人"。下同。

[31] 〔西夏文〕,欲其与之,即金藏本作"欲以相与"。

[32] 〔西夏文〕,已经多年,金藏本作"已积年岁"。

[33] 〔西夏文〕,则不毁佛道乎,金藏本作"耻辱佛道"。

[34] 〔西夏文〕,则我今受,即金藏本作"自当受之"。

第 366 页 (5304~5311)

〔西夏文〕,〔西夏文〕[35],〔西夏文〕。〔西夏文〕,〔西夏文〕。〔西夏文〕:"〔西夏文〕。〔西夏文〕[36],〔西夏文〕[37],〔西夏文〕。"〔西夏文〕[38]:"〔西夏文〕,〔西夏文〕,〔西夏文〕[39]〔西夏文〕。〔西夏文〕,〔西夏文〕[40]"〔西夏文〕[41]〔西夏文〕。〔西夏文〕,〔西夏文〕,〔西夏文〕。

山中[比丘]便佛〈〉礼而去,王处顾,[阿难]是。故山中[比丘]便作礼,头面地著。[阿难]〈〉起〈〉持〈〉坐使,悉两相识。[阿难]山中[比丘]〈〉谓:"汝德功已成。汝后世道得,我示现汝〈〉试,汝〈〉志意视〈〉。"山中[比丘]下〈〉来:"我知〈〉无,佛恩被受,依方法中在。善作不能,神人〈〉劳扰忧念生令〈〉〈〉"[阿难]法以山中[比丘]〈〉授。俱楼上〈〉上,经诵义说,乐享欢喜。

注释:

[35] 〔西夏文〕,顾王处,金藏本作"顾与王谢"。"〔西夏文〕"(顾),回视、回首。谢,辞别。

[36] 〔西夏文〕,汝后世得道,金藏本作"汝当得道"。

[37] 〔西夏文〕,我示现试汝,金藏本作"我故试汝"。

[38] 〔西夏文〕,下来,金藏本作"下地言"。

[39] 〔西夏文〕,方依/因故/故,金藏本作"得"。

[40] 〔西夏文〕,劳扰神人来生忧念,即金藏本作"烦苦神人来相忧念"。

[41] 〔西夏文〕,法,金藏本作"道"。

第 366 ~ 367 页 (5311 ~ 5404)

𗁯𗀔𗼄𘆡𗭼𗀖𗹙[42]。𘈩𗏴𗼄𗀖𗷉："𘉍𗀔𘋖𗰜𗮔𘜶𗮔𗗙[43]?"𗼄𗵒𘈷："𘉍𗀔𘋖𗰜𘆄𗧘𘐔𗫭，𗬖𗲟𘘂𗷲。𘊲𘈽①𘋖𗰜𗭼𗶦𘝵𗗙[44]，𗓟𗥃𘊟𘅾𘜶𗗙。"𘈩𗏴𗼄𗀖𗷉："𗼄𗭼𘜶𗮔𗷉𗢳?"𗼄𗵒𘈷："𗷲《𘕿𗡪𘋖𗰜》𗡢𘐔𘅾𘜶、《𘝚𘈤𘏲𗺧𘎪𘋖𗰜[45]》𘕿𘐔𘅾𘜶𘓺𘄒𗷲。"

[阿育] 王作礼膝跪。[阿难] 王〈〉问："佛〈〉契经几卷几有?" 王答言："佛〈〉契经甚中多,计数可不。当今见契经十二部在,八万四千卷有。"[阿难] 王〈〉问："王几卷几持〈〉?" 王答言："我《[三昧] 契经》万两千卷、《[般若波罗蜜多] 契经》万两千卷已诵〈〉。"

注释:

[42] 𗼄𘆡𗭼𗀖,作礼跪膝,金藏本作"作礼长跪"。

[43] 𘉍𗀔𘋖𗰜𗮔𘜶𗮔𗗙,佛经有几卷几,金藏本以疑问句表述,作"佛经有几卷?"𗮔𘜶𗮔 (几卷几),表示不确定的疑问。

[44] 𘊲𘈽𘋖𗰜𗭼𗶦𘝵𗗙,当今见有契经十二部,金藏本作"今见在经有十二部"。𘊲𘈽……𗗙,今见有 (在)……。

[45] 𘝚𘈤𘏲𗺧𘎪𘋖𗰜,般若波罗蜜多,即金藏本作"般若波罗蜜经"。

第 367 页 (5405 ~ 5410)

𘈩𗏴𗼄𗀖𗷉："𗼄𗥃𘋖𗰜𗧘𗫭[46],𘄒𗼱𘈽𘜷[47]𗮔𘄏𗰜𗮔𘒽𘋟𗀖𗢳?"𗼄𗵒𘈷："《𘆡𘅾𘕿𗡪𘋖𗰜》𘐍𘝵:𘄒𗼱𘈽𘜷𗓟𗧘𗁬𗡢𘄏𗰜𘆞𗬶。"𘈩𗏴𗼄𗀖𗷉:"𗼱𗧘𘅾𗗙?"𗼄𗵒𘈷:"《𘝚𘈤𘏲𗺧𘎪𘋖𗰜》𘐍𘝵:𗼱𘐍𗓟𗧘𗁬𗶤𘚌,𗶤𘈽𘄏𘘂[48]。𗴺𘐎②𘚌𘄒𗱴𗯩𘙐[49];𗵉𘐎𘚌𘄒𗱴𗓟𘙐;𗻮𘐎𘚌𘄒𗱴𘆡𘙐。"

[阿难] 王〈〉问："王见契经多,天地行间几里〈〉几其乃知〈〉?" 王答言:"《大品[三昧] 契经》中言:天地行间八十一万里〈〉是〈〉。"[阿难] 王〈〉问:"地几品有?" 王答言:"《[般若波罗蜜多] 契经》中言:地上八十一城有,城中人居。北城中人长百尺;中城中人长八尺;南城中

---

① 𘊲𘈽 (今则) 下原衍"𗗙" (有),不合西夏文句法,据删。

② 𗴺𘐎 (北城),𘐎 (城) 原误作𘐐 (方),据金藏本补。

人长三尺。"

注释：

[46] □□□□□□，王见契经多。此句不合西夏文句法，正确句型为"□□□□□□□"。

[47] □□，行间/行距，即金藏本作"相去"。下同。

[48] □□□□，城中居人，金藏本作"城自有人"。

[49] □□，百尺，即金藏本作"十丈"。

第 367 ~ 368 页（5410 ~ 5503）

□□□□□："□□□□□□□□□□？"□□□："□□□□，□□□□。□□□□□□[50]，□□□□，□□□□，□□□□[51]□□□，□□□[52]□□□，□□□□□，□□□□□□。□□□□□，□□□□□。□□□□□□，□□□□□□。"

[阿难]王〈〉问："王本何如人是〈〉知〈〉？"王答言："识远不知，但近知能。先地狱中入尝，天上尝，勤苦受尝，奴、婢作尝，畜生作尝，火中入尝，善人作尝。善人作从，国王得为。勤苦事见尝，复恶作不敢。"

注释：

[50] □□□□□□，先尝入地狱，即金藏本作"已尝入泥犁"。□□，地狱，见前注。

[51] □，奴。□□，婢。西夏人以"□、□□"分译奴、婢，盖因二者地位不同使然。

[52] □□，畜生，金藏本作"六畜"。

第 368 页（5503 ~ 5512）

□□□[①]：

"□□□□□□□□□□□□，□□□□□□。□□□□□□，□□□□□□□□□□□□□□□。□□□□□[53]，□□□□□□□□□□□，□□□□□□。□□□□，□

---

① □□□（阿难言），□（言）底本脱，据金藏本补。

𘝞𗼗𗠁[54]。

"𗾟𗴩𘃌𗦻𗩾𗊱，𗣗𗋐𗅁�[55] 𘃌𘝞𘃰。𗾟𘈷𗰜[56] 𗈛，𘕿𘃌𗦻𗩾𘈷𘈻[57] 𗈛。𗟲𗴦𗰹�$，𗡶𗹟𗏳𗉅，𗄈𗴖𘝞𗠁。

"𗾟𘑘𗤏𗈪𘎑𗈛，𘕿𘃌𗦻𗩾𘃰𗟲，𗽏𗾟𗴦𘝞𗠁。𘜶𗤓𘕗𗁬，𗴦𘅍𘂆𘃰[58]，𘏨𗫳𗄈𘈷。𘄽𗴸𗊫𗧊[59] 𘜀𘃰𗽿𗧼𗴌𘎃。"

𘋹𘍨𗩾𗁬𗈪𘅿𗌲𘟣𗍀𗄈𗗉。(《𘋹𘚻�374𗏆𘟣𗴍》 𘃌𘝞𗟲)

𗏆𗱢𘄈�450𘋩𗵒𘆚𘙵 𘕿

[阿难] 言：

"王本 [提和竭] 佛〈〉[比丘] 是，名者 [提头罗]。山中 [比丘] 者，[释伽文] 佛〈〉[比丘] [须拔] 是。佛〈〉灭之后，我人孤穷，法持不固，以罪过致。数年踰历，相不彼识。

"我昔山中 [比丘] 与，俱下人家中〈〉生。我兄大为，山中 [比丘] 兄小为。常相怜爱，入出相追，复相不识。

"我后国王〈〉为，山中 [比丘] 生来，亦我相不识。天下反复，相而寄生，称数可不。此刻然后死生脱得知。"

便 [阿育] 王〈〉[罗汉] 道〈〉授。(《[阿难] 变现契经》 中于出)

经律异相卷十五第　为

注释：

[53] 𗀱𘝞𗷾𘄈𗵒，佛灭之后，即金藏本作"自从佛去后"。

[54] 𗴦𘝞𗼗𗠁，彼不相识，金藏本作"不复相识"。

[55] 𘃌𗅁�，下人家，金藏本作"小家"。

[56] 𘈷𗰜，大兄，金藏本作"兄"。

[57] 𘈷𘈻，小兄，金藏本作"弟"。

[58] 𗴦𘅍𘂆𘃰，而相寄生，即金藏本作"转相寄生"。

[59] 𘄽𗴸𗊫𗧊，字面义为"此刻然后"，即金藏本作"今者"，与上品"阿难去乞牛乳佛记其方来十二"作"到今"（见注 [15]）。

意译（第362~368页）

阿难试山中比丘并问阿育王十四

阿难与两比丘，到阿育王国。

山中比丘在松树上，香华自至，铃鸣如语。山中比丘不知出何故，四面作礼，还会堂中诵经。

阿难与两比丘化作乞者，复将三百乞者乞食。山中比丘作食饭讫，索衣便假衣（之）。三百乞者不肯复去，（乃）朝夕侍奉。乞者悉遇病，山中比丘（便）朝夕烧香，请福合药。三百乞者皆悉死，山中比丘便告丐，沐浴棺殓，阿育国王令人埋葬（之）。

后过数日，阿难又与两比丘化作三识字人，衣被洁净，往到松树中。山中比丘下讲堂奉迎（之），设座令坐。

三识字人谓山向比丘言："汝事佛欲以何求？"山中比丘言："佛道者，妙道也。天地两间，唯佛道胜。我事佛者，欲祈愿佛道度人非人，无他所求。"

三识字人言："佛道非妙（也），但（当）空虚（故）也。人少（有）事者，汝是何等愚痴，追人事佛。"山中比丘言："诸尊者所言非法（也）。佛道最妙，非人所见；变化无常，非人所知。百姓愚痴，自不知之。只作空语，益诸人罪。"

三识字人大怒："汝事佛，则不逆人意。汝等能作我等奴不？"山中比丘言："诺。"三识字人云："汝等应不中作善奴，（当令）汝等去担屎。汝等足为百石粪，若不足百石粪（者），当斩汝等头。"山中比丘便行担屎。不（能）得多，还曰识字人："不敢不出力，不（能）得多，汝等判罪。"三识字人大怒，便（取）缚（之），抽打三百，忽然自去。

阿难便化作一优婆塞，（往）语山向比丘："三识字人所为无道。汝等不诉告王处，何当令斩？"山中比丘言："此是我过，故为如此。事佛者，无所爱惜：求头与头，求躯与躯。我但担屎被人见鞭者，言此何苦？"

阿难与两比丘复化（作）阿育王，往（告）山中比丘（言）："事佛者定自无益（也），空自勤苦。人（生世）间须臾复死，何故独自勤苦奉是契经

(乎)？我今与汝(欲相与)议事。与我依顺则住；不与我依顺则必死。"山中比丘言："大王，欲议何事耶？"

王言："我有一贵女，辩才比无。面目好美，手如蜂子。我贪修道者为人温良，欲其与之，故来报言。修道者，必当依顺。"山中比丘言："知王厚意。我(奉)为佛法，已经多年，功德未成。反贪王女，则不毁佛道乎？是罪不小。王若杀我，则我今受。"王便使人，将山向比丘诣市斩之。山中比丘便礼佛而去，顾与王谢，(乃)是阿难。

故山中比丘便(前)作礼，头面著地。阿难起持(之)，使(之还)坐，两悉相识。阿难谓山向比丘："汝功德已成。汝(当)后世得道，我示现试汝，视汝志意(耳)。"山中比丘下(地)来(言)："我无知，被受佛恩，方依在法中。不能作善，劳扰神人来生忧念。"阿难以法授山中比丘，俱上楼上，诵经说义，享乐欢喜。

阿育王作礼跪膝。阿难问王："佛经有几卷？"王答言："佛经甚多，不可计数。当今见在经有十二部，有八万四千卷。"

阿难问王："王(已)持几卷？"王答言："我已诵《三昧经》万二千卷，《般若波罗蜜多经》万二千卷。"

阿难问王："王见经(已)多，乃知天地行间几里？"王答言："《大品三昧经》言：天地行间是八十一万里。"

阿难问王："地有几品？"王答言："《般若波罗蜜经》言：地有八十一城，城中居人，北城中人长百尺；中城中人长八尺；南城中人长三尺。"

阿难问王："王(自)知本是何人？"王答言："不知识远，但能知近。先尝入地狱，(已)尝上天，(已)尝(更)勤苦，(已)尝作奴婢，(已)尝作畜生，(已)尝入火中，(已)尝作善人。从作善人，得为国王。(已)尝见勤苦之事，不敢复(为)恶(也)。"

阿难言：

"王本是提和竭佛比丘，名提头罗。山中比丘者，是释迦文佛比丘须拔(也)。佛灭之后，我人孤穷，持法不固，以致罪过。踰历年数，彼不相识。

"我昔与山中比丘，俱生下人家。我为大兄，山中比丘为小兄，常相怜爱，出入相追，复不相识。

"我后当为国王，山中比丘来生，我亦不相识。天下反覆，而相寄生，不可称数。此刻然后，（自）知得脱生死。"

便授阿育王罗汉之道。（出《阿难现变经》）

经律异相卷第十五 为

【参见金藏本［908a11～909a22］】

叁 《经律异相》索引

一 西夏文首字索引

本索引所收按西夏文词语以首字的四角号码编排。其后开列其相关的汉文字义和所在图版位置。

如以"祇"开始的四角号码为"**102122**",之后为夏汉对照语义。"/"后数字为该词在已刊布的《中国藏西夏文献》第五册页数（前三位数）—行数（中二位数）—首字字数（后二位数）的出处。如3530507,即第353页第5行第7个字始。

102122

祇禩弨嬔　皆听说法 / 3280805;

祇쌘缢嬔　悉能了知 / 3481108;

祇骸莈藶毛　悉截手足 / 3390515;

祇姅弥释　尽用与佛 / 3600906;

祇쌘骸쌘　都不觉知 / 3500410;

祇骰絣珊　咸大欢喜 / 3280809;

102124

蘂姅薿藏　自成佛道 / 3461204;

薿巍　道眼 / 3250507, 3290109;

薿巍骸糀　未得道眼 / 3290110;

……𧝹𧜗　得……道 / 3190815，3251215，3580703；

𧝹𧜗　得道 / 32807003，3280902，3470413，3580207，3580709，

　3601216，3660710；

𧝹𧛘　得道 / 3341115，3341207；

𧝹𤖴　外道 / 3521012；

𧝹𤖴𧓼𧝹𧕮𦙶　外道能坏我法 / 3521012；

𧝹𦡧　修道、为道 / 3281001，3651012，3651113；

𣋋𧝹𦡧𦞤　自欲修道 / 3281001；

𧝹𦡧𧝆　道人、修道者 / 3651012，3651113；

105220

𦼃𧕮　娱乐、受乐 / 3250106，3250210，3380416，3661111；

𦼃𧕮𦾕𧖧　合乐欢喜 / 3661111；

102444

𦼈𦽔　顶戴 / 3260606，3490905，3501107；

104100

𦱶𦱮　夏坐、坐夏 / 3300612，3300805，3310308，3610516，3610615；

𦱶𦱮𧎣𦼏𦞤　欲为夏坐 / 3610516；

104110

𦱍𦺬𦜥　中焦渴 / 3530206；

104122

𦺪𦾆　龙雨 / 3411109；

104140

𦸘𦾺　阿母 / 3531101；

𦸘𤖺　母种 / 3530507；

𦸘𧓈𤗏𤗚　母便语女 / 3560807；

104200

𤗣𤘻𦡰𤘿𧓷𧓕　增一阿含经 / 3280513；

104220

𦾾𦺑　供养、相给 / 3380203，3380310，3390304，3421009，3430411，

　3431104，3501009，3610908；

𘟛𘝢𗗾𘏞𘄽　分卫供给 / 3511007；

104224

𗼻𗰛　谷米 / 36112003；

𗼻𗰛𗾔𗾔𗦬𘂝　谷米转贵 / 3611203；

104420

𗰖𗯲𗥤𗰹　头面著地 / 3560511；

107144

𗨵𗳛　寒林 / 3241011，3250615；

109200

𗫸𗬥　金塔 / 3211202；

𗫸𗱺𘃜　纯黄金 / 3300209；

𗫸𗭓𗯵𘌭　金银校饰 / 3291011；

112222

𗦩𘉒𗥾𗩾　闲居得道 / 3190813，3251213；

𗦩𗧁𘂣𘉒　闲静处居 / 3270302；

112250

𘊝𗵤　结亲 / 3451008；

112252

𗵐𘉐　贫苦、贫困 / 3230403，3231011；

𗵐𗳛　卖贫 / 3190708，3220908；

114100

𗉛𗯷　女人 / 3191111，3290511，3290714，3291208，3480710，
　3570201，3571008，3580105，3580604，3581105，3581201；

𗉛𗯷𘋥𗲠　女人欢喜 / 3580105；

𗉛𘅣𗵣𘍑　去女为男 / 3430609；

𗉛𗫂　老母 / 3190704，3220904，3230515，3230709，3231002，
　3240806，3241116，3250112；

112422

𘖮𗰖　安宁、安隐 / 3610805，3210609；

114124

𗅒𗄛𗄼𗄺 于后夜时 / 3241016；

𗅒𗄿𗏦𗐀𗄖 夜过天已晨 / 3381202；

114140

𗄃𗏵 大县 / 3400306；

𗄃𗏰𗍿𗇩𗄥 入城乞食 / 3350310；

114220

𗂪𗍱 温良 / 3561017；

114224

𗂩𗏁 长跪 / 3391106，3400110，3541206，3661203；

114400

𗄛𗄿 师长、师课 / 3360306，3490431，3590902；

𗄛𗄿𗐁𗅋𗆮 师课诵经 / 3490431；

115100

𗄑𗆩𗄿𗄿𗄖 观其因缘 / 3370608；

𗄑𗆩𗏧𗄰𗌍 称其多闻 / 3481116；

115140

𗄎𗄼 牛乳 / 3200603，3590403，3590604，3590907，3591108；

𗄎𗄼𗇩 乞牛乳 / 3200603，3590403，3590604；

𗄎𗄼𗄾 拘取牛乳 / 3590907；

𗄎𗄖𗄑𗆭 往到牛所 / 3590714；

𗄎𗄛𗍊𗆮 牛在彼间 / 3590702；

𗆭𗐀𗄎𗄼𗇩 阿难乞牛乳 / 3200601；

𗄎𗏖𗏵𗄛𗈬 牛母子何说 / 3601103；

115144

𗄐𗏰𗇍 旃檀树 / 3491215，3500112，3511103；

𗄐𗌋𗏭 旃陀罗 / 3200503，3530103，3530209，3550209，3560508，
3570104，3590110；

𗄐𗌋𗏭𗏖 旃陀罗母 / 3200503，3530103；

𗄐𗌋𗏭𗏨 旃陀罗女 / 3530209，3590110；

115152

𗹦𗜓　往日、常 / 3510115；

𗹦𗜓𗓽　常制 / 3510115；

𗹦𗜓𗓽𗸣𗐬𗵺　不如常制 / 3510115；

115252

𗤫𗤫　苦极 / 3500507；

117120

𗹧𗿵𗜫𗸐𗖰𘃽　宿奉三尊 / 3430510；

𗹧𗥤𗓠𗼋　昔为长者 / 3490422；

117121

𗹩𗼋　某甲 / 3390314；

117122

𗺛𗜫　归、归依、稽首 / 3240810，3370716，3410607，3420515，
　3420908，3460313，3580809，3580813；

𗺛𗜫𗡅𘃽　归依礼拜、稽首于地 / 3410607，3420908；

𗺛𗜩　从、相从、坐随、依顺 / 3600710，3650712，3650804，
　3651201；

𗺛𗜩　以、得 / 3680516，3660906；

𗺛𗜩𗥓𘏵𘕿　以致罪过 / 3680516；

𗺛𗜩𗢳𗴓𗊬　得在法中 / 3660906；

𗺛𗥼𘂤𗤙　因得供养 / 3501008；

117140

𗻫𗒹　经、契经、经典 / 3160307，3180303，3200306，3251112，
　3280517，　3290418，　3470508，　3470606，　3470811，　3481214，
　3490409，　349040916，　3490433，　3521214，　3590306，　3590319，
　3610304，　3620716，　3620725，　3661212，　3670106，　3670201，
　3670314，3670409，3670614，3670814，3681118；

𗻫𗒂　经书 / 3330713，3331112；

𗻫𗒂𘕰𗥤　经书中言 / 3331112；

𗻫𘛛𘃎𘗽　经律异相 / 3190101，3681201；

𗼆𗼆𗴌𗺉 启受经教 / 3510103；

𗼆𗱈𗴌𗺉 受持经典 / 3200305，3470606，3470811；

𘙭𗷉𗼆𗱈𘐩 师课诵经 / 3490431；

𗼆𘝞𗴌𗺉 奉持经戒 / 3610115；

𘎑𗼆𗱈𗺉 奉是经 / 3650616；

117145

𗷓𗷓𗸐𘃠𗊱 遥见难陀 / 3290114；

119140

𗼓𗞞 法堂 / 3261007，3630709；

𗼓𗞞𘈧𗞞𘋠𘁟𘉹 下法堂迎之 / 3630709；

𗼓𗠇𗪚𘊪 归法 / 3580811；

𗼓𘕼 坏法 / 3521015；

𗼓𘏚 说经、说法 / 3280806，3460605，3510410；

𗼓𘏚𘅞𘜒 说经竟 / 3450305；

𗼓𘏎 法眼 / 3370710，3380104；

𘄓𗼓𘏎𘏌、𗼓𘏎𘄓𘏌 得法眼净 / 3370709，3380104；

𗼓𘏭 法衣 / 3491102，3510112，3510816；

𗼓𘏭𘌶𘁓 法衣不具 / 3491102；

𗼓𘏭𘌶𘏱 无有法衣 / 3510816；

𗼓𘌘𘌯𗲲𗊱 法将欲灭、法向欲尽 / 3510315；

𗼓𗜬𗰆𘔊 法御、法以调御 / 3410308；

𗼓𗺉𘌶𘗊 持法不固 / 3680512；

𗼓𘎏𗠇 知法人、知法者 / 3320504；

𗼓𘕼𘘓𘔅 供养如法 / 3380308；

𗼓𘐩𗚲𘝞 明经比丘 / 3520606；

119550

𗧯𗲨 邪径 / 3491115，3510708；

𗧯𗲨𘈧𘌯𗈉、𗧯𗲨𘈧𘐎𘝐 乐入邪径 / 3491115，3510708；

𗧯𘎀𘉵𘐩 邪迷未寤 / 3460506；

122420

𗣼𗧇𗰜　所有处 / 3270812；

122422

𗣼𗧇𗧺𗴮𗤶　取少净水 / 3231213；

𗣼𗧇𗽐𗣼𗰔　患少许风疾、小中风 / 3591213；

122424

𗧇𗧤𗤻𗰔　是非违戒 / 3501003；

122442

𗒹𗦳　皇帝 / 3160203，3170103，3190411，3190521；

𗒹𗫵　皇后 / 3170203，3360303，3530611；

𗒹𗫡𗫵　皇太后 / 3190311；

𗒹𗒹𗤟　皇太子 / 3180201；

𗒹𗫴　天下 / 3160104，3441004，3600603，3610213，
　　3680915；

𗒹𗫴𗦤𗫴　天下一统 / 3160104；

𗒹𗫴𗧤𗧾　天下万民 / 3610213；

𗒹𗤶𗒹𗫴　天上天下 / 3600601；

𗒹𗫴𗫝𗰒　天下反复 / 3680915；

𗒹𗫴𗒹𗪺　教化天下 / 3441004；

122457

𗒹𗪺　教化、教诫、清化、晓喻、道化 / 3200107，3280910，
　　3400417，3340707，3441006，3450311，3451012，3520202，3520613；

𗒹𗩱𗧇𗪺　如教取水 / 3240103；

𗒹𗩱𗷡𗤶　如敕施行 / 3240812；

𗒹𗩱𗢝𗷉　如言求索 / 3590611；

𗒹𗱲　宣告、教、指教 / 3210105，338021，3620301；

124400

𗗿𗗿　端正、好美 / 3380408，3651004；

𗗿𗫡　庄严、傅饰 / 3520810，3540711；

𗗿𗫡𗷼𗤶　如系傅饰、如有庄严 / 3520810；

124420

□□　前、面前 ／ 3201114，3311001，3351102，3430501；

□□□□□□　倒立面前 ／ 3351102；

□□□□　面前而坐 ／ 3430501；

124422

□□　揖让 ／ 34604002；

□□□□　揖让而坐 ／ 34604002；

124424

□□　好草 ／ 3500301，3500402；

□□□□　踏践好草 ／ 3500301；

124440

□□　须拔（人名）／ 3680417；

□□　须弥 ／ 3490902，3501105；

□□□　须弥山 ／ 3490902；

□□□□□、□□□□　顶戴须弥山、顶戴须弥 ／ 3490902，3501105；

□□□　须陀洹 ／ 3370910；

□□□□□　得须陀洹道 ／ 3370910；

124442

□□　文殊 ／ 3470702；

125420

□□　相随、交集、相追 ／ 3381211，3410210，3410605，3680809；

125450

□□　觉知 ／ 3351217，3500412，3640308；

□□□□　无所觉知 ／ 3351217；

132152

□□　反戾、违犯 ／ 3280916，3501001；

137100

□□　地狱、泥犁 ／ 3290408，3520708，3671208；

□□□□　堕地狱中 ／ 3290408；

𗖻𗣀𗣈𗐱𗱠　尝入地狱 / 3671208;

142122

𗙴𗤉　今岁、今年 / 3300910;

𗙴𗳾𗸿𗶅　自起今朝、朝来 / 3600402;

142124

𗥃𗗙　礼、作礼、稽首、谒拜 / 3290205, 3290403, 3410609,
3420910, 3430113, 3451212, 3460702, 36211112, 3660409,
3660509, 3661201;

𗥃𗓰𗗙　不拜 / 3460317;

𗥃𗗙𗜓𗣋　作礼问讯 / 3430113;

𗥃𗗙𗡞𗈩　作礼长跪 / 3661201;

142142

𗠆𗱕　转轮 / 3531116;

𗠆𗱕𗣫𗱕　转轮王子 / 3531116;

142422

𗤫𗣈　持钵 / 3350308, 3400815, 3570607;

𗤫𗣈𗥃𗟨　持钵入城 / 3400815;

𗤫𗰖𗢸𗰖𗷒　著钵真越衣 / 3281013;

𗤫𗙟𗩾　钵吉蹄（人名）/ 35310;

𗤫𗤏𗤫𗩾　钵拓钵提 / 3581107;

𗤫𗗻𗫰𗗊𗛧𗰖　钵肆酖岚婆衣 / 3211215;

𗤫𗚉𗡑𗭴𗰔𗡞𗽯𗵒　般若波罗蜜多经 / 3670403, 3670808;

144120

𗉜𗜍𗐱𗎫𗷒　诣河取水 / 3230111;

𗉜𗜍𗬩𗵒𗽒𗙷𗷒　河边得一大鱼 / 3330506;

144140

𗙴𗴈𗫠𗓰　日数如前 / 3411103;

144520

𗸣𗙴　便、寻、便即 / 3221204, 3231205, 3240903, 3250607,
3260310, 3260507, 3260604, 3290203, 3320602, 3341015,

3371008， 3390408， 3550911， 3630115， 3630410， 3641016，
3641115，3660405，3681103；

𭥯𭥰𭥱𭥲 便为作礼 / 3290203；

𭥯𭥰𭥳𭥴 便即顶戴、即以顶戴 / 3260604；

𭥯𭥰𭥵𭥶𭥱𭥲𭥷𭥸 便礼佛而去 / 3660405；

145140

𮀀𮀁 棺椁 / 3630416；

145142

𮀂𮀃 师子、狮子 / 3500603，3520712；

𮀂𮀃𮀄 狮子王、师子王 / 3500603，3520712；

𮀂𮀃𮀄𮀅 死师子王 / 3500603，3520712；

147140

𮀆𮀇 诵偈 / 3560513；

𮀆𮀈 偈言 / 3270916；

𮀆𮀉𮀊𮀋 以偈报曰 / 3620611；

152527

𮀌𮀍 本缘 / 3191213，3300513；

𮀌𮀎 本末 / 3251106；

𮀌𮀎𮀏𮀐 具说本末 / 3251106；

𮀌𮀑 本行 / 3280814；

𮀌𮀒 本心 / 3620201；

171000

𮀓𮀔𮀕 实义 / 3560504；

𮀓𮀖𮀗𮀘 如实观察 / 3270306，3270511；

𮀓𮀔 至真 / 3410303，3560504；

172124

𮀙𮀚 北城 / 3670912；

𮀙𮀚𮀛𮀜 北城人 / 3670912；

172125

𮀝𮀞 太后 / 3170201；

𗧉𗢛　贵女 / 3650911；

𗧉𗼑𗖠𗒹𗷅　女白佛言 / 3571017；

𗧉𗊬　姊、姊妹 / 3570915；

𗧉𗊬𗖓𗷷𗗟　如姊妹相向、如姊妹相想 / 3570915；

172140

𗣼𗤋𗖠𗅁𗤢　万福之基 / 3470307；

𗣼𗶷𗾺𗻊　万二千卷 / 3670411；

𗢤𗩾𗙜　诸法义 / 3580315；

𗢤𗩾𗏴𗙜　诸道品义 / 3580507；

𗢤𗠇𗖻𗷛𗕭　诸天龙人民 / 3501212；

𗢤𗤰𗏹𗨻　诸天帝王 / 3410315；

𗏹𗨻𗢤𗤊　帝王诸侯 / 3420916；

𗢤𗨻𗼎𗖻　诸王豪贵 / 3480701；

𗢤𗴺𗰗𗖠𗍁　施诸众僧 / 3370504；

𗢤𗰶𗟨𗢛　见诸女人 / 3480709；

𗢤𗰗𗪂𗗔　益诸人罪 / 3640314；

𗢤𗐁𗤎𗖠𗒹　语诸长者 / 3570707；

𗢤𗢤𗦵𗍫　游行诸处 / 3310110；

𗢤𗤨𗦗𗖞　诸所有处 / 3270811；

𗢤𗱕𗻊𗣛𗡪𗦵𗩾𗙜　增长生诸结根义 / 3580413；

172152

𗱴𗊬　分物 / 3191208，3300508；

𗱴𗤊𗦺𗤎　多财饶富 / 3221010；

172220

𗤀𗥻　师长、师课 / 3360306，3490431，3590902；

𗤀𗥻𗙜𗊁𗐔　师课诵经 / 3490431；

172224

𗫔𗫜𗊖𗤢　由合会生 / 3270817；

172244

𗣼𗎫　十方 / 3280801，3550512；

𪗉𤆢糩𦈦　十方菩萨 / 3280801；

𪗉𪗉𪖾𩑶　十有五日 / 3440903；

172250

𦓷𩑶　言语、语言 / 3460411，3460710，3570214，3571103，
3600506；

𦓷𩑶　谓言 / 3320904；

𦓷𥜌　言诺 / 3460516；

𦓷𪗉𪖾𩑶　空作只语 / 3640310；

172412

𩑶𦈦　未尝 / 3400515；

𩑶𪖾　将来、未来、当来 / 3500911，3521201；

172420

𪖾𪗉　石蜜 / 3450412；

172412

𨑕𦈦𪗉　十诵律 / 3340517，3390806；

𨑕𪖾𪗉𩑶　十大力士 / 3550701；

𨑕𪖾𦈦𪗉𪗉𪖾　十分譬喻经 / 3290414；

𨑕𪖾𪗉𪗉𪖾𦈦　说十二部经 / 3481211；

𨑕𪖾𪗉𪖾　有十二部 / 3670203；

𨑕𪖾𩑶𪗉𪖾　经十六劫 / 3600806；

172420

𨑕𦈦　弟子 / 3281010，3401008，3521105，3530516；

172422

𪗉𥮗　供馔、供给 / 3410404，3430314，3431006，3490451；

𪗉𥮗𪗉𦈦　供馔皆备 / 3430314；

172442

𪖾𪗉　天龙 / 3280716；

172452

𤟤𦈦　小象、象子 / 3500207，3500406，3520216，3520411；

𤟤𦈦𪗉𩑶　象子遨戏、小象遨戏 / 3500406，3520411；

𗾔𗁨𘉍𘜶　象马车乘 / 3320204；

172554

𗿿𗿾　中间 / 3330907；

𗿿𗋽　中城 / 3671002；

𗿿𗋽𗾔𗫹　中城人 / 3671002；

174120

𗿸𘜶𗫼𗮔　依事而答 / 3601112；

174200

𗢳𗮨　须臾 / 3401010，3570403，3650606；

𗢳𗮨𗸢𘜶　不离须臾 / 3570403；

𗢳𗮨𘒩𗖰　须臾当死 3650606；

174220

𗢲𗌜𘈩　首陀罗 / 3300217；

𘁸𘜵𘝓　犊子经 / 3610303；

174222

𗣼𗬫　自各、各自 / 3300405，3610512；

𗣼𗬫𘈈𘜶　自各分散 / 3610512；

𗣼𘈜𘜗𘝐　自成佛道 / 3461204；

𗣼𗪵𘈈𘊝𗰔　自知来缘 / 3241213；

𗣼𗮭𘎑𘉍　自思惟言 / 3361106；

𗣼𘈈𘊝𗬫　自不知之 / 36403006；

𗣼𗋽𘊈𘈩𘊓𘉍　恕己育民 / 3430712；

𗣼𗋽𘝏𗸢　恕己视彼 / 3440217；

𗣼𘊕𘜶𘊝　更相咨访 / 3381104；

174224

𗤔𗄈　烦恼 / 3480613；

𗤔𘈔　游行 / 3310112，3391007，3450309；

𗤔𘈔𗪆𘉊　游行教化 / 3450309；

𗤔𘜦　娱乐、遨戏 / 3250208，3500408，3520413；

174244

𘚸𘚹𘚺𘚻𘚼𘚽　行筹长一 / 3381015；

174272

𘚾𘚿　期度、限量、功程 / 3490441，3520109；

𘚾𘚿𘛀𘛁　功程不止、限量不足 / 3490441；

174400

𘛂……𘛃、𘛂𘛃、𘛄𘛅　化作 / 3621207，3591010，3630611，3641204；

𘛆𘛇𘛈𘛉　化作乞者 / 3621207；

𘛊𘛋　梦见 / 3490612，3490708，3500809，3500907，3501109，3510306，3510803，3511204，3520510，3520912，3521113；

𘛌𘛍𘛎𘛏　不可得近 / 3590809；

𘛐𘛑𘛒𘛓　寻惊毛竖 / 3490614；

𘛔𘛕　当、定、必当 / 3260812，3350612，3501203，3560813，3571010，3650513，3650807，3651116；

𘛖𘛗𘛘𘛙𘛚　当入涅槃 / 3501203；

𘛛𘛜𘛝𘛞　定自无益 / 3650513；

𘛟𘛠𘛡𘛢𘛣𘛤　必当相从 / 3651116；

174420

𘛥𘛦　守护、所护 / 3540606；

174422

𘛧𘛨　空自 / 3650517；

𘛩𘛪𘛫𘛬　空自勤苦 / 3650517；

𘛭𘛮　悬幡、悬缯 / 3610109；

174424

𘛯𘛰　尔时 / 3260503，3270704，3411107，3541214；

𘛱𘛲　若干 / 3270503，3270807；

𘛳𘛴𘛵𘛶　若干不净 / 3270503，3270807；

175000

□□　比丘　/　3220512，3251004，3251107，3251207，3290108，
3301003，　3320807，　3340413，　3390203，　3390612，　3461210，
3510814，　3511215，　3610510，　3610609，　3220512，　3261004，
3261107，　361207，　3290108，　3301003，　3320807，　3340413，
3390203，　3390612，　3461210，　3510814，　3511215，　3610510，
3610609；

□□□　比丘尼　/　3571012，3571211，3580915，3571012，3571211，
3580915；

□□□　比丘僧　/　3361111；

□□□□　比丘受殃　/　3510605；

□□□□□　受比丘礼　/　3290401；

□□□□□　作比丘尼　/　3571211；

□□□□□　乞为比丘尼　/　3580915；

175100

□□□□　憍萨罗国　/　3300602；

175127

□□　沐浴　/　3630414；

□□□□□□　沐浴棺敛　/　3630414；

175254

□□　作奴　/　3640507；

□□□　作善奴　/　3640608；

□□□　奴婢　/　3221106，3680104；

□□□□□　尝作奴婢　/　3680104；

175459

□□　勤苦　/　3680212；

□□□□□　尝见勤苦之事　/　3680212；

177100

□□　慈愍、普慈、愍之　/　3361204，3410109，3410509，3450605，
3490447，3550906，3620609；

𭹥𭹥𭹥 慈悲心 / 3221101；

177142

𭹥𭹥𭹥𭹥 归僧 / 3580815；

𭹥𭹥 僧旻（人名）/ 3190205；

𭹥𭹥𭹥 僧祇律 / 3300411，3340605；

𭹥𭹥、𭹥𭹥 众僧、僧众 / 3300704，3310306，3370505，3381208；

𭹥𭹥𭹥𭹥 众僧夏坐 / 3310306；

177224

𭹥𭹥 示现 / 3660713；

𭹥𭹥𭹥𭹥𭹥 示现试汝 / 3660713；

177252

𭹥𭹥𭹥𭹥 末利皇后 / 3360301，3530609；

177440

𭹥𭹥 供给、奉给、奉侍、侍奉、供养、事、奉 / 3200312，3430514，3470612，3471206，3480410，3490437，3630213，3631011，3631209，36401005，3640411，3650212，3650510；

177442

𭹥𭹥 河曲 / 3330413；

𭹥𭹥𭹥𭹥 将军征讨 / 3211010；

177550

𭹥𭹥 则 / 3270909；

𭹥𭹥𭹥𭹥𭹥 则无欲意 / 3270909；

𭹥𭹥𭹥𭹥𭹥𭹥𭹥 当斩汝头 / 3640803；

𭹥𭹥 如来 / 3260114，3410214，3451203，3460601，3480107，3610712；

𭹥𭹥 现世 / 3470313；

𭹥𭹥𭹥𭹥 现得四果 / 3481008；

178200

𭹥𭹥𭹥𭹥 身色光明 / 3280706；

𭹥𭹥𭹥𭹥 庄严身体 / 3540709

𗗟𗠬𗾺𗡪𗠶 身著法衣 / 3510110；

𗗟𗱚𗏫𗾺 身无病苦 / 3490116；

𗗟𗌣𗰨𗿀、𗗟𗌣𗰨𗲲𗾈𗿀 身内虫出 / 3520904，3500714；

𗗟𗑱𗗟𗦳 求躯与躯 / 3650306；

179100

𗖻𗠇𗼲𗾺 打壁扣床 / 3300202；

179400

𗦳𗥃𗜅𗤁 为子慈爱 / 3400406；

𗦳𗥃𗓽𗠑 子又不在 / 3410903；

182120

𗫴𗥷 声闻 / 3190109，3350114，3600502；

𗫴𗥷𗽑𗿀 声闻无学 / 3190109；

𗫴𗥷𗤶𗪿𗏇 声闻得度 / 3350114；

𗫴𗢳𗗉𗸲 举声号哭 / 3230203；

182124

𗕙𗶔𗛚𗢳 得时欢乐 / 3511012；

182144

𗟼𗣫 具足 / 3481208，3490213，3581206；

𗟼𗣫𗦳𗥉𗦳 授具足戒 / 3581206；

𗟼𗢳 具说、具以……白 / 3251108，3291114，3370906，3390705，3450901，3570413；

182152

𗬰𗤻 畜生、六畜 / 3680109；

𗬰𗤻𗦳𗦳 尝作畜生 / 3680109；

𗭠𗳆 相似 / 3191009，3280609；

182224

𗧹𗵒 入息 / 3210408；

𗧹𗵒𗲲𗾈𗾈 入息莫粗 / 3210408；

182248

𗷸𗦳 淫欲 / 3380601；

𗟲𗰗𗆀𗏓 说淫欲过 / 3380601；

𗟲𗏳𗐖𗏓 淫不净义 / 3580409；

182400

𗘛𗗣𗏓 忉利天 / 3240907，3250303；

𗘛𗗣𗏓𗵒𗔆𗬩 生忉利天 / 3240907；

𗘛𗜣𗑲 忉利释 / 3590914；

𗘛𗜣𗑲𗫨𗏨 忉利释天王 / 3590914；

𗘛𗾝𗏓 兜率天 / 3461110，3490403；

𗘛𗾝𗏓𗵒 兜率天上 / 3461110；

182420

𗜎𗏨 清净 / 3341010，3440711；

184120

𗱕𗔐 恩力 / 3561004；

184240

𗴟𗖵 涅槃、泥曰、泥洹 / 3381114，3501205，3510311，3510808，
3511209，3520515，3521008；

𗴟𗖵𗴟𗤋 已入涅槃 / 3381114；

𗴟𗷟𗤋𗱕 知他心智 / 3480911；

184400

𗴔𗜺 脂维（人名） / 3421216；

184414

𗤋𗑮 示 / 3520617；

184420

𗤋𗰛 迷乱、恍惚 / 3520106，3550108；

184440

𗤋𗤒 智慧 / 3431215，3601002；

𗤋𗤒𗴟𗰙 智慧无量 / 3431215；

184525

𗤒𗤋 前、面前 / 3201114，3311001，3351102，3430501；

𗤒𗤋𗴁𗲤𗾈𗴟 倒立面前 / 3351102；

𘟥𗅮𗋽𗹏　面前而坐 / 3430501；

185450

𗅦𗗙　异处 / 3490608；

𗅦𘜶𘄒𗈾　无他所求 / 3631107；

187420

𗒹𘃡　诃责、呵骂、并骂 / 3330105，3330215，3350212；

𗒨𗒨　嫌恨 / 3240402；

𗒨𗒨𗤓𘝣　莫生嫌恨 / 3240402；

187422

𗼃𘆖　尊者、君 / 3230308，3231006，3291001，3300101，
　3640114；

𗼃𗤁𗤓𗷝　尊慧无量 / 3420912；

𗼃𗀔　长老 / 31912005，3300505，3300813，3301107，3301114，
　3310204，　3310507，　3310708，　3310908，　3311205，　3320304，
　3320401，　3320703，　3330114，　3330315，　3340504，　3340808，
　3520604；

𘊟𗼃　居士、户长 / 33300701，3300902，3510513，3510609；

192124

𘓯𗗙𘟀　优婆夷 / 3370801；

𘓯𗗙𘟀𘜶𘝣　作优婆夷 / 3370801；

𘓯𗗙𘓄　优婆塞 / 3380108，3580902，3541117；

𘓯𗗙𘓄𘜶𘝣　为优婆塞 / 3380108，3580902；

𘓯𗗙𘓄𘉋𗤓𗾟　化作优婆塞 / 3641117；

𘓯𗹙𗾭　优波离 / 3190601，3200901，3201101，3210613，3210713；

𘓯𘎑𗗙　优昙花 / 3460117；

𘓯𘎑𗗙𘓶　犹优昙花 / 3460117；

194274

𗏁𘓄𗆬𘜶𗤓　狐分其鱼 / 3330807；

195252

𗘟𗼷𘜶𘚿　避逃而去 / 3500313；

204000

𤢻𤢲 虫豸、虫蛆 / 3400511，3500716；

𤢻𤢲𤢐𤢑 惧害虫豸 / 3400511；

𤢻𤢲𤢐𤢑𤢒𤢓 未尝惧害虫豸 / 3400511；

210120

𤣩𤣪 牵挽 / 3360110；

𤣩𤣪𤣫𤣬 牵挽不动 / 3360110；

210124

𤤰𤤱𤤲𤤳 复起净斗 / 3501012；

𤤰𤤴𤤵𤤳 更兴诽谤 / 3520205；

𤤰𤤶𤤷𤤸 加复贫困 / 3230401；

𤤰𤤹𤤺𤤻 反贪王女 / 3660111；

……𤤼𤤽、𤤼𤤽𤤾 ……后、方后、已后、以后、却至、竟、毕 / 3250201，3261013，3290214，3400215，3410810，3461106，3501201，3510313，3510810，3511211，3521010，3610205，3680506；

𤥀𤥁𤥂𤥃𤥄 却后月余、又一月方后 / 3410807；

𤥅𤥆𤥇𤥈 牛女、牧牛女人 / 3191109，3290509，3291206；

𤥅𤥆𤥉 牧牛家 / 3290702；

𤥅𤥊𤥋𤥌𤥍 牛屎涂地 / 3540809；

𤥅𤥎 牛马 / 3600802；

𤥏𤥐𤥑𤥒 明法吏、明法臣吏 / 3620212；

210127

𤦀𤦁 无怨 / 3440815；

𤦀𤦂 无常 / 3640213；

𤦀𤦃 无有 / 3510818；

𤦀𤦄 无道 / 3461218；

𤦀𤦅 非时 / 3200105，3340705，3390714；

𤦀𤦅𤦆𤦇 非时教化 / 3200105，3340705；

𤦀𤦈 不信 / 3600714；

𗰜𗟲　不毁 / 3660119；

210140

𗰜𗴮　憍慢、骄慢、贡高 / 3431201，3490301；

210222

𗟀𗱠　非法 / 3640201；

𗟀𗴟　布施、慈惠、施与 / 3230916，3231201，3300913，
3450803；

𗟀𗴌　念言 / 3300906，3340904，3350207，3360203，
3361108，3431102，3590815；

𗟀𗴌𗴮𗱠　具足念心 / 3490211；

210224

𗰯𗟷　回顾 / 3350511；

210255

𗟠𗴮　勇进 / 3490112；

210950

𗟄𗰞　修行 / 3240808，3591006；

𗟄𗰞𗾊𗴮　归依修行 / 3240808；

212100

𗽔𗴮　沙弥 / 3490428；

𗽔𗰘　沙门 / 3190203，3350605，3360206，3391211，3411204，
3420114，　3420304，　3420612，　3420806，　3421205，　3430212，
3460804，3461001，3530509，3531103，3540416，3601209；

𗽔𗰘𗰜𗴟　不作沙门 / 3460804；

𗽔𗰘𗴜𗟠　沙门瞿昙 / 3530509；

212124

𗴗𗴨　五体 / 3430109；

𗴗𗴨𗴟𗴚　五体投地 / 3430109；

𗴗𗟷𗴜𗴮　五百罗汉 / 3470915；

𗴗𗟷𗴮𗴚　五百乘车 / 3450317；

𗴗𗟷𗴜𗴟　五百贼人 / 3390509；

𗾧𗫭𗽜𘃭　修行梵行 / 3581008；

214000

𗾧𗢲　剃发 / 3190606，3200906，3201106；

𗾧𗫽𗼻𗰞　盛发器 / 3210817；

𗾧𗫮𗼊𗾞　发毛爪齿 / 3270416；

214120

𗾵𗅲　报言 / 3651109；

214121

𗾵𗴴　问言 / 3230215，3240302，3250911，3291216，3310304，3310406，3321012，3330914，3340308，3400912，3590102，3601101；

214122

𗾸𗴱𘃸𗾵　甚难得值 / 3600610；

𗾸𗴻𗫤𗫨　甚大茂好 / 3500102，3511107；

𗾷𗫃𗗠𗾸　我无衣裳 / 3290908；

𗾷𗆧𗩱𘂤𗼺　我等人少 / 3310515；

𗾷𘃜𗥤𘃘　我今远离 / 3270905；

𗾷𗫤𗩰𘃓　我人孤穷 / 3680508；

𗾷𘃠𗭯𗗟𗴝　我作牛马 / 3600801；

𗾷𘌊𗈪𗑗𘀊𗾺　我成佛来 / 3470706；

𗾸𘅍𗖻𗾺𘅿　与我说法 / 3270209；

𗾸𘄓𘄰𘄴　与我依顺 / 3650710；

𗾸𘃽𘄥𘄓𘀻　违我本心 / 3620117；

𗾸𘅍𘅀𘄟𘄬𗿈　还我夫婿 / 3571109；

𗾺𗬊𘃭𗲒　吾为沙门 / 3461001；

𗾺𘅳𘄮𘀻　吾福无量 / 3420605；

𗾺𘅍𘄤𘅩𘅑　受吾明法 / 3440212；

𘃑𗴲　先世 / 3200205，3390905；

𘃑𘃑𗽅𘄤𘄻　先始往谒拜 / 3451210；

𘃑𗴐𘄫𘃣　始具烦恼 / 3480612；

𘃑𘃟𘃎𘃙𘄬　已先殖善根 / 3580117；

𧀲𧀲𧀲𧀲𧀲 先始往谒拜 / 3451210；

𧀲𧀲𧀲𧀲 广说上事 / 3221113；

214144

𧀲𧀲 脱 / 3681016；

𧀲𧀲 思惟、忧念 / 3230201，3240711，3361107，3661003；

𧀲𧀲𧀲𧀲 思惟观佛 / 3240711；

𧀲𧀲𧀲𧀲 来生忧念 / 3661003；

𧀲𧀲 思想 / 3271107，3271114；

214175

𧀲𧀲𧀲𧀲 川流河海 / 3490713；

214220

𧀲𧀲 譬喻 / 3290416；

214224

𧀲𧀲𧀲 四圣谛 / 3580513，3580610；

𧀲𧀲𧀲𧀲𧀲 解四圣谛 / 3580610；

𧀲𧀲𧀲 第四禅 / 3190608，3200908；

𧀲𧀲𧀲𧀲 入第四禅 / 3190608，3200908；

𧀲𧀲 四果 / 3481009；

𧀲𧀲 四面、四方、四远 / 3611111，3620216，36211110；

𧀲𧀲𧀲𧀲 四面皆集 / 3611111；

𧀲𧀲𧀲𧀲 宣告四远 / 3620216；

𧀲𧀲𧀲𧀲 四面作礼 / 36211110；

𧀲𧀲𧀲𧀲 四口大刀 / 3540913；

214422

𧀲𧀲 飞鸟、蜚虫 / 3500704，3520813；

𧀲𧀲𧀲𧀲 飞鸟百兽、蜚虫鸟兽 / 500704，3520813；

215154

𧀲𧀲 中风、风疾 / 3590508，3591215；

𧀲𧀲𧀲𧀲 黑风起 / 3560708；

217154

𘎰𘟪　愁苦、愁忧 ／ 3511101，3620317；

217250

𘄷𗼋𘕿　孝子、至孝之子 ／ 3400914，3440116；

𘄷𗼋　孝顺、至孝 ／ 3400914，3400804，3440610，3440911，
3441202，3450109，3450213，34506003；

𘄷𗼋𘀍𗟻　孝顺无比 ／ 3400804；

𘄷𗼋𗼻𘄵　至孝普慈 ／ 34506003；

𘄷𘞎𗴦　柔软义 ／ 3580401；

218124

𘈖𘈤　嵬名 ／ 3190413，3190523；

218220

𗑣𘄵　方便 ／ 3380708，3580312；

218224

𗄊𗾈　福德 ／ 3301012；

𗄊𘄄　福田 ／ 3551214，3560415；

𗄊𘏨𗤦𘅣𗪊　福尽命终 ／ 3241110；

𗄊𘜶𘕿𘕕　请福合药 ／ 3630311；

218420

𘖑𗗒𘕋　粳大麦米 ／ 3450405；

220422

𗫂𘟣𗅧　跋难陀 ／ 3191201，3300501，3300107，3310301，3310612，
3310710，　3310807，　3310915，　3311005，　3320404，　3320708，
3320813，3321014，3321110，3330306，3340513；

221000

𘞴𗼅　床机 ／ 3430915；

222442

𗝕𘜶　忍辱 ／ 3440503；

𗝕𘜶𗼻𘄵　忍辱慈惠 ／ 3440503；

𗝕𘏅　诽谤 ／ 3520206；

224028

𢇅夥 晨夜、朝夕、日夜 / 3221109，3411111，3630211，
3630307；

𢇅夥𧾷𨂳 晨夜走使 / 3221109；

𢇅夥𢤱𨑒 日夜不休 / 3411111；

𢇅夥𧛕𩓞 朝夕侍奉 / 3630211；

𢇅夥𦸂𤏸 朝夕烧香 / 3630307；

𢇅𤾴𨱏𦕣 乃至日没 / 3380812；

224080

𢇄𤾴𥿈𤾴𥏦 日将欲没 / 3490806；

224400

𤼌𥼟 蜂 / 3651007；

224420

𥼟𦸑 花结（人名）/ 3450912，3460315，3460413，3460706，
3460915，3461215；

𥼟𤉙𦸂𤏸 散华烧香 / 3250702，3610111；

224422

𤻤𩓞 坚固 / 3490106；

𥼟𦀖 无漏 / 3260816；

𥼟𦀖𩍝𦃹 成就无漏 / 3260816；

224440

𥽇𡜶𦬊 鼠壤之土 / 3400603；

224441

𤺕𨐠 后世 / 3660708，3600917；

𤺕𨐠𨐠𦬞 后世智慧 / 3600917；

𤺕𦝭 后岁、后年 / 3300717；

𤺕𥆩𧾷𤼌𥼟 后数日 / 3630512；

𤺕𦼝𦬫𦸂 后众比丘 / 3501208；

𤺕𨟚𥿮𦸃𦀲 后为国王 / 3680816；

224455

𤓋𣂏𣈶𣏹　常说正法 / 3391217；

𤓋𣔈𣀈𣄕　常勤精进 / 3490205；

𤓋𣉘𣔰𣐰　常相怜爱、常自相怜 / 3680803；

𤓋𣎏𣢣𣋻𣂏　恒执苦役 / 3230313；

𤓋𣊖　愧、惭愧 / 3190810，3251210，3270116；

224570

𣀰𣁃　心智 / 3480912；

𣀰𣍱𣕎𣈵　心念、心下念言 / 3300904，3340902，3360201；

𣀰𣍱𣃍𣍄　心下嫌恨 / 3321216；

𣀰𣎍𣄕𣀾　心想皆灭 / 3351213；

𣀰𣔀𣊧　侧心、归心、肃虔 / 3410402，3440616；

𣀰𣔀𣀾𣓧　肃虔供馔 / 3410402；

𣀰𣔀𣈶𣆵　侧心听法 / 3440616；

𣀰𣄮𣃴𣆵　心即开解 / 3460607；

𣀰𣍱𣈡𣆴𣈿　心无憍慢、心无骄慢 / 3431117，3490217；

𣀰𣍱𣈡𣆴𣀰　心起贡高 / 3431117；

𣐫𣀰𣆴𣆵𣄕　不逆人意 / 3640414；

𣀰𣍠　欢喜、欢豫（人名）/ 3280811，3400404，3400802，3400902，
3410204，　3410703，　3410716，　3411009，　3411016，　3411208，
3420513，　3421110，　3440206，　3450107，　3450714，　3450914，
3451114，　3460108，　3460311，　3460407，　3461008，　3470105，
3580107，3580115，3661113；

𣀰𣍠𣆵𣄕　欢豫经 / 3470506；

225022

𣃴𣊖𣋻𣄮　即入禅定 / 3350501；

𣃴𣋻𣄮𣆴𣈵　便出于定 / 3360502；

𣃴𣆴𣄕　便前作礼 / 3660508；

𣀰𣃴𣃴𣆵　心即开解 / 3460607；

𣃴𣄮𣈵𣄕　即授其戒 / 3461016；

𰀀𰀀𰀀𰀀　即在坐上 / 3580606；

227450

𰀀𰀀　天人、人天 / 3531213，3551203，3560203，3560403；

𰀀𰀀𰀀𰀀　天人宗奉 / 3531213；

𰀀𰀀𰀀𰀀𰀀　人天最尊 / 3551203，3560203，3560403；

𰀀𰀀　人道 / 3430604；

𰀀𰀀𰀀𰀀𰀀　得生人道 / 3430604；

𰀀𰀀𰀀𰀀　人之大师 / 3600605；

𰀀𰀀𰀀　人非人 / 3631102；

𰀀𰀀𰀀𰀀　度人非人 / 3631102；

𰀀𰀀𰀀𰀀　非人所知 / 3640215；

𰀀𰀀𰀀𰀀　非人所见 / 3640207；

𰀀𰀀𰀀𰀀　为人温良 / 3561015；

𰀀𰀀𰀀𰀀𰀀𰀀　追人事佛 / 3640102；

𰀀𰀀𰀀𰀀𰀀　不逆人意 / 3640414；

𰀀𰀀𰀀𰀀𰀀　令人埋葬 / 3630507；

𰀀𰀀　死人 / 3541016；

𰀀𰀀𰀀𰀀　死人髑髅 / 3541016；

228000

𰀀𰀀　圣人 / 3430704，3451205；

𰀀𰀀𰀀𰀀𰀀　圣人在此 / 3451205；

𰀀𰀀　圣道 / 3550714；

𰀀𰀀𰀀𰀀　圣道谛力 / 3550714；

𰀀𰀀𰀀𰀀　圣典为乐 / 3440512；

𰀀𰀀𰀀𰀀　圣师贵族主 / 3531207；

228420

𰀀𰀀𰀀𰀀　神语符咒 / 3540303；

229400

𰀀𰀀　杂物 / 3450414；

𰀀𰀀𰀀　杂宝塔 / 3211208；

230252

𗼑𗟲　仓廪 / 3611217；

𗼑𗟲𗋈𗟲　仓廪虚竭 / 3611217；

230420

𗿢𗊏　白毛 / 3500614，3520806；

232422

𗰭𗤁𗤻　过去世 / 3330409，3610912；

𗰭𗤁𗤻�　过去世时 / 3330409，3610912；

𗰭𗤛　出、出于、来于 / 3220826，3251118，3280525，3290424，
　　3300420，3340603，3390815，3470511，3490412，3521217，
　　3590312，3590323，3610307，3620722，3681121；

𗰭𗋽𗤛𗤁　就坐听经 / 3430117；

𗰭𗤐　经、已经、已积、踰历 / 3600809，3660105，3680606；

232452

𗤑𗤁　威德 / 3611009；

234000

𗏆𗤟𗰱　发塔 / 3220414；

234122

𗤄𗤍𗤗　上福田 / 3551213，3560414；

𗤄𗤔𗤅𗤅　第一弟子 / 3530514；

234140

𗤏𗤍𗤁𗤙𗗾　入灭受想定 / 3351208；

234220

𗤏𗤦𗤟𗤞　地有几品 / 3670801；

234242

𗤥𗤈　善根 / 3361102，3580201；

𗤥𗤈𗤍𗤆　已种善根、已殖善根 / 3361102，3580201；

𗤥𗤗　善人 / 3680204；

𗤥𗤗𗤙𗤘　从作善人 / 3680204；

𗤥𗤊　善友、良友、贤友 / 3200207，3390907，3451002，3460503，

　　3470115，3470304；

🈂🈂🈂🈂　不能作善 / 3660911；

🈂🈂🈂🈂🈂　善意晓喻 / 3520116；

234282

🈂🈂🈂🈂　名曰企萨 / 3500608，3520717；

🈂🈂　名称 / 3611012；

🈂🈂🈂🈂　名称远闻 / 3611012；

234400

🈂🈂🈂　婆罗门 / 3350108，3350315，3360105，3371005，
　3380512，3590615，3591006，3591115；

🈂🈂🈂🈂🈂　婆罗门妇 / 3360105，3380512；

🈂🈂🈂🈂　婆罗门家、婆罗门舍 / 3350108，3350315；

🈂🈂🈂🈂🈂🈂　化作婆罗门 / 3591006；

240122

🈂🈂　觉知 / 3351217，3500412，3640308；

🈂🈂🈂🈂　无所觉知 / 3351217；

🈂🈂🈂　无知 / 3660817；

244122

🈂🈂🈂🈂　德难具陈 / 3440913；

🈂🈂🈂🈂　德称合美 / 3450116；

🈂🈂🈂🈂　论功喻德 / 3441102；

🈂🈂　功德 / 3240213，3660107，3660703；

🈂🈂🈂🈂　功德未成 / 3660107；

🈂🈂🈂🈂　功德已成 / 3660703；

🈂🈂🈂🈂🈂　正道为心 / 3440508；

🈂🈂🈂　正等觉 / 3410305；

🈂🈂🈂🈂🈂🈂🈂　等育群生 / 3440304；

🈂🈂　发（髪） / 3210207，3210312，3210505，3211101，3220308；

🈂🈂🈂　剃发、剃头 / 3210207，3210312，3210505；

🈂🈂🈂🈂　善能剃头 / 3210207，3210312，3210505；

𗾱𗨠𗰷𗴖　头为一分 / 3330816；

𗾱𗼻𗫂𗰩　从头至足 / 3270412；

𗾱𗼅𗦺𗤁𗹙、𗾱𗿢𗦺𗤁𗹙　头生白毛 / 3500612，3520804；

𗾱𗸦𗾱𗷫　求头与头 / 3650302；

𗾱𗆟　髑髅、头骨 / 3541101，3550704；

𗾱𗆟𗸐𗈜　髑髅皆迸碎 / 3550704；

𗾱𗸌𗣼　剃发、剃头 / 3210207，3210312，3210505；

𗾱𗸌𗣼𗑠　善能剃头 / 3210207，3210312，3210505；

244124

𗮀𗮉　白衣、俗人 / 3300616，3510504，3510903；

𗮀𗮉𗭴𗰧　白衣居士、俗人户长 / 3300616；

𗮀𗮉𗫘𗼳𗰷𗴐　结近白衣、结近俗人 / 3510504；

𗮀𗮉𗸐𗣓　著俗人服 / 3510903；

244144

𗾱𗲠　瞿昙 / 3530509，3540604，3560815，3581111，3590204；

𗾱𗲠𗸼𗸦　瞿昙所护 / 3540604；

𗾱𗲠𗰜𗋈　瞿昙沙门 / 3560815；

𗾱𗲠𗗙　瞿昙弥 / 3581111，3590204；

𗾱𗘺𗟻　瞿波离 / 3211004；

244150

𗾲𗼵　出息 / 3210510；

𗾲𗼵𗰯𗿡　出息太粗 / 3210510；

𗾲𗟇𗼵　出入息 / 3210616；

𗾲𗟇𗼵𗑠　出入息尽 / 3210616；

𗾲𗲪𗰷𗑠　百岁以后 / 3461104；

𗾲𗬩　百石 / 3640706；

248122

𗾳𗾲　月 / 3430909，3610906；

248124

𗾳𗲥　精进 / 3490207；

250150

𰆙𰆸 楼上 / 3661103；

250420

𰆼𰆸𰆫𰆿 成就定意 / 3490307；

252120

𰆾𰆫𰆰𰆡 病药之供 / 3431004；

254000

𰆣𰆤 佛弟 / 3280904；

𰆣𰆥𰆦𰆧 佛弟子 / 3401006；

𰆣𰆤𰆨𰆩 佛弟难陀 / 3280904；

𰆣𰆪 佛言 / 3210310，3210911，3220202，3220605，3220804，
3381108，3390707，3391110，3440110，3441016，3471007，
3500901，3550915，3570415，3570907，3601116，3610910；

𰆣𰆫 佛道 / 3451216，3461205，3470215，3601004，
3630912，3631006，3631014，3640203，3660116；

𰆣𰆬 佛处、佛所、于佛 / 3211016，3260210，3270708，3330207，
3390703，3400412，3440614，3460307，3461012，3470209，
3500814，3570411，3570816，3580216，3600512；

𰆣𰆬𰆭𰆮𰆯𰆰 至佛所听经 / 3470209；

𰆣𰆱 佛敕 / 3200303，3470603；

𰆣𰆲 佛法、佛教 / 3280914，3450304，3500915，3600712，
3561216；

𰆣𰆳𰆴 佛差（同"瘥"）/ 3600110；

𰆣𰆵 佛恩 / 3660903；

𰆣𰆵𰆶 被受佛恩 / 3660903；

𰆣𰆥𰆷𰆸 佛经 / 3661210，3670104；

𰆣𰆥𰆹 白佛 / 3570904；

𰆣𰆺𰆻 成佛 / 3470707；

𰆣𰆥𰆼𰆽 归佛 / 3580807；

𰆣𰆥𰆾𰆿 礼佛 / 3660407；

𗼕𗆧𗏵𗙴、𗼕𗏵𗙴　事佛 / 3640409，3650210，3650509；

𗼕𗆧𗴒𗋽　白佛言 / 3201202，3460409，3571101；

𗼕𗥃𗴒　佛问言 / 3601017；

𗼕𗟍𗗙𗩾　佛发塔 / 3220413；

𗼕𗽀𗵀𗸦　不承佛法 / 3511217；

𗼕𗽀𗷉𗣼　反戾佛教 / 3280914；

𗼕𗵆𗣩𗣉　佛与众僧 / 3381207；

𗼕𗹦𗟃𗥃　具以白佛、具说于佛 / 3390703，3570411；

𗼕𗑱𗰖𗜓　佛世难值 / 3460113；

𗼕𗤶𗸦𗡪　佛始得道 / 3280701；

𗼕𗷍𗫡𗈍𗆧𗙴　佛告诸比丘 / 3461208；

𗼕𗹑𗊢𗆧𗙴　佛告文殊 / 3470701；

𗼕𗽀𗣉𗷉𗣼　违犯佛教 / 3500915；

𗼕𗥃𗙴𗫏　佛为解说 / 3200405，3490505；

𗼕𗮀𗫣𗆧𗙴　佛告阿难 / 3581011；

𗼕𗸦𗰖𗡪　愿得佛道 / 3601004；

𗼕𗶠𗧂　令佛饮之 / 3600107；

𗼕𗙫𗥃𗵆　佛以钵受 / 3401105；

𗼕𗙴𗭪𗥃　闻说佛声 / 3600417；

𗼕𗽀𗵀𗴘　不信佛法、不信佛经 / 3600712；

𗼕𗭪𗴒　（得）闻佛声 / 3600815；

𗼕𗣔𗵀𗤍𗆧𗙴𗶷　请佛及僧 / 3610815；

𗼕𗲠𗜓𗜏𗎝𗪊　佛记其方来 / 3200607，3590407；

𗼕𗸦𗾟𗵆　佛道最神 / 3640203；

𗼕𗸦𗏵𗵀𗤍　不毁佛道 / 3660116；

𗼕𗥃𗢳𗩾　从佛受教 / 3270708；

𗼕𗣉𗍹𗫘　与佛相似 / 3191007，3280907；

𗼕𗆧𗎝𗢳𗮀𗜀𗵀𗯉　佛经甚多 / 3670104；

𗼕𗥷𗵬𗵫𗩾　佛取羹饭 / 3410907；

𗼕𗰗𗆧𗢳𗁅𗜓　佛前合掌 / 3201113；

􀀀􀀀􀀀􀀀􀀀􀀀 礼佛而去 / 3660405；

􀀀􀀀􀀀􀀀􀀀 佛取其食 / 3440804；

􀀀􀀀􀀀􀀀􀀀 禀佛清化 / 3400415；

􀀀􀀀􀀀􀀀 如佛入定 / 3480915；

􀀀􀀀􀀀􀀀 为佛剃发 / 3190604，3200904，3201104；

􀀀􀀀􀀀􀀀􀀀 为佛所叹 / 3450111；

􀀀􀀀􀀀􀀀􀀀 佛在祇园 / 3490602；

􀀀􀀀􀀀􀀀 奉佛三宝 / 3440208；

􀀀􀀀􀀀􀀀 佛在世间 / 3520916；

􀀀􀀀􀀀􀀀􀀀􀀀 佛在舍卫国 / 3340801，3590501；

􀀀􀀀􀀀􀀀􀀀 诵佛语偈云 / 3550915；

􀀀􀀀􀀀􀀀􀀀 自从佛去后 / 3680503；

􀀀􀀀􀀀􀀀􀀀、􀀀􀀀􀀀􀀀􀀀􀀀 佛涅槃后、佛泥曰后、
　佛泥洹后 / 3500310，3511208，3520514，3521007；

254122

􀀀􀀀 病苦 / 3490117；

􀀀􀀀􀀀􀀀 应病说法 / 3460603；

254125

􀀀􀀀 出家 / 3580504，3590115；

􀀀􀀀􀀀 出家义 / 3580504；

􀀀􀀀􀀀 不出家 / 3460911；

􀀀􀀀􀀀􀀀 家为秽薮、家为不净 / 3460716；

􀀀􀀀 村舍、聚落 / 3390716；

􀀀􀀀􀀀􀀀 入于村舍 / 3390716；

254200

􀀀􀀀 陶家 / 3400316，3400503；

􀀀􀀀􀀀􀀀 虽为陶家 / 3400503；

􀀀􀀀 粗瓦 / 3421017；

254900

􀀀􀀀􀀀􀀀 大集会日 / 3290817；

𘟀𗰜　大人　/　3231113，3250718，3240915；

267222

𗧓𗣼　无厌　/　3320218；

𗧓𗍔　患之　/　3500311，3520316；

270140

𗲲𗺆　左右　/　3200310，3470210，3490435；

𗲲𗺆𗤛𗤁　供给左右、奉侍左右　/　3200310，3470210，

3490435；

270150

𗦴𗲲𘕕　鞞舍离　/　3260102；

𗦴𗲲𘕕𗪊　鞞舍离国　/　3260102；

270222

𗼷𗰔　计数　/　3670112；

𗼷𗰔𗙴𗣼　不可计数　/　3670112；

𗼷𗦗　贪悭　/　3221014；

𗼷𗦗𗃀𘋠　贪悭暴恶　/　3221014；

270224

𗪊𗣟　国中、国度　/　3221004，3300605，3340804，3340916，

3341101，　3391005，　3421210，　3590504，　3610503，　3610612，

3620911；

𗪊𗼑　国王　/　3291116，3611002，3620909，3630505，

3680208，3680817；

𗪊𗼑𘝢𗅢　得为国王　/　3680208；

𗪊𗭁　国珍、国宝　/　3431008；

𗪊𗭁𘎑𗅻　竭尽国珍　/　3431008；

270240

𘕘𗝣𗣼　无所著　/　3410217；

270452

𗤁𘜶　善哉　/　3270204，3420501，3450105，3480311；

270525

〇〇〇 内愧 / 3190809，3251209，3270115；

270525

〇〇〇〇 不可称量 / 3600117；

272121

〇〇 流涕 / 3440719；

272222

〇〇 答言、报曰 / 3230306，3230813，3231004，3240310，
3250414，3290812，3310402，3310413，3310509，3310803，
3320206，3320514，3330707，3331005，3331016，3340315，
3401004，3401216，3420306，3450716，3460811，3620409；
3670102，3670309，3670608，3670806，3671114；

272400

〇〇 供养、育养 / 3400709，3440413，3511005；

272424

〇〇 度脱 / 3610301；

272440

〇〇 汲水、取水 / 3230113，3530302；

〇〇 乞水 / 3530308；

〇〇〇 施水 / 3530417；

〇〇〇〇 水草乏绝 / 3500501；

〇〇〇〇 搅浊清水 / 3500305；

〇〇〇〇 清水好草 / 3500317；

〇〇〇〇 食草饮水 / 3600615；

〇〇〇〇 水中火然（同“燃”）/ 3500903；

〇〇 破裂、裂破 / 3491210，3510801；

272522

〇〇 穷贫、孤穷 / 3230504，3680510；

274000

〇〇〇〇〇 不敢复为恶 / 3680217；

274100

𗊛𗀔 主人 / 3350404；

𗊛𗀔𗤁𗫨 主人不在 / 3350404；

274120

𗥾𗤋𗌰𗤁𗤻 却至九十日 / 3501115；

274122

𗊱𗤋 众人 / 3290904，3291104；

𗊱𗤋𗈍𗮀 众人集戏 / 3290904；

𗊱𗅆 众园、精舍 / 3391202，33912106，341115，3420107，

　3420309，3420408，3420801；

𗊱𗅆𗲝𗬢 众园毁漏 / 341115；

𗊱𗅆𗤢𗬢 众园漏 / 3420308，3420718；

𗊱𗅆𗤀𗌰𗫹 修补众园 / 3420408；

274124

𗎩𗃀 当今、现今 / 3160201，3170101，3670116；

𗎩𗒹𗰜𗫨 今受宿福 / 3430517；

274127

𗌻𗥫𗳟𗵃 妇即回顾 / 3350509；

𗌻𗥫𗷝𗦎𗗙 不敢娶妻 / 3440517；

𗌻𗥫𗧈𗢯 育养妻子 / 3511003；

274150

𗥗𗤶 女姊、姊妹 / 3360802；

274220

𗶦𗪾𗴿 六具衣 / 3231103；

274222

𗰷𗀔 婢 / 3221106，3250914；

𗰷𗈍𗵗 集会日 / 3290901；

274224

𗤊𗫰 妙道、神道 / 3630915；

𗤊𗫯𗰜𗭡𗬩 为说妙法 / 3370613；

𦾔𦾓 合美 / 3450118；

𦾔𦾓 最神 / 3640205；

𦾔𦾓 咒力 / 3200508，3530108；

𦾔𦾓𦾓𦾓 咒力所摄 / 3200508，3530108；

𦾔𦾓𦾓𦾓 为咒所缚 / 3550110；

𦾔𦾓 咒术 / 3541211，3550206，3560803，3560911；

𦾔𦾓 咒具 / 3560608；

𦾔𦾓𦾓 诵咒术 / 3541211；

𦾔𦾓𦾓𦾓 咒术不行 / 3560803；

274225

𦾔𦾓 长者 / 3221006，3490423，3490445，3570708；

𦾔𦾓𦾓𦾓 有一长者 / 3221006；

𦾔𦾓𦾓𦾓 长者慈愍、长者愍之 / 3490445；

274274

𦾔𦾓𦾓𦾓 远尘离垢 / 3370705；

274322

𦾔𦾓 百兽、鸟兽 / 3500707，3520815；

274344

𦾔𦾓 麻油 / 3450408；

274400

𦾔𦾓 神人 / 3660915；

𦾔𦾓𦾓𦾓𦾓 劳扰神人、烦苦神人 / 3660915；

𦾔𦾓 神力 / 335090，3351014，3351205，3390108，3560902；

𦾔𦾓𦾓𦾓 神力所为 / 3560902；

𦾔𦾓 神足 / 3191106，3290506，3300402；

𦾔𦾓𦾓𦾓 贤愚经 / 3251110，349040914；

𦾔𦾓 踏践 / 3500303；

274420

𦾔𦾓 广说 / 3221115；

𦾔𦾓𦾓𦾓𦾓 广为说法 / 3580305；

274422

𗥰𗩾𗰜𗅓　寻随财色 / 3510509；

𗥰𗥰　因缘 / 3250314，3291112，3370610，3540403，3590304；

𗥰𗥰𗤋𗰜　具说因缘 / 3291112；

𗥰𗧠𗰜𗩾　唯愿世尊 / 3571105；

𗥰𗋽𗰜𗤋　唯佛道神 / 3631005；

𗥰𗺸𗩾𗰜　但结袈裟 / 3491106，3510204；

𗥰𗈪𗥰𗰜　但知受乐 / 3250105；

𗥰𗤋𗩾𗩾　但为将来 / 3521117；

274450

𗩾𗩾𗰜　方来 / 3200609，35904009；

274455

𗰜𗤋　力士 / 3550703；

274470

𗥰𗺸𗩾　欲意 / 3270911；

𗥰𗩾𗺸𗩾𗰜　欲从思想生 / 3271106；

𗥰𗺸𗥰𗰜　不生欲心 / 3480713；

𗥰𗩾𗥰𗰜　少欲知足 / 3321204；

𗥰𗥰𗺸𗩾　多欲无厌 / 3320216；

274500

𗺸𗰜　才操、辩才 / 3650915；

𗺸𗰜𗥸𗩾　辩才无比、才操绝人 / 3650915；

274525

𗥰𗥰𗤋𗺸　共享娱乐 / 3830414；

𗥰𗥰𗺸𗺸𗰜𗩾　共至佛所 / 3460305；

274545

𗺸𗰜　祥瑞 / 3521206；

274620

𗺸𗺸　号哭、啼哭 / 3230205，3290808；

277442

𮧵𮧵 敬信 / 3460613；

𥘉𮧵𮧵𮧵 作礼问讯 / 3430113；

𮧵𮧵 宗奉、尊仰、致虔、致敬 / 3450209，3450503，3450612，

3531215；

𮧵𮧵𮧵𮧵 谦辞致敬 / 3450503；

𮧵𮧵𮧵 贵族主 / 3531209；

𮧵𮧵𮧵𮧵 无惭无愧 / 3320907；

278520

𮧵𮧵 恭敬 / 3220707；

280124

𮧵𮧵𮧵𮧵 来不非时 / 3480606；

𮧵𮧵 出入 / 3480707，3680807；

𮧵𮧵𮧵𮧵 出入相追 / 3680807；

280400

𮧵𮧵𮧵𮧵𮧵 手如蜂子 / 3651006；

𮧵𮧵𮧵𮧵 举手指曰 / 3400217；

𮧵𮧵𮧵𮧵 手提炬火 / 3491110；

280420

𮧵𮧵 暴恶 / 3221016；

280422

𮧵𮧵 疑罪 / 3320913；

280424

𮧵𮧵 禅定 / 3350502；

𮧵𮧵𮧵 入禅定 / 3350502；

280440

𮧵𮧵 吏、臣吏 / 3620214；

280450

𮧵𮧵 天子 / 3250309，3250402，3250611，3250816，3251104；

𮧵𮧵 天人 / 3241105，3410312；

𘜶𗿷𘂝𗔥　天人眷属 / 3241105；

𘜶𗿷𗐺　天人师 / 3410312；

𘜶𗷏　天女 / 3250205；

𘜶𗣼　生天、升天 / 3241205，3250312，3470411；

𘜶𗣼𘝰𗡪　升天得道 / 3470411；

𘜶𗤶𘗽𗿔　尝上天 / 3671212；

𘜶𘃵𘜶　天中天 / 3410101，3430208，3450514；

𘜶𗄈𘝞𘝆𗦇　天久不雨 / 3611115；

𘜶𗏁　天地 / 3631001，3670512，3670701；

𘜶𗏁𗒀𘏞　天地之间 / 3631001；

𘜶𗏁𗰖𘊝　天地行间 / 3670512，3670701；

282140

𘝰𘝞　然后、尔后、之后 / 3320510，3460206，3590210，3600813；

282442

𘕿𘟙𘊐　恶知识 / 3600706；

𘕿𘟙𘊐𘕣𘚗𘟀　坐随恶知识 / 3600706；

𘕿𘕜　恶念 / 3240715；

𘕿𘕜𘟢𘊱　莫生恶念 / 3240715；

𘕿𗈛　为恶 / 3680218；

284121

𗤫𗈟　银塔 / 3211204；

284129

𘃰𗟠𗣫𘜔　时国饥馑 / 3611016；

𘃰𗫼𗰦𘚗　时患中风、时患风疾 / 3590507；

284140

𗥃𗇤　豪贵 / 3480703；

284152

𘃰𗅡　合药 / 3630313；

284172

𗤫𘝣𗕑　命终 / 3241112；

284220

𘋬𘋭 舍宅、居室、房舍 / 3300707，3411210，3420212；

𘋬𘋭𘋮𘋯𘋰 新为居室 / 3411210；

𘋬𘋱𘋲𘋳 撤其屋瓦 / 3420401；

284254

𘋴𘋵 阿难 / 3200201，3200301，3200401，3200501，3200601，
3200701， 3200801， 3210708， 3210811， 3210815， 3210916，
3390901， 3391104， 3400104， 3470108， 3470111， 3470601，
3471104， 3471114， 3471201， 3480405， 3481204， 3490420，
3490501， 3490606， 3530101， 3530201， 3530304， 3530311，
3530406， 3530712， 3530902， 3530912， 3531004， 3531105，
3540501， 3541216， 3550303， 3550309， 3550405， 3550510，
3550612， 3550712， 3560501， 3560915， 3561009， 3561208，
3570203， 3570216， 3570307， 3570316， 3570407， 3570601，
3570712， 3570803， 3570812， 3571203， 3580908， 3581012，
3581216， 3590104， 3590202， 3590401， 3590511， 3590609，
3590712， 3590813， 3591104， 3601011， 3601109， 3610401，
3610604， 3620712， 3620801， 3620901， 3621203， 3641113，
3650407， 3660515， 3660611， 3661009， 3661205， 3670214，
3670501，3670713，3671016，3680305，3681114；

𘋴𘋵𘋶𘋷 阿难奉教 / 3210811；

𘋴𘋵𘋸𘋹𘋺 阿难行路 / 3530201；

𘋴𘋵𘋻𘋼 阿难念言 / 3590813；

𘋴𘋵𘋽𘋾𘋿 阿难问王 / 3661205，3670501；

𘌀𘌁𘌂𘌃𘌄𘌅 阿难现变经、阿难变现经 / 3681114；

𘌆𘌇𘌈𘌉𘌊 阿难乞牛乳 / 3200601；

𘌋𘌌𘌍𘌎 阿难于异处 / 3490606；

𘌏𘌐𘌑𘌒𘌓 阿难奉佛勅 / 3200301，3470601；

284400

𘌔𘌕𘌖 刹利释 / 3531203；

𘟗𗾔𗪄𗿦　刹利释种 ／ 3531203；

284420

𗪆𗌰　鞭捶、见鞭 ／ 3221206，3650315；

284440

𗪩𗎥𘟗𗓁　不敢摩近 ／ 3500708；

284900

𗪒𗪴、𗪴　塔 ／ 3220415；3211203，3211205，3211207，3211210，
　3220508，3220613，3390302；

287152

𗸕𗜓𗜓𗺋　未得愿智 ／ 3481004；

287420

𗪣𗜐　戒义、尸义 ／ 3580406；

𗪣𗎳　破戒 ／ 3380605；

𗪣𗸣𗴥　说戒日 ／ 3381012；

𗪣𗎳𗾶𗝢　诃破戒罪 ／ 3380605；

𗪣𗴺𗪨　授其戒 ／ 3461017；

𗪣𗵒𗮍𗭼　弃戒乐俗 ／ 3510916；

𗪣𗟻　违戒 ／ 3501005；

𗪣𗪤𗪣𗫸𗴀　戒因缘经 ／ 3590303；

𗪣𗪨　受戒 ／ 359014；

287452

𗫊𘊝　信根 ／ 3490103；

𗫊𘊝𗽓𗜓　信根坚固 ／ 3490104；

294225

𗼫𗪤　下人 ／ 3680703；

𗼫𗪤𘃸　下人家 ／ 3680703；

𗼫𗪤𘃸𗄈𗤒𘟃　生下人家 ／ 3680703；

𗼫𗪚　踊出 ／ 3390113；

302220

𗐭𗧀　设座 ／ 3630716；

席𦘔𦙶𥾷𥘵　设座令坐 / 3630716；

302900

席𦘔　王国 / 3421209，3630505；

席𦘔𦘔𦙷𦙶　前入王国 / 3421209；

席𦘔𦙶𦙷　王遣使者 / 3450313；

席𦙷𦙶𦙷　王喜施与 / 3611107；

席𦙷　大王 / 3450610，3620402，3650816；

席𦙷𦙷𦙶　大王致虔 / 3450610；

席𦙷𦙷𦙶𦙶　王问大臣、大王问臣 / 3620402；

席𦙷　王子 / 3211007，3220303，3220407，3531201；

席𦙷𦙷𦙶　王便使人 / 3660303；

席𦙷𦙶𦙷𦙶　知王厚意 / 3651210；

席𦙷𦙶　王舍城 / 3201002，3290606；

𦙷𦙶席　大象王 / 3561014；

席𦙷𦙶𦙷𦙶　王归依受教 / 3430816；

席𦙷𦙶𦙶　王名脂维 / 3421214；

席𦙷𦙶𦙷𦙶𦙶　免王牢狱 / 3470315；

312140

𦙶𦙶　乐入邪径 / 3510711；

314440

𦙶𦙶𦙶𦙶　满器而去 / 3600911；

324422

𦙶𦙶𦙶𦙶　腹使经 / 3620723；

𦙶𦙶𦙶𦙶𦙶　腹使我来 / 3620602；

𦙶𦙶　其心、意 / 3240511，3430708，3490110，3550106；

𦙶𦙶𦙶𦙶　制御其心 / 3430708；

𦙶𦙶𦙶𦙶　其心勇进 / 3490110；

𦙶𦙶𦙶𦙶　意便恍惚 / 3550106；

374124

𦙶𦙶　醍醐 / 3450410；

374422

􀀀􀀀　愚痴 / 3340317，3631216，3640304；

375254

􀀀􀀀􀀀􀀀　三昧经 / 3670312；

382420

􀀀􀀀　手足 / 3390516；

410112

􀀀􀀀　利根 / 3241209；

􀀀􀀀　钝根 / 3250101；

412122

􀀀􀀀􀀀􀀀􀀀　俱上楼上 / 3661102；

􀀀􀀀􀀀􀀀　悉自相识、两悉相识 / 3660607；

􀀀􀀀􀀀􀀀　竟不敢分 / 3310103；

412150

􀀀􀀀􀀀􀀀　二万沙门 / 3391209；

􀀀􀀀􀀀􀀀􀀀　二十余年 / 3480412；

􀀀􀀀􀀀􀀀􀀀　二十劫已后 / 3610202；

􀀀􀀀　之间 / 3631003；

412151

􀀀􀀀􀀀􀀀　汝持此钵 / 3231209；

􀀀􀀀􀀀􀀀　汝反我戒 / 3290314；

􀀀􀀀􀀀􀀀　与汝议事 / 3650706；

􀀀􀀀􀀀􀀀􀀀　视汝志意 / 3660802；

424440

􀀀􀀀　迎接、迎奉 / 3310212，3430103，3430403，3630714；

440114

􀀀􀀀　接足 / 3190807，3251207，3260405；

􀀀􀀀􀀀􀀀　礼足而去 / 3270712；

472420

􀀀􀀀􀀀􀀀　无所爱惜 / 3650215；

𘀂𘀄𘀆𘀈　悉皆火然 / 3490717；

527450

𗏁𗿵　及、并复、并又 / 3300709, 3411011, 3440402,
　3580212, 3610816；

579400

𗙏𗙐　大师 / 3600607；

𗙏𗙑　大象 / 3500309, 3520301, 3520314, 3561014；

𗙏𗙑𗗙　大象王 / 3561014；

𗙏𗙑𗰛𗨨　大象患之 / 3500309, 3520314；

𗙏𗙑𗗙𗗚𘀊　𨸴突大象 / 3520301；

𗙏𘀌𘀎𘀐　大藏经 / 3160305, 3180301；

𗙏𘀒𘀔　大爱道 / 3581213；

𗙏𘀖𘀘　大元国 / 3160101；

𗙏𘀚𘀜　大神足 / 3300401；

𗙏𘀞𘀠𘀢　有大威德 / 3611008；

𗙏𘀤𘀦𘀨　大会说经 / 3510408；

𗙏𘀪𘀬𘀮　大臣答言 / 3620407；

𗙏𘀪𘀰𘀲𘀴　大臣请息 / 3620104；

𗙏𘀶𘀸𘀺𘀼𘀾　大品三昧经 / 3670610；

𗙏𘁀　太子 / 3180202；

587452

𗱕𘁂　困悴、苦役、勤苦、劳扰、烦苦 / 3230101, 3230314,
　3650602, 3650614, 3661001；

608420

𘁄𘁆　释迦 / 3490426, 3680410；

𘁄𘁆𘁈𘁊　释迦文佛 / 3680410；

𘁄𘁌　帷帐 / 3430917；

712140

𘁎𘁐　食 / 3290709, 3380509；

𘁎𘁒　食物 / 3390503；

䫉䫎　乞食、分卫 / 3290615，3350312，3361208，3390614，
　3490437，3570613，3630103；

䫉䫎䓆䌈　欲行乞食 / 3290615；

䫎㡃䫉䫎䒭　入城乞食 / 3350310；

䫉䫉㦡䫎　食不充腹 / 32212；

䫉䫎㡃䫖　食无期度 / 3520108；

䫉䫎㡃䫖㡃　未饮食也 / 3600406；

䫉䫎㡃䫖　作食饭讫 / 3630109；

䫉䫎㡃䫎　奉饭供养 / 3430409；

712142

䫎䫎　衣食 / 3490449；

䫎䫎㡃㡃　仍给衣食 / 3490449；

䫎䫎　虚空 / 3390115；

䫎䫎　空虚 / 3631205；

䫎䫎㡃㡃　在虚空中 / 3390115；

712144

䫎䫎　衣食 / 3230405；

䫎䫎㡃䫎　衣食不充 / 3230405；

䫎䫎㡃㡃　不敢侵食、侵食者无 / 3520817；

712242

䫎䫎㡃　所叹 / 3450113；

䫎䫎　饥渴 / 3500505；

䫎䫎㡃㡃　饥渴苦极 / 3500505；

䫎䫎　岁饥、饥馑、饥困 / 3610505，3611101，3611211；

712440

䫎䫎䧈　阿育王 / 3200810；

䫎䫎䧈　阿育王 / 3620810，3650414，3661115，3681105；

䫎䫎䫎䧈　阿育国王 / 3620907；

䫎䫎䫎䧈　阿育国王 / 3630503；

䫎䫎䫎　阿罗汉 / 3280509，3340814，3601213，3610207；

𗪴𗇤𗤘𗖊　成阿罗汉 / 3280509；

𗪴𗇤𗤘𗤻　得阿罗汉 / 3590216；

𗪴𗇤𗤘𗧾　阿罗汉道 / 3440914，3601213；

𗪴𗇤𗤘𗧾𗦬　得阿罗汉道 / 3601213；

𗪴𗭴𗤫𗧾　阿那含 / 3580617；

𗪴𗭴𗤫𗧾𗤻　得阿那含道 / 3580617；

𗪴𗾔𗄈　阿阇梨 / 3530614；

𗪴𗣼𗴾𗣀𗄊　阿槃提国 / 3221001；

732142

𗫊𗸮　受斋 / 3240205；

732442

𗘂𗴿　光明 / 3250711，3280708；

𗘂𗴿𗼈𗦺　光明普照 / 3250711；

𗘂𗴟　光出 / 3391019；

𗘂𗴤　视彼 / 3440219；

𗘂𗖲𗴺　摩邓伽 / 3530317，3541208，3590315；

𗘂𗖲𗴺𗖨　摩邓伽种 / 3530317；

𗘂𗖲𗴺𗤴𗨁𗖊　摩邓伽女经 / 3590315；

772240

𗁡𗎫𗗟𗵘　具足八法 / 3481206；

𗁡𗥍𗴿𗫴　八灯明然 / 3541011；

𗁡𗢭𗥃𗪰𗬥　八万四千卷 / 3670208；

772444

𗰜𗬖　煎饼 / 3350412；

𗰞𗭙𗤼　迦叶佛 / 3391113，3391214，3400808，3450302；

𗰞𗭙𗤼𗰚　迦叶如来 / 3451201，3460516；

𗰞𗭛𗁛𗰗　迦留陀夷 / 3371012；

𗰞𗸴𗪇　伽旃延 / 3190701，3220901，3230208，3230415，
　　3230503，3230715，3240107，3240113，3240506，3250515；

𗰞𗘂　羯磨 / 3310813，3311209，3320201；

𤡬𤢃𢓥𦈈 应作羯磨 / 3310813；

772545

𨏹𨏹 渐渐、展转 / 3321007，3560712，3611205；

𨏹𨏹𦈈𤬪 渐渐近已 / 3321007；

𨏹𨏹𤊙𤒰𤒸 展转不相见 / 3560712；

774400

𤲢𤲢 欢乐 / 3511014；

𤲢𨏹 喜悲 / 3410208，3410603；

𤲢𨏹𤑳𤒷 喜悲交集 / 3410208，341060，3；

782545

𨙞𤱷𤳵 提头罗 / 3680402；

𨙞𤱍𤲐𤲖 提和竭佛 / 3680309；

784244

𤴧𤴩𨙞 阎浮提 / 3490812；

802122

𥏴𥏴 悉皆、皆悉、皆各 / 3220401，3261109，3270815，3440813，

 3540616，3630402；

𥏴𥏴𥐥𥑨 悉皆火然 / 3490717；

𥏴𥏴𤒰𤳵 皆悉无怨 / 3440815；

𥏴𥏴𥑨𥑸 皆各得道 / 3280817；

802124

𥒓𤱿 难陀 / 3190801，3191001，3251201，3260215，

 3260312， 3260401， 3260411， 3260505， 3260810， 3261214，

 3270103， 3270113， 3270706， 3280503， 3280601， 3280906，

 3290116，3290208；

𥒓𤱿𤑳𥐥𥑸𥒸 难陀有三十相 / 3191001，3280601；

𥒓𤲖 厚意 / 3651212；

802140

𥓐𤲐 罗睺、罗枳、罗祝、罗呪 / 3550605；

𥓐𥒸 罗汉 / 3280510，3340815，3520209，3601214，

3610208，3681109；

麤樾薣　罗汉道 / 3340815；

麤樾徏菝菻　呵骂罗汉、并骂罗汉 / 3520209；

竞薇　世尊 / 3210906，3220305，3220504，3260608，3260615，
3270206，3410411，3501113，3550814，3561002，3561215，
3571107，3580303，3581003，3590108；

竞薇骓纞　世尊恩力 / 3561002；

竞薇敉羏　世尊大慈 / 3550814；

竞薇絑鬓犺　世尊诵佛语 / 3561215；

竞蒇　世间 / 3551103，3560103，3560303；

竞蒲　世间 / 3300110，3460712；

竞蒲絑薨　世间有佛 / 3460712；

巍姚鬓雺桅　铃鸣如语 / 3621012；

802150

蘢巍　衣裳、衣服、衣、服 / 3290301，3290909，3400813，3570605；

蘢巍禮缀　摄衣持钵、著衣持钵 / 3400813，3570605；

蘢巍　衣服 / 3291005，3300711，3301006，3310910，3311009，
3480516，3491207，3510113，3510905，3550401，3630613；

蘢巍缏毆膝　裂破衣裳 / 3491207；

蘢巍蕣彩　牵制衣裳 / 3550401；

蘢巍糵毈　衣被洁净 / 3630615；

蘢糶　衣服、衣物 / 3301103，3301204，3310511，3321106；

蘢豭毠巍　衣不蔽形 / 3221208；

蘢鬵殸瓺蘢殿　索衣便假衣 / 3630113；

蘢澁菝　藏经 / 3160306，3180302；

802222

蒣姯　净地 / 3491008，3510302；

蒣祗巍祇、祇巍蒣祇　得法眼净 / 3370709，3380104；

蒣毆　洁净 / 3630615；

802224

𦦥𦥶 捉杖 / 3300117；

802227

𥄂𥊀 净斗 / 3501013；

802240

𦎷𥀰 七世 / 3390412；

𦎷𥊀𥄨𥂷 梦见七事 / 3490610，3490706；

𦎷𥂷𥄠𥌟𥌍𦈈 七梦十善经 / 3521210；

𦎷𥄝𥇄𥅑 兴七宝殿 / 3421003；

𦎷𥄝𥊯𥅀 七宝床机 / 3430913；

802400

𥄧𥌙𥂟 书生、识书人 / 3630608，3630805，3631113，3640403，
　3640602，3640908，3641011，3641213；

802420

𥉭𥊬 祇园 / 3361004，3361216，3390604，3490602；

𥉭𥊬𥄁𥉙𥍎 诣祇园中 / 3361216；

𥉭𥊮 祇洹 / 3300802，3320802，3550101，3570111，3570207；

𥉭𥊮𥄩 祇洹林 / 3550101；

𥉭𥊮𥄩𥌧𥄑 在祇洹林 / 3550101；

𥉭𥊮𥅭 祇洹门 / 3570207；

𥉭𥌰 企萨 / 3500610，3520802；3520717；

802500

𦍟𥊭 诺、当是、唯诺 / 3230815，3351113，3591202；

𦍟𥉝 愿得 / 3601006；

802527

𦏈𦑍𥌪𥅋 好饭豆羹 / 3401016；

804120

𥬁𥈺 咨访 / 3381106；

𥬁𥇤𥇥 怜爱、相怜 / 3680804；

𥬁𥄨𥌷 不相识 / 3680812，3680912；

𘟄𘈩𗑱𘝾　自相谓言 / 3320902；

𘟄𗴾𘖀𗊬　转相寄生 / 3681002；

804144

𘟃𘟎　征讨 / 3211012；

804220

𗙪𘝦𗋽　秘密之言 / 3481105；

804280

𗱸𗴫　夫、夫婿、丈夫 / 3341113，3341209，3370815，3380701，
3531109，3540110，3570304，3570312，3570808，3571111；

𗱸𗴫𗈁𘀉　丈夫得道 / 3341113；

804420

𘗜𗥃　年少、幼年、总角 / 3380406，3460501，3520610；

𘗜𗥃𗄈𗄈　年少端正 / 33380406；

𘗜𗥃𗪚𗏵𗳦　教诫年少 / 3520610；

𘗜𗥃𗥃𘗜　总角善友、幼年善友 / 3450917，3450501；

𘗜𘕿　年大、年老 / 3221216，3460816；

𘗜𘕿𘄔𗿷　年老困悴 / 3221216；

𘗜𗣝𘗜𗤁　若輦若舆 / 3220208；

804440

𗨁𘟚　眷属、近 / 3241107，3510506；

𘟚𗆍　铁鞞 / 3561112；

804450

𗰖𗱀　剃度 / 3581204，3590212；

𗰖𗱀𗮔𘏚　剃度受戒、剃发受戒 / 359012；

805420

𗾞𗧯　反复 / 3680917；

805450

𗼻𘑩𗊴　弥勒佛 / 3601204；

𗼻𗣷𗟻𘉋　从闻生智 / 3490313；

𗼻𗬥𘋊𘄿　见闻疑罪 / 3320911；

805520

𦊶𦈎 受持、奉持 / 3200308，3470608；

𦊶𦈎 启受、从受 / 3510105，3520702；

𦊶𦈎𣃁𦈊 不肯从受 / 3520702；

807240

𦈎𣃂𦈎𦈎 以刀自刺 / 3540206；

𦈎𦈎 大刀 / 3540915；

𦈎𣃂𦈎𦈎 刀箭破折 / 3560610；

808124

𦈎𦈎 父母 / 3201111，3210101，3210301，3210405，3210514，

3400706， 3400711， 3400909， 3401214， 3410712， 3411003，

3411013， 3420208， 3420415， 3420714， 3440412， 3440605，

3440703， 3441208， 3450706， 3460814， 3531014， 3580113，

3580210，3580615，3580805；

𦈎𦈎𦈎𦈎 父母答言 / 3401214；

𦈎𦈎𦈎𦈎𦈎 父母及女 / 3580210；

𦈎𦈎𦈎𦈎𦈎 供养父母 / 3400706；

𦈎𦈎𦈎𦈎 供养父母 / 3440412；

812122

𦈎𦈎 母子 / 3601104；

812150

𦈎𦈎 受殃 / 3510607；

𦈎𦈎𦈎𦈎 示其罪福 / 3520615；

812220

𦈎𦈎𦈎𦈎 所为无道 / 3461216；

812224

𦈎𦈎𦈎 明智士 / 3520112；

𦈎𦈎𦈎𦈎 有明智士 / 3520112；

𦈎𦈎 明然 / 3541013；

𦈎𦈎 明法 / 3440214；

812244

𗦇𗦇　直 ／ 3310817，3330801；

𗦇𗦇𗷅　直分 ／ 3310817，3330801；

𗦇𗦇𗷅𗼃𗢳　不得直分 ／ 33310817，3330801；

812250

𗥽𗤋　制御、调御 ／ 3410310，3430710；

812452

𗥯𗤅　遣使 ／ 3430401；

𗥯𗤅𗤻𗰜　遣使迎奉 ／ 3430401；

812454

𗥴𗤎　过罪 ／ 3390710；

𗥴𗤘　罪过 ／ 3680601；

812552

𗥸𗤔　牢狱 ／ 3470317；

814100

𗩢𗩫　分散 ／ 3610514；

814120

𗩘𗩤　处居 ／ 3270304；

𗮅𗮘　去年 ／ 3300915；

𗮅𗮘𗺉𗒋　使如去年 ／ 3300915；

814222

𗫴𗫤　议事 ／ 3650708，360904；

814224

𗮤𗲥　幻惑 ／ 3570504；

𗮤𗲥𗸦𗹉　不见幻惑 ／ 3570504；

𗮤𗲘　变化 ／ 3640211；

𗮤𗲘𗸦𗲷　变化无常 ／ 3640211；

𗮤𗷫𗻍𘀮　现变经、变现经 ／ 3681116；

814320

𘁉𘁏　埋葬 ／ 3630509；

814442

𧀎𦰩 人民、百姓、万民 / 3280714，3430714，3501215，3610215，

3611209，3640302；

𧀎𦰩𥞵𥝋 育民 / 3430714；

𧀎𦰩𦕓𨀥 人民饥困 / 3611209；

𧀎𦰩𢾗𠼝 百姓愚痴 / 3640302；

824020

刻𤡔 假使 / 3240314，3610710；

824080

刻𢁥 帝王 / 3410317，3420616；

刻𢁥𤘓𨽍 帝王诸侯 / 3420916；

832142

𤲞𢼏 此世、今世 / 3330310；

𤲞𦇚𥞵𥿡𢼏 此是我过 / 3650201；

𤲞𤩍𦰩𢟴 奉是经 / 3650616；

𤲞𦖪𤈣𢼏 是罪不小 / 3660206；

𤲞𦙶𤈶𢼏 思惟是苦 / 3230116；

𤲞𢿍𤡔𦇠 斯地有福 / 3400204；

832170

𣊺𦧝 羹饭 / 3401202，3410112，3410908；

832420

𦵡𨁓 头陀 / 3321208；

𦵡𨁓𩖻𧿨 行头陀行 / 3321208；

𦵡𪊖𪋿 头罗衣 / 3220104；

834100

𦳆𩯭 合掌 / 3201117；

𦳆𨽤 校饰 / 3291013；

834142

𦴕𤓕 惧害 / 3400513；

834170

𗧦𗵘𘃰𗢈 次教受斋 / 3240204；

834400

𗔇𗦀 目连 / 3471013，3471110；

𗔇𘏽 解说 / 3200406，3490506；

835400

𗬁、𗼨𗬁 塔 / 3211203，3211205，3211207，3211210，3220508，
　3220613，3390302；3220415；

𗬁𘈖 持塔 / 3220613；

𗬁𗪱𘃸𘊝 起塔供养 / 3390302；

842120

𗖵𗥦 修补 / 3420411，3420812；

842122

𗏁𗖻 多少 / 3310116，3400615；

𗏁𗘲𘃸𘊝 多有安隐 / 3610804；

𗏁𘉦𗭧𘈖 多持衣物 / 3301102；

𗏁𗼕𗖻𗫐𘟣 大同小异、多同少异 / 3620730；

𗏁𗫂𗆈𗩾 不能得多 / 3640903；

𗏁𗫂 众多 / 3611105；

𗏁𗫭𘓲𗗚 见多众僧 / 3300703；

𗏁𘊝𗭼𘅄 已经多年、已积年岁 / 3660103；

𗏁𘊝𗭼𘅄 踰历年数 / 3680604；

𗏁𗡄 累劫 / 3451005，3460204；

𗏁𗡄𗄺𘉒𗴺 累劫结亲 / 3451005；

𗏁𗡄𘒨𘅨 累劫之后 / 3460204；

842124

𘊝𗾧 异相 / 3190103，3681203；

842125

𗏀𘏑 爪齿 / 3270418；

844100

𦊆𤣥 来生 / 3680908；

𦊆𧥣𧍖 生经 / 3620715；

𦊆𦃁 生缘 / 3250212；

𦊆𦃁𣦷𤕟 不知生缘 / 3250212；

844142

𣦷𦁒 今晨、今旦、平旦、晨朝 / 3350306，3400811，

3500812，3570603；

𣦷𦁒𧆧𤫎 晨朝摄衣 / 3400811；

𣦷𦁒𦀌𤢠𤕟𧇵 今晨诣佛所 / 3500812；

872122

𦏸𣲤𦀝𤢠 相照大千 / 3280710；

872142

𦐇𧥦 阇犁 / 3290813，3300316；

𦐇𦄷 阇梨 / 3380217，3530615；

𦐇𦄷𦂃𦋆𤫎 供养阇梨 / 3380217；

𦐇𦄶 舍勒 / 3261114；

𦐇𧇝𥣪 舍利子 / 3250504；

𦐇𦈈𤕉 舍卫城 / 3350104，3350214，3381213，3570609；

𦐇𦈈𥈝 舍卫国 / 3340802，3340914，3590502，3610501，3610715；

872222

𥼊𦄺 童子 / 3201013，3201109；

872252

𥼊𦀈 志意 / 3660804；

872525

𥸐𦒈𤫕 维绫县 / 3440112；

874120

𦑖𥼸 观察、遍观 / 3261112，3270308，3310201；

874150

𦑖𥻄 所为 / 3560904；

874200

𗹰𗹰 所言 / 3640116；

𗹰𗹰𗐝𗷣 所言非法 / 3640116；

874220

𗷣𗘂 乞者、乞儿 / 3611103，3611213，3620315，3621210，
3621216，3630204，3630215；

𗷣𗘂𗤋𗜓 乞者众多 / 3611103；

𗷣𗘂𗤋𗤒 乞者日滋 / 3611213；

𗷣𗘂𗭟𗤰 乞者愁忧 / 3620315；

𗷣𗘂𗓽𗤙𗤰 乞者悉病 / 3630215；

𗹠𗝚 增长 / 3580501；

874400

𗸀𗕸 不充 / 3230407；

𗸀𗕧 不能、不堪、不了 / 3330615，3471009，3471208，3540506，
3540601，3540611，3550710，3660913；

𗸀𗘀 不敢 / 3220715，3310105，3440603，3500710，3530709，
3680303；

𗸀𗙈 不可 / 3480504，3590811，3600119，3670114；

𗸀𗵐 不知 / 3250214，3250416，3310610，3340406，3621108，3671201；

𗸀𗑛 不肯 / 3520704，3540115，3630207；

𗸀𗤊 无量 / 3420607，3420914，3431217；

𗸀𗙈 不可 / 3480504，3590811，3600119，3670114；

874420

𗸓𗙜 宝唱（人名） / 3190207；

𗸓𗍱 宝塔 / 3211206；

𗸓𗵒 宝衣 / 3320605；

𗸓𗫶 宝殿 / 3421004；

𗸒𗸒 茂好、茂盛 / 3500104，3511109；

874500

𗴟𗍲 如系、如有 / 3520812；

874525

𤲃𢶄𫐫𦀟　尾为一分 ／ 3330903；

874900

𧆐𤈉𤎗𢈬　波斯匿王 ／ 3200703，3360210，3390306，
3530603，3610403，3610809；

𤽭𪊰𦾈𪑦　波罗奈国 ／ 3391002；

𤽭𪊰𩑑𪑦　波罗奈国 ／ 3610916；

875450

𢽓𢵏　何如、何 ／ 3250405，3301213，3310606，3630902，3650402，
3650901，3671106；

𢽓𢵏𪗉𦀠　欲以何求 ／ 3630902；

𢽓𢵏𨅀𧑴　欲议何事 ／ 3650901；

𢽓𤜽　何故、何由、何独 ／ 3230302，3250804，3251009，3290806，
3310502，3621104，3650610；

𢽓𤜽𪗉𣬛　惊怪何由 ／ 3250803；

𢽓𤜽𪐱𦡡　何故诸天 ／ 3251009；

𢽓𤜽𦀧𧛓　何故啼哭 ／ 3290806；

𢽓𤜽𦘴𣬛　何故未分 ／ 3310502；

𢽓𤜽𣻬𨅀𣬊𣬜　不知出何故 ／ 3621104；

𢽓𤜽𡣑𪊰𫐫𣬆　何独勤苦 ／ 3650610；

𢽓𤙮　居士、户长 ／ 33300701，3300902，3510513，3510609；

𢽓𤙮𧯟𣬜　居士谏呵 ／ 3510513；

𢽓𤙮𧖮𤱫　居士得福 ／ 3510609；

𢽓𤞜𦳼𦾈　大家、门下大人 ／ 3231111，3250716，3240913；

𢽓𤟥　户、户曲、门户 ／ 3240616，3240703，3470408；

𢽓𤝬𤋏𣬍　闭门煎饼 ／ 3350410；

884122

𤺫𤊣　东方 ／ 3541204；

𤺫𤊣𩑔𢈬　向东方跪 ／ 3541204；

884420

□□　试 / 3200807，3620807，3660717；

□□　太粗 / 3210512；

905500

□□□□　揩突树者 / 351117；

907240

□□□□　不肯复去 / 3630207；

□□□□　加复贫困 / 3230401；

907442

□□□□□　獭住河中 / 3330501；

912117

□□　贼主 / 3380402，3380913；

□□　贼人 / 3390511；

912525

□□　豆羹 / 3401101；

917145

□□　乃至、至、乃到 / 3380814，3380909，3390105；

□□　自起、起于 / 3600404；

917242

□□　少 / 3310601；

□□□□□　我等人少 / 3310515；

922420

□□　三宝 / 3370713，3440209，3460611；

□□□□□　归依三宝 / 3370713；

□□□□　敬信三宝 / 3460611；

□□　三尊 / 3430511；

□□□　三十相 / 3191003，3280603，3281005；

□□　三涂 / 3470406；

□□□□　三涂门户 / 3470406；

□□　三诵 / 3390609；

𗴁𗙴　死尸 / 3250706，3390111；

𗴁𗙴𗿢𗖜𗴮　供养死尸 / 3250706，3250902；

𗴁𗙴𗼒𗴚　死尸踊出 / 3390111；

972452

𗡞𗡞　种种 / 3240211，3291003，3330103，3330213，3541104；

𗡞𗡞𗾟𗍺　种种衣服 / 3291003；

𗡞𗡞𗝞𗣀　种种诃责 / 3330103，3330213；

𗡞𗡞𗸦𗢭　种种涂香 / 3540604；

985240

𗴖𗤋　一分 / 3330817；

𗴖𗣵　一月 / 3410808；

𗴖𗢸　开解 / 3460609；

二 汉文首字音序索引

本索引包括两部分：汉文中心词目拼音排序、中心词目拼音排序下的与中心词目相关汉文。

先以"○"标示开列的中心汉文词目、相对应的西夏文和在《中国藏西夏文献》第五册的出处。然后取下再附以与中心汉文词目相关的其他汉文。最后"/"附以西夏文语义在《中国藏西夏文献》第五册的页数（前三位数）—行数（中两位数）—首字字数（后两位数）。

A

○阿难　𗧘𗴟

阿难奉教　𗧘𗴟𗒹𗆀 / 3210811；

阿难行路　𗧘𗴟𗴺𗴺𗆫 / 3530201；

阿难念言　𗧘𗴟𗔕𗤒 / 3590813；

阿难问王　𗧘𗴟𗧾𗗙𗤶 / 3661205，3670501；

阿难与两比丘　𗧘𗴟𗊱𗬩𗼮𗬩 / 3620901，3621201，36504，3650407；

阿难现变经、阿难变现经　𗧘𗴟𗤋𗒀𗗟𗷒 / 3681114；

○阿育王　𗿢𗵒𗤶、𗿢𗸎𗤶 / 3200810；3620810，3650414，3661115，3681105；

阿育国王　𗿢𗸎𗓱𗤶 / 3620907；

阿育国王　𗿢𗑠𗓱𗤶 / 3630503；

○阿罗汉　𗿢𗡶𗧘 / 3280509，3340814，3601213，3610207；

阿罗汉道　𗿢𗡶𗧘𗹙 / 3440914，3601213；

成阿罗汉　𗿢𗡶𗧘𗢭 / 3280509；

得阿罗汉　𗿢𗡶𗧘𗄟 / 3590216；

得阿罗汉道　𗿢𗡶𗧘𗹙𗄟 / 3601213；

○阿那含　𗿢𗈁𗒣 / 3580617；

得阿那含道　𗿢𗈁𗒣𗹙𗄟 / 3580617；

○阿阇梨　𗿢𗈁𗔺 / 3530614；

○阿㮈提国　𗿢𗰖𗗙𗓱 / 3221001；

○安宁、安隐　𗱕𗷲 / 3610805，3210609；

多有安隐　𗤲𗱕𗷲𗷷 / 3610804；

莫不安宁　𗥃𗡪𗱕𗷲 / 3210607；

B

○八万四千卷　𗥦𘔞𘋨𗾞𘃡 / 3670208；

○跋难陀　𗤟𗷷𗵜 / 3191201，3300501，3300107，3310301，
3310612，3310710，3310807，3310915，3311005，3320404，
3320708，3320813，3321014，3321110，3330306，3340513；

○白佛　𗉾𗫂𗴺 / 3570904；

白佛言　𗉾𗫂𗴔𗴺 / 3201202，3460409，3571101；

○白衣、俗人　𗊦𗊏 / 3300616，3510504，3510903；

白衣居士、俗人户长　𗊦𗊏𗐩𗗙 / 3300616；

结近白衣、结近俗人　𗊦𗊏𗷂𗷫𗷄𗴸 / 3510504；

○白毛　𗊯𗤄 / 3500614，3520806；

头生白毛　𗊬𗵽𗊯𗤄𗴭、𗊬𗾔𗊯𗤄𗴭 / 3500612，3520804；

○百兽、鸟兽　𗮜𗴭 / 3500707，3520815；

飞鸟百兽、蜚虫鸟兽　𗢾𘑨𗮜𗴭 / 500704，3520813；

○百石　𗮜𗾈 / 3640706；

若不足百石粪　𗗙𗮜𗾈𗶅𗷷 / 3640713；

○百岁以后　𗮜𘊝𗷲𗴦 / 3461104；

○宝唱（人名）𗥢𗊖 / 3190207；

○宝衣　𗥢𗷷 / 3320605；

○宝殿　𗥢𗦬 / 3421004；

兴七宝殿　𘕚𗥢𗦬𗷷 / 3421003；

○报言　𗷸𗴺 / 3651109；

○暴恶　𗼎𗤸 / 3221015；

贪悭暴恶　𗣷𘜶𗼎𗤸 / 3221014；

○本缘　𗰖𗤷 / 3191213，3300513；

说其本缘　𗵱𗰖𗤷𗴭 / 3191212，3300512；

○本行　𗰖𘕿 / 3280814；

○本心 㿟㿟 ／ 3620201；

违我本心 㿟㿟㿟㿟㿟 ／ 3620117；

○本末 㿟㿟 ／ 3251106；

具说本末 㿟㿟㿟㿟 ／ 3251106；

○比丘 㿟㿟

比丘僧 㿟㿟㿟 ／ 3361111；

后众比丘 㿟㿟㿟㿟 ／ 3501208；

比丘受殃 㿟㿟㿟㿟 ／ 3510605；

明经比丘 㿟㿟㿟㿟 ／ 3520606；

作比丘尼 㿟㿟㿟㿟㿟 ／ 3571211；

乞为比丘尼 㿟㿟㿟㿟㿟 ／ 3580915；

山中比丘、山向比丘 㿟㿟㿟㿟 ／ 32200803，3620803，3630105，
3630303， 3630406， 3630705， 3630808， 3630907， 3640108，
3640512， 3640812， 3641206， 3650113， 3650502， 3650811，
3651205， 3660307， 3660401， 3660504， 3660613， 3660808，
3661013， 3680405， 3660614， 3660713， 3660904；

试山中比丘 㿟㿟㿟㿟㿟㿟 ／ 3200803，3620803；

以法授山中比丘、以道授山中比丘 㿟㿟㿟㿟㿟㿟㿟 ／ 3661011；

○毕陵伽婆蹉 㿟㿟㿟㿟㿟 ／ 3191101；3290501，3290601；

○闭门煎饼 㿟㿟㿟㿟 ／ 3350410；

○婢 㿟㿟 ／ 3221106，3250914；

奴婢 㿟㿟㿟 ／ 3680104；

尝作奴婢 㿟㿟㿟㿟㿟 ／ 3680104；

此婢丑秽 㿟㿟㿟㿟㿟 ／ 3250913；

时（有）一婢 㿟㿟㿟㿟 ／ 3221105；

○避逃而去 㿟㿟㿟㿟 ／ 3500313；

○鞞舍离 㿟㿟㿟 ／ 3260102；

鞞舍离国 㿟㿟㿟㿟 ／ 3260102；

○鞭捶、见鞭 㿟㿟 ／ 3221206，3650315；

○便、寻、便即 㿟㿟 ／ 3221204，3231205，3240903，3250607，

3260310， 3260507， 3260604， 3290203， 3320602， 3341015，

3371008， 3390408， 3550911， 3630115， 3630410， 3641016，

3641115， 3660405， 3681103；

便为作礼 𗾟𗬩𗙴𘕣 / 3290203；

○便、即 𗼃

即在坐上 𗼃𘄢𗩾𗥃 / 3580606；

便出于定 𗼃𗥼𗐴𗮇𗰜 / 3360502；

○变化 𘝞𗹰 / 3640211；

变化无常 𘝞𗹰𗪊𗰲 / 3640211；

○辩才、才操 𗌭𗏵 / 3650915；

辩才无比、才操绝人 𗌭𗏵𘕴𗙸 / 3650915；

○病苦 𗾴𗥦 / 3490117；

身无病苦 𗾈𗾴𗥦𘟀 / 3490116；

○病药之供 𗾴𗏵𘋠𘒣 / 3431004；

○波斯匿王 𘜶𗭉𘄒𗴧 / 3200703， 3360210， 3390306，

3530603， 3610403， 3610809；

○波罗奈国 𘜶𗰔𗿤𗼽 / 3391002；

波罗奈国 𘜶𗰔𘇜𗼽 / 3610916；

○般若波罗蜜多经 𗟲𗤱𘜶𗰔𘋩𗝜𘝞𘃡 / 3670403， 3670808；

○钵 𘊓

持钵 𘊓𗬻 / 3350308， 3400815， 3570607；

持钵入城 𘊓𗬻𗾔𗦻 / 3400815；

汝持此钵 𗸙𗶔𘊓𗈶 / 3231209；

佛以钵受 𘀖𘊓𗱕𗬻 / 3401105；

○钵吉蹄（人名） 𘊓𗩱𘉶 / 35310；

○钵拓钵提 𘊓𗡪𘊓𘅯 / 3581107；

○钵肆酰岚婆衣 𘊓𗣾𘄡𘎑𗣄𗪚 / 3211215；

○不敢 𘝞𗷖 / 3220715， 3310105， 3440603， 3500710， 3530709，

3680303；

竟不敢分 𗠣𘝞𘝞𗷖 / 3310103；

不敢娶妻　𦥃𦥃𤋏𤫉𤫉 / 3440517；

不敢摩近　𤪌𤫉𤫉𤫉 / 3500708；

不敢复为恶　𤩫𤪌𤫉𤫉𤫉 / 3680217；

○不肯　𤫉𤫉 / 3520704，3540115，3630207；

不肯从受　𤪌𤪌𤫉𤫉 / 3520702；

不肯复去　𤩫𤪌𤫉𤫉 / 3630207；

○不诤其价　𤩫𤪌𤪌𤪌 / 3400702；

○不可　𤫉𤩫 / 3480504，3590811，3600119，3670114；

不可思议　𤪌𤪌𤫉𤩫 / 3480502；

不可得近　𤫉𤪌𤫉𤩫 / 3590809；

不可称量　𤪌𤪌𤫉𤩫 / 3600117；

不可计数　𤪌𤪌𤫉𤩫 / 3670112；

不可称数　𤪌𤪌𤫉𤩫 / 3681006；

○不知　𤫉𤪌 / 3250214，3250416，3310610，3340406，3621108，

　3671201；

不知识远　𤪌𤪌𤫉𤪌 / 3671116；

不知出何故　𤪌𤪌𤪌𤪌𤫉𤪌 / 3621104；

○不能　𤪌𤪌

不能得多　𤪌𤪌𤪌𤪌 / 3640903；

○不能、不堪、不了　𤫉𤪌 / 3330615，3471009，3471208，

　3540506，3540601，3540611，3550710，3660913；

不堪奉给　𤪌𤪌𤫉𤪌 / 3471206；

不能作善　𤪌𤪌𤫉𤪌 / 3660911；

○布施、慈惠、施与　𤪌𤪌 / 3230916，3231201，3300913，3450803；

汝当布施　𤪌𤪌𤪌𤪌 / 3230914；

大王慈惠　𤪌𤪌𤪌𤪌 / 3230801；

王喜施与　𤪌𤪌𤪌𤪌 / 3611107；

C

○仓廪　𤪌𤪌 / 3611217；

仓廪虚竭　𤪌𤪌𤪌𤪌 / 3611217；

○草　□

踏践好草　□□□□ / 3500301；

食草饮水　□□□□ / 3600615；

○禅　□

第四禅　□□□ / 3190608，3200908；

入第四禅　□□□□ / 3190608，3200908；

○禅定　□□ / 3350502；

即入禅定　□□□□ / 3350501；

○长跪　□□ / 3391106，3400110，3541206，3661203；

向东方跪　□□□□ / 3541204；

作礼长跪　□□□□ / 3661201；

○常、往日　□□ / 3510115；

常制　□□□ / 3510115；

不如常制　□□□□□□ / 3510115；

○臣　□

大臣　□□ / 3620104，3620403，3620407；

明法吏、明法臣吏　□□□□ / 3620212；

大臣答言　□□□□ / 3620407；

大臣请息　□□□□□ / 3620104；

王问大臣、大王问臣　□□□□□ / 3620402；

○称其多闻　□□□□□ / 3481116；

○成佛　□□□ / 3470707；

我成佛来　□□□□□□ / 3470706；

○成就　□□ / 3260901，3490309；

成就无漏　□□□□ / 3260816；

成就定意　□□□□ / 3490307；

○城、县　□

北城人　□□□□ / 3670912；

中城人　□□□□ / 3671002；

南城人　□□□□ / 3671009；

大县　□□ / 3400306；

维绫县　□□□ / 3440112；

○春饮　□□ / 3240406；

○虫豸、虫蛆　□□ / 3400511，3500716；

惧害虫豸　□□□□ / 3400511；

身内虫出　□□□□、□□□□□□ / 3520904，3500714；

未尝惧害虫豸　□□□□□□ / 3400511；

○愁苦、愁忧　□□ / 3511101，3620317；

无则愁苦　□□□□ / 3511016；

○丑秽　□□ / 3250916；

此婢丑秽　□□□□□ / 3250913；

○出、出于、来于　□□ / 3220826，3251118，3280525，
3290424，3300420，3340603，3390815，3470511，3490412，
3521217，3590312，3590323，3610307，3620722，3681121；

○出家　□□ / 3580504，3590115；

出家义　□□□ / 3580504；

不出家　□□□ / 3460911；

○出息　□□ / 3210510；

○出入　□□ / 3480707，3680807；

出入家中　□□□□ / 3480705；

出入相追　□□□□ / 3680807；

○川流河海　□□□□ / 3490713；

○床机　□□ / 3430915；

七宝床机　□□□□ / 3430913；

○纯黄金　□□□ / 3300209；

○慈愍、普慈、愍之　□□ / 3361204，3410109，3410509，
3450605，3490447，3550906，3620609；

慈悲心　□□□ / 3221101；

○此世、今世　□□ / 3330310；

○次教受斋　□□□□ / 3240204；

○从佛受教　𗣼𗦳𗫂𗣼 / 3270708；

○从头至足　𗰻𗫂𗙴𗭼 / 3270412；

○从闻生智　𗫤𗿳𗟻𗯮 / 3490313；

○村舍、聚落　𗼪𗒼 / 3390716；

入于村舍　𗼪𗒼𗰖𗟻 / 3390716；

○畜生、六畜　𗫨𗸅 / 3680109；

尝作畜生　𗫨𗸅𗥃𗣼 / 3680109；

D

○答言、报曰　𗤋𗥤 / 3230306，3230813，3231004，3240310，

　3250414，3290812，3310402，3310413，3310509，3310803，

　3320206，3320514，3330707，3331005，3331016，3340315，

　3401004，3401216，3420306，3450716，3460811，3620409；

　3670102，3670309，3670608，3670806，3671114；

○打壁扣床　𗜼𗯮𗷅𗦀 / 3300202；

○大师　𗆧𗥤 / 3600607；

人之大师　𗧙𗤁𗆧𗥤 / 3600605；

○大藏经　𗆧𗌗𗫡𗬔 / 3160305，3180301；

○大爱道　𗆧𗵒𗃛 / 3581213；

○大元国　𗆧𗰗𗉳 / 3160101；

○大同小异、多同少异　𗰜𗵘𗆧𗾫𗵜 / 3620730；

○大品三昧经　𗆧𗤁𗱂𗆼𗫡𗬔 / 3670610；

○但能知近　𗫤𗤽𗜍𗸰 / 3671203；

但知受乐　𗫤𗦀𗫬𗜍 / 3250105；

○当斩汝头　𗣼𗆎𗱸𗙻𗰻𗵐 / 3640803；

○刀　𗜫

以刀自刺　𗜫𗤁𗥃𗃯 / 3540206；

四口大刀　𗥃𗪉𗜫𗆧 / 3540913；

刀箭破折　𗜫𗔇𗫨𗱸 / 3560610；

○忉利天　𗦵𗬉𗰜 / 3240907，3250303；

生忉利天　𗦵𗬉𗰜𗫡𗱺 / 3240907；

死堕地狱　𗗙𗎩𗙠𗴛𗰖𗫂 / 3520706；

尝入地狱　𗙠𗴛𗰖𗿒𗥤 / 3671208；

○地　𗰖 / 3491009，3510303，3670801，3631002，3670513，3670702；

净地　𗼃𗰖 / 3491008，3510302；

天地　𗾞𗰖 / 3631001，3670512，3670701；

天地之间　𗾞𗰖𗴟𗾟 / 3631001；

天地行间　𗾞𗰖𗦎𗅉 / 3670512，3670701；

地有几品　𗰖𗤁𗜓𗴺 / 3670801；

○弟子　𗙏𗇁 / 3281010，3401008，3521105，3530516；

将数弟子　𗃛𗙏𗇁𗋈 / 3281009；

第一弟子　𗥩𗦫𗙏𗇁 / 3530514；

○帝王　𗴴𗢳 / 3410317，3420616；

诸天帝王　𗣥𗾞𗴴𗢳 / 3410315；

帝王诸侯　𗴴𗢳𗣥𗙲 / 3420916；

○顶戴　𗱪𗗐 / 3260606，3490905，3501107；

便即顶戴、即以顶戴　𗐴𗱷𗱪𗗐 / 3260604；

○定、当、必当　𗙻、𗧺𗙻 / 3260812，3350612，3501203，3560813，
　3571010，3650513，3650807，3651116；

便出于定　𗗝𗙻𗡞𗴽𗟻 / 3360502；

定自无益　𗧺𗙻𗡢𗴒 / 3650513；

○东方　𗼻𗉔 / 3541204；

向东方跪　𗼻𗉔𗥢𗟠 / 3541204；

○都市、市　𗭽𗅆 / 3620309，3660312；

皆弃都市　𗫲𗭽𗅆𗴛𗴄 / 3620308；

诣市斩（之）　𗭽𗅆𗴛𗴄𗮀 / 3660312；

○兜率天　𗡯𗺓𗾞 / 3461110，3490403；

兜率天上　𗡯𗺓𗾞𗷲 / 3461110；

○豆羹　𗡠𗰂 / 3401101；

好饭豆羹　𗴌𗵘𗡠𗰂 / 3401016；

○度脱　𗧽𗗚 / 3610301；

得在法中　𗾜𘕣𗣼𗫂𗷝 / 3660906；

持法不固　𗣼𗤋𗤻𗤁 / 3680512；

○法眼　𗣼𘃡 / 3370710，3380104；

得法眼净　𘝵𗣼𘃡𗗊、𗣼𘃡𘝵𗗊 / 3370709，3380104；

○法衣　𗣼𗰔 / 3491102，3510112，3510816；

法衣不具　𗣼𗰔𗤁𗫨 / 3491102；

身著法衣　𗝥𗎫𗣼𗰔𗼩 / 3510110；

无有法衣　𗣼𗰔𗤁𗯴 / 3510816；

○法向欲尽、法将欲灭　𗣼𘜶𘀗𗵐𗧃 / 3510315；

○烦恼　𗼲𗫨 / 3480613；

始具烦恼　𗧿𗼲𗫨𗫨 / 3480612；

○反复　𗤻𘃐 / 3680917；

天下反复　𘜘𗏹𗤻𘃐 / 3680915；

○反戾、违犯　𗫜𘈷 / 3280916，3501001；

反戾佛教　𘀄𗣼𗫜𘈷 / 3280914；

○梵天　𗏴𗤁 / 3540407；

○梵达（人名）　𗏴𗴿 / 3611006；

○梵志（人名）　𗏴𗤑 / 3450905，3620416，3620515，3620709；

○方便　𘄒𗤛 / 3380708，3580312；

无数方便　𗤊𗤢𘄒𗤛 / 3580310；

○方来　𗽀𘃌𘃥 / 3200609，35904009；

佛记其方来　𘀄𗦷𗽀𘃌𘃥𘗽 / 3200607，3590407；

○飞鸟、蜚虫　𗫣𘕋 / 3500704，3520813；

飞鸟百兽、蜚虫鸟兽　𗫣𘕋𘉋𘉿 / 500704，3520813；

○非时　𘃨𘃤 / 3200105，3340705，3390714；

非时教化　𘃨𘃤𗵿𗘦 / 3200105，3340705；

来不非时　𘃌𘃤𘃨𘃑 / 3480606；

○非法　𘃨𗣼 / 3640201；

所言非法　𗵾𗵾𘃨𗣼 / 3640116；

○非人所知　𘃋𗽻𘘥𘃨 / 3640215；

非人所见 [illegible] / 3640207；

〇诽谤 [illegible] / 3520206；

更兴诽谤 [illegible] / 3520205；

〇分物 [illegible] / 3191208，3300508；

〇分、份 [illegible]

头为一分 [illegible] / 3330816；

尾为一分 [illegible] / 3330903；

中间肥者作一分 [illegible] / 3330907；

〇风疾、中风 [illegible] / 3590508，3591215；

时患风疾、时患中风 [illegible] / 3590507；

患少许风疾、小中风 [illegible] / 3591213；

〇蜂 [illegible] / 3651007；

手如蜂子 [illegible] / 3651006；

〇奉命、如言、如教、如敕 [illegible] / 3240103，3240812，3380304；

其子奉命 [illegible] / 3380304；

〇奉持、受持 [illegible] / 3200308，3470608；

奉持经戒 [illegible] / 3610115；

〇奉是经 [illegible] / 3650616；

〇佛 [illegible]

佛弟 [illegible] / 3280904；

佛言 [illegible] / 3210310，3210911，3220202，3220605，3220804，3381108，3390707，3391110，3440110，3441016，3471007，3500901，3550915，3570415，3570907，3601116，3610910；

佛道 [illegible] / 3451216，3461205，3470215，3601004，3630912，3631006，3631014，3640203，3660116；

佛处、佛所、于佛 [illegible] / 3211016，3260210，3270708，3330207，3390703，3400412，3440614，3460307，3461012，3470209，3500814，3570411，3570816，3580216，3600512；

佛勅 [illegible] / 3200303，3470603；

阿难奉佛勅 [illegible] / 3200301，3470601；

佛法、佛教　[illegible] / 3280914，3450304，3500915，3600712，3561216；

佛差（同“瘥”）　[illegible] / 3600110；

佛恩　[illegible] / 3660903；

被受佛恩　[illegible] / 3660903；

佛经　[illegible] / 3661210，3670104；

佛问言　[illegible] / 3601017；

不承佛法　[illegible] / 3511217；

自成佛道　[illegible] / 3461204；

佛弟子　[illegible] / 3401006；

佛弟难陀　[illegible] / 3280904；

反戾佛教　[illegible] / 3280914；

违犯佛教　[illegible] / 3500915；

佛与众僧　[illegible] / 3381207；

具以白佛、具说于佛　[illegible] / 3390703，3570411；

数诣佛所　[illegible] / 3400410；

共至佛所　[illegible] / 3460305；

至佛所听经　[illegible] / 3470209；

佛世难值　[illegible] / 3460113；

佛告诸比丘　[illegible] / 3461208；

佛为解说　[illegible] / 3200405，3490505；

佛告阿难　[illegible] / 3581011；

愿得佛道　[illegible] / 3601004；

令佛饮之　[illegible] / 3600107；

闻说佛声　[illegible] / 3600417；

不信佛法、不信佛经　[illegible] / 3600712；

（得）闻佛声　[illegible] / 3600815；

尽用与佛　[illegible] / 3600906；

请佛及僧　[illegible] / 3610815；

佛记其方来　[illegible] / 3200607，3590407；

唯佛道神　[illegible] / 3631005；

佛道最神　〓〓〓〓 / 3640203；

不毁佛道　〓〓〓〓〓 / 3660116；

佛经甚多　〓〓〓〓〓〓〓〓 / 3670104；

○夫、夫婿、丈夫　〓〓 / 3341113，3341209，3370815，3380701，
　3531109，3540110，3570304，3570312，3570808，3571111；

还我夫婿　〓〓〓〓〓〓 / 3571109；

丈夫得道　〓〓〓〓 / 3341113；

○符咒　〓〓 / 3540305；

○福　〓

福德　〓〓 / 3301012；

福田　〓〓 / 3551214，3560415；

上福田　〓〓〓 / 3551213，3560414；

斯地有福　〓〓〓〓 / 3400204；

今受宿福　〓〓〓〓 / 3430517；

万福之基　〓〓〓〓 / 3470307；

请福合药　〓〓〓〓 / 3630311；

福尽命终　〓〓〓〓〓 / 3241110；

○父母　〓〓

父母答言　〓〓〓〓 / 3401214；

父母及女　〓〓〓〓〓 / 3580210；

○妇、妻、妻子　〓〓 / 3341205，3350408，3350509，3360108，
　3360508，3361015，3370904，3380515，3380609，3511003；

婆罗门妇　〓〓〓〓〓 / 3360105，3380512；

妇即回顾　〓〓〓〓 / 3350509；

育养妻子　〓〓〓〓 / 3511003；

○腹使经　〓〓〓〓 / 3620723；

腹使我来　〓〓〓〓〓 / 3620602；

G

○羹饭　〓〓 / 3401202，3410112，3410908；

佛取羹饭　〓〓〓〓〓 / 3410907；

○功德　[illegible] / 3240213，3660107，3660703；

种种功德　[illegible] / 3240211；

功德未成　[illegible] / 3660107；

功德已成　[illegible] / 3660703；

○供养、相给　[illegible] / 3380203，3380310，3390304，3421009，3430411，3431104，3501009，3610908；

供养如法　[illegible] / 3380308；

供养死尸　[illegible] / 3250706；

供养父母　[illegible] / 3400706；

供养父母　[illegible] / 3440412；

奉饭供养　[illegible] / 3430409；

因得供养　[illegible] / 3501008；

三月供养　[illegible] / 3610905；

贡献相给　[illegible] / 3421007；

○供给、奉给、奉侍、侍奉、供养、事奉　[illegible] / 3200312，3430514，3470612，3471206，3480410，3490437，3630213，3631011，3631209，36401005，3640411，3650212，3650510；

供给左右、奉侍左右　[illegible] / 3200310，3470210，3490435；

○供馔、供给　[illegible] / 3410404，3430314，3431006，3490451；

肃虔供馔　[illegible] / 3410402；

供馔皆备　[illegible] / 3430314；

○恭敬　[illegible] / 3220707；

比丘为恭敬故　[illegible] / 3320705；

○谷米　[illegible] / 3611203；

谷米转贵　[illegible] / 3611203；

○观察、遍观　[illegible] / 3261112，3270308，3310201；

如实观察　[illegible] / 3270306，3270511；

皆悉观察　[illegible] / 3261110；

遍观施物多少　[illegible] / 3310114；

○棺椁　[illegible] / 3630416；

○光明　敗傷 / 3250711，3280708；

光明普照　敗傷霉㺯 / 3250711；

身色光明　㺅緣敗傷 / 3280706；

○广说上事　繷羐㺛㺡 / 3221113；

○归、归依、稽首、谒拜　㺳繷 / 3240810，3370716，3410607，

　3420515，3420908，3460313，3580809，3580813；

归佛　絆㺫㺳繷 / 3580807；

归法　禨㺫㺳繷 / 3580811；

归僧　㺲㺫㺳繷 / 3580815；

归依三宝　㺮㺛㺫㺳繷 / 3370713；

归依礼拜、稽首于地　㺳繷祕㺮 / 3410607，3420908；

王归依受教　席㺳繷㺯㺒 / 3430816；

稽首而退　祕㺮緂㺭 / 3460702；

○归心、侧心、肃虔　絆繷 / 3410402，3440616；

○贵族主　㺤㺰㺠 / 3531209；

圣师贵族主　刂㺖㺤㺰㺠 / 3531207；

○国王　㺥席 / 3291116，3611002，3620909，3630505，

　3680208，3680817；

得为国王　㺥席㺣㺢 / 3680208；

后为国王　㺯㺥席㺣㺢 / 3680816；

○国中、国度　㺥㺙 / 3221004，3300605，3340804，3340916，3341101，

　3391005，3421210，3590504，3610503，3610612，3620911；

○国珍、国宝　㺥㺮 / 3431008；

竭尽国珍　㺥㺮霉㺗 / 3431008；

○过去世　緂㺜㺝 / 3330409，3610912；

过去世时　緂㺜㺝㺞 / 3330409，3610912；

○粳大麦米　緂㺱㺝 / 3450405；

H

○寒林　㺶㺵 / 3241011，3250615；

○汉本　㺮㺴 / 3190201；

○豪贵　𗾺𘅘 / 3480703；

诸王豪贵　𗼩𗱸𗾺𘅘 / 3480701；

○好草　𗮔𗙴 / 3500301，3500402；

○号哭、啼哭　𗨁𗾯 / 3230205，3290808；

举声号哭　𗆆𗅲𗨁𗾯 / 3230203；

○诃责、呵骂、并骂　𘃗� / 3330105，3330215，3350212；

种种诃责　𗦜𗦜𘃗� / 3330103，3330213；

○合掌　𗉛𗭪 / 3201117；

佛前合掌　𗾟𗊡𗥃𗉛𗭪 / 3201113；

○何故、何由、何独　𗣼𘌢 / 3230302，3250804，3251009，3290806，
　3310502，3621104，3650610；

老母何故哭　𗣫𗣫𗣼𘌢𗾯 / 3230217；

惊怪何由　𗣼𘌢𗠉𗣩 / 3250803；

何故诸天　𗣼𘌢𗼩𘚟 / 3251009；

何故啼哭　𗣼𘌢𗾯 / 3290806；

何故未分　𗣼𘌢𗫍𗕤 / 3310502；

何独勤苦　𗣼𘌢𗪮𗤁𘄴𗵘 / 3650610；

○河曲　𗜓𗫸 / 3330413；

○黑风起　𗯉𘗐𘛔𘃗 / 3560708；

○恒执苦役　�'𗏆𗵘𗾩𘝯 / 3230313；

○后世　𘝞𗿘 / 3660708，3600917；

后世智慧　𘝞𗿘𘄒𘈷 / 3600917；

○后岁、后年　𘝞𗒒 / 3300717；

○后数日　𘝞𘅗𘒗𗧸𘓿 / 3630512；

○厚意　𗟲𘐡 / 3651212；

○狐　𗟟

狐分其鱼　𗟟𘘏𘜔𘖑𘚟 / 3330807

○户、户曲、门户　𗣼𗟼 / 3240616，3240703，3470408；

○花结（人名）　𘌨𘚜 / 3450912，3460315，3460413，
　3460706，3460915，3461215；

○化施　𪊨𩑾 / 3200708，3610408；

○化作　𪊨……𩑾、𪊨𩑾、𪊨𪊨 / 3621207，3591010，

3630611，3641204；

○欢喜、欢豫（人名）　𧜵𪊨 / 3280811，3400404，3400802，

3400902，3410204，3410703，3410716，3411009，3411016，

3411208，3420513，3421110，3440206，3450107，3450714，

3450914，3451114，3460108，3460311，3460407，3461008，

3470105，3580107，3580115，3661113；

咸大欢喜　𪊨𪊨𧜵𪊨 / 3280809；

合乐欢喜　𪊨𪊨𧜵𪊨 / 3661111；

名者欢豫　𪊨𪊨𧜵𪊨 / 3400402，3440204；

欢豫经　𧜵𪊨𪊨𪊨 / 3470506；

○欢乐　𪊨𪊨 / 3511014；

得时欢乐　𪊨𪊨𪊨𪊨 / 3511012；

○幻惑　𪊨𪊨 / 3570504；

不见幻惑　𪊨𪊨𪊨𪊨 / 3570504；

○皇帝　𪊨𪊨 / 3160203，3170103，3190411，3190521；

○皇后　𪊨𪊨 / 3170203，3360303，3530611；

○皇太后　𪊨𪊨𪊨 / 3190311；

○皇太子　𪊨𪊨𪊨 / 3180201；

○恍惚、迷乱　𪊨𪊨 / 3520106，3550108；

饮酒迷乱　𪊨𪊨𪊨𪊨 / 3520104；

意便恍惚　𪊨𪊨𪊨𪊨 / 3550106；

○行间、行距、相去　𪊨𪊨 / 3670514，3670703；

J

○饥渴　𪊨𪊨 / 3500505；

饥渴苦极　𪊨𪊨𪊨𪊨 / 3500505；

○饥馑、饥困、岁饥　𪊨𪊨 / 3610505，3611101，3611211；

舍卫国岁饥　𪊨𪊨𪊨𪊨𪊨𪊨 / 3610501；

时国饥馑　𪊨𪊨𪊨𪊨 / 3611016；

○及、并复、并又　𗣫𗪾 ／ 3300709，3411011，3440402，3580212，3610816；

○集会　𗱥𗹦 ／ 3290901；

集会日　𗱥𗹦𗢳 ／ 3290901；

大集会日　𗦲𗱥𗹦𗢳 ／ 3290817；

○几许　𗫷

随心与我几许　𗏴𗮀𗫴𗤔𗫷𗏆𗟻𗆍 ／ 3360804；

○偈　𗵒

偈言　𗵒𗡪 ／ 3270916；

以偈报曰　𗵒𗣫𗰣𗢁 ／ 3620611；

○迦叶佛　𗣟𗵈𗦲 ／ 3391113，3391214，3400808，3450302；

○迦留陀夷　𗣟𗁅𗤵𗒟 ／ 3371012；

○家为秽薮、家为不净　𗇁𗫸𗕣𗡑 ／ 3460716；

○袈裟　𗵒𗰖 ／ 3290305，3491107，3510205，3510616，3510716；

皂袈裟　𗵒𗰖𗼃 ／ 3290305；

但结袈裟　𗘂𗵒𗰖𗜓 ／ 3491106，3510204；

结被袈裟　𗵒𗰖𗜓𗈜 ／ 3510616；

破裂袈裟　𗵒𗰖𗵘𗟰 ／ 3510716；

○假使　𗣫𗰣 ／ 3240314，3610710；

○见闻疑罪　𗤁𗠪𗸞𗧿 ／ 3320911；

○渐渐、展转　𗴾𗴾 ／ 3321007，3560712，3611205；

渐渐近已　𗴾𗴾𗡞𗤔 ／ 3321007；

展转不相见　𗴾𗴾𗸮𗣫𗤁 ／ 3560712；

○谏呵　𗾖𗸯 ／ 3510515；

○箭　𗪿

角头四箭　𗗚𗴇𗳮𗴇𗪿 ／ 3541005；

○将来、未来、当来　𗤶𗣫 ／ 3500911，3521201；

但为将来　𗘂𗤶𗣫𗫸 ／ 3521117；

○将军征讨　𗴼𗔪𗦾𗝠 ／ 3211010；

○憍萨罗国　𗷬𗵒𗟻𗦟 ／ 3300602；

○憍慢、骄慢、贡高　脫菽 / 3431201，3490301；

心无憍慢、心无骄慢　絆嫩脫菽絔 / 3431117，3490217；

心起贡高　絆嫩脫菽縞 / 3431117；

○教化、教诫、清化、晓喻、道化　穊骇 / 3200107，3280910，

3400417，3340707，3441006，3450311，3451012，3520202，

3520613；

○教、指教、宣告　穊冪 / 3210105，338021，3620301；

宣告四远　綑敊穊冪 / 3620216；

父母教儿　薇蕊骇俪穊冪 / 32101011；

指教于子　骇俪穊冪 / 3380209；

○教诫　穊骇

教诫年少　薇絑嘉穊骇 / 3520610；

○接足　槪蕲 / 3190807，3251207，3260405；

○劫　蓏

经十六劫　骇綟蓏縺儭 / 3600806；

二十劫已后　楒骇蓏慨敊 / 3610202；

○洁净　襦睕 / 3630615；

衣被洁净　蔍斄襦睕 / 3630615；

若干不净　殈祕慨襦 / 3270503，3270807；

○结亲　睪姦 / 3451008；

○羯磨　戮赕 / 3310813，3311209，3320201；

应作羯磨　戮赕慘綖 / 3310813；

○戒　綫

破戒　綫朧 / 3380605；

说戒日　綫彣綑 / 3381012；

汝反我戒　橺絓綫皼 / 3290314；

诃破戒罪　綫朧折恚 / 3380605；

即授其戒　絪綫襮綖 / 3461016；

弃戒乐俗　綫薿燬叢 / 3510916；

是非违戒　穊怚綫皼 / 3501003；

戒因缘经　𗫂𗫂𗫂𗾎𗰗 / 3590303；

○今世、此世　𗫂𗾍 / 3330310；

○今岁、今年　𗬑𗾍 / 3300910；

○今晨、今旦、平旦、晨朝　𗫂𗼺 / 3350306，3400811，

　3500812，3570603；

晨朝摄衣　𗫂𗼺𗌦𗼃 / 3400811；

今晨诣佛所　𗫂𗼺𗧀𗫂𗴮𗀋 / 3500812；

○金塔　𗯟𗼖 / 3211202；

○金银校饰　𗯟𗬂𗼎𗾎 / 3291011；

○经　𗼎

就坐听经　𗸜𗠣𗼎𗼸 / 3430117；

启受经教　𗼎𗼎𗭯𗼺 / 3510103；

○经、经典　𗼎𗾎

受持经典　𗼎𗾎𗭯𗼸 / 3200305，3470606，3470811；

○经书　𗼎𗄑 / 3330713，3331112；

经书中言　𗼎𗄑𗤁𗥩 / 3331112；

○经律异相　𗼎𗫂𗤁𗥩 / 3190101，3681201；

○经、已经、已积、踰历　𗭾𗬥 / 3600809，3660105，3680606；

已经多年、已积年岁　𗧖𗬥𗭾𗬥 / 3660103；

踰历年数　𗧖𗬥𗭾𗬥 / 3680604；

○荆棘　𗷟𗴮 / 3491203，3510713；

处荆棘中　𗷟𗴮𗤁𗷟 / 3491203；

○众园、精舍　𗫂𗷟 / 3391202，33912106，341115，3420107，

　3420309，3420408，3420801；

众园毁漏　𗫂𗷟𗳲𗾍 / 341115；

佛众园漏　𗧀𗫂𗷟𗳲𗾍 / 3420308，3420717；

修补众园　𗫂𗷟𗰗𗷟𗳲 / 3420408；

○精进　𗬑𗴮 / 3490207；

常勤精进　𗨳𗴰𗬑𗴮 / 3490205；

○居士、户长　𗥩𗾍 / 33300701，3300902，3510513，3510609；

居士谏呵　□□□□ / 3510513；

居士得福　□□□□ / 3510609；

○居室、舍宅、房舍　□□ / 3300707，3411210，3420212；

新为居室　□□□□□ / 3411210；

○具足　□□ / 3481208，3490213，3581206；

具足八法　□□□□ / 3481206；

具足念心　□□□□ / 3490211；

授具足戒　□□□□□ / 3581206；

○炬火　□□ / 3491112，3510705；

手捉炬火　□□□□□ / 3491110；

○眷属、近　□□ / 3241107，3510506；

天人眷属　□□□□ / 3241105；

○觉知　□□ / 3351217，3500412，3640308；

无所觉知　□□□□ / 3351217；

都不觉知　□□□□ / 3500410；

○谒拜、拜　□□

不拜　□□□ / 3460317；

先始往谒拜　□□□□□ / 3451210；

K

○空作只语　□□□□ / 3640310；

○愧、惭愧　□□ / 3190810，3251210，3270116；

内愧　□□□ / 3190809，3251209，3270115；

L

○来生　□□ / 3680908；

○劳扰、困悴、苦役、勤苦、烦苦　□□ / 3230101，3230314，
　3650602，3650614，3661001；

劳扰神人、烦苦神人　□□□□□ / 3660915；

○牢狱　□□ / 3470317；

免王之牢狱　□□□□□□ / 3470315；

○老母　□□ / 3190704，3220904，3230515，3230709，3231002，

3240806，3241116，3250112；

○累劫　𗧓𗄈 / 3451005，3460204；

累劫结亲　𗧓𗄈𗼲𗥤𗖠 / 3451005；

累劫之后　𗧓𗄈𗟲𗧂 / 3460204；

○礼、作礼、稽首、谒拜　𗗚𗊠 / 3290205，3290403，3410609，

3420910，3430113，3451212，3460702，36211112，3660409，

3660509，3661201；

礼佛　𗼄𗬜𗗚𗊠 / 3660407；

便为作礼　𗫦𗭴𗗚𗊠 / 3290203；

受比丘礼　𗰖𗬟𗗚𗊠𘃝 / 3290401；

作礼问讯　𗗚𗊠𗦟𗰜 / 3430113；

稽首而退　𗗚𗊠𗆧𗭼 / 3460702；

四面作礼　𗐱𗝢𗗚𗊠 / 36211110；

便（前）作礼　𗧓𗗚𗊠 / 3660508；

便礼佛而去　𗫦𗭴𗼄𗬜𗗚𗊠𘓽𗌗 / 3660405；

作礼长跪　𗗚𗊠𗵖𗙤 / 3661201；

○礼足而去　𗊙𗊠𘓽𗌗 / 3270712；

○力士　𘃜𗝠 / 3550703；

十大力士　𗵒𗤧𘃜𗝠 / 3550701；

○利根　𗵣𘐣 / 3241209；

○怜爱、相怜　𗵜𗨁𗖅 / 3680804；

常相怜爱、常自相怜　𗢭𗵜𗨁𗖅 / 3680803；

○良友、善友、贤友　𗧩𗷅 / 3200207，3390907，3451002，

3460503，3470115，3470304；

○铃鸣如语　𗵜𗥰𗭴𗢳𗘤 / 3621012；

○六具衣　𗸰𗋽𗟟 / 3231103；

○龙雨　𗴪𗒟 / 3411109；

○楼上　𗋩𗗙 / 3661103；

俱上楼上　𘊝𗋩𗗙𗢫𗴺 / 3661102；

○律　𘃟

第四律 ▯▯▯ / 3220816；

○论功喻德 ▯▯▯▯ / 3441102；

○罗汉 ▯▯ / 3280510，3340815，3520209，3601214，3610208，
　3681109；

五百罗汉 ▯▯▯▯ / 3470915；

罗汉道 ▯▯▯ / 3340815；

阿罗汉道 ▯▯▯▯ / 3440914，3601213；

呵骂罗汉、并骂罗汉 ▯▯▯▯▯ / 3520209；

○罗睺、罗杌、罗祝、罗咒 ▯▯ / 3550605；

M

○麻油 ▯▯ / 3450408；

○埋葬 ▯▯ / 3630509；

令人埋葬 ▯▯▯▯ / 3630507；

○卖贫 ▯▯ / 3190708，3220908；

○满器而去 ▯▯▯▯ / 3600911；

○茂好、茂盛 ▯▯ / 3500104，3511109；

甚大茂好 ▯▯▯▯ / 3500102，3511107；

○门下、大家 ▯▯ / 3240606；

门下大人、大家 ▯▯▯▯ / 3231111，3250716，3240913；

○梦见 ▯▯ / 3490612，3490708，3500809，3500907，3501109，
　3510306，3510803，3511204，3520510，3520912，3521113；

梦见七事 ▯▯▯▯ / 3490610，3490706；

○弥勒佛 ▯▯▯ / 3601204；

○秘密之言 ▯▯▯ / 3481105；

○妙道、神道 ▯▯ / 3630915；

○名称 ▯▯ / 3611012；

名称远闻 ▯▯▯▯ / 3611012；

○明智士 ▯▯▯ / 3520112；

有明智士 ▯▯▯▯ / 3520112；

○摩邓伽 ▯▯▯ / 3530317，3541208，3590315；

摩邓伽种 [illegible] / 3530317；

摩邓伽女经 [illegible] / 3590315；

○末利皇后 [illegible] / 3360301，3530609；

○莫生 [illegible] / 3240604，3240717；

莫生嫌恨 [illegible] / 3240402；

莫生恶念 [illegible] / 3240715；

○某甲 [illegible] / 3390314；

○母 [illegible]

母种 [illegible] / 3530507；

阿母 [illegible] / 3531101；

母便语女 [illegible] / 3560807；

母子 [illegible] / 3601104；

牛母子何说 [illegible] / 3601103；

○目连 [illegible] / 3471013，3471110；

○沐浴 [illegible] / 3630414；

沐浴棺敛 [illegible] / 3630414；

N

○内愧 [illegible] / 3190809，3251209，3270115；

○柰女 [illegible] / 3190803，3251203，3260108，3260308，3260415，3260602，3260711，3260903，3260912；

○难陀 [illegible] / 3190801，3191001，3251201，3260215，3260312，3260401，3260411，3260505，3260810，3261214，3270103，3270113，3270706，3280503，3280601，3280906，3290116，3290208；

○年大、年老 [illegible] / 3221216，3460816；

年老困悴 [illegible] / 3221216；

○念言 [illegible] / 3300906，3340904，3350207，3360203，3361108，3431102，3590815；

○涅槃、泥曰、泥洹 [illegible] / 3381114，3501205，3510311，3510808，3511209，3520515，3521008；

已入涅槃 𗤊𗟲𗤊𘄄 / 3381114；

当入涅槃 𗤊𗢳𗤊𗟲𘄄 / 3501203；

佛涅槃后、佛泥曰后、佛泥洹后 𗊱𗤊𗟲𗣼𗘲、𗊱𗤊𗟲𗣼𗘲𗥤 / 3500310，3511208，3520514，3521007；

○牛 𗚛、𗸒

牛女、牧牛女人 𗚛𗒅𗨁𘃡 / 3191109，3290509，3291206；

牛乳 𗸒� / 3200603，3590403，3590604，3590907，3591108；

牧牛家 𗚛𗒅𗆐 / 3290702；

乞牛乳 𗸒�056𗦻 / 3200603，3590403，3590604；

拘取牛乳 𗸒�056𗢳 / 3590907；

牛屎涂地 𗚛𗧤𗝠𗎚𘁝 / 3540809；

往到牛所 𗸒𘃝𘅤𗼮 / 3590714；

阿难乞牛乳 𗏵𗣼𗸒�056𗦻 / 3200601；

我作牛马 𘄊𗚛𗤅𘕷𘝞 / 3600801；

牛在彼间 𗸒𗤊𘄄𘕷 / 3590702；

牛母子何说 𗸒𗬟𗿒𗧟𗤊 / 3601103；

○奴 𘋩 / 3640507，3640608；

作奴 𘋩𗥵 / 3640507；

作善奴 𘋩𗁬𗧧 / 3640608；

○奴婢 𘋩𗡞𗼊 / 3680104；

尝作奴婢 𘋩𗡞𗼊𗥵𘊴 / 3680104；

○女 𗒅、𗼮

女人 𗒅𘃡 / 3191111，3290511，3290714，3291208，3480710，
　3570201，3571008，3580105，3580604，3581105，3581201；

贵女 𗼮𘊴 / 3650911；

女人欢喜 𗒅𘃡𗈁𘁞 / 3580105；

去女为男 𗒅𗳄𗎚𗥵 / 3430609；

见诸女人 𘏨𗒅𘃡𗢾 / 3480709；

女白佛言 𗼮𗊱𗛁𗣁𗤊 / 3571017；

反贪王女 𗣼𗩾𗼮𘙰 / 3660111；

○诺、唯诺、当是　𗼩𗫩 / 3230815，3351113，3591202；

P

○譬喻　𗊱𗰖 / 3290416；

○贫苦、贫困　𗯰𗰜 / 3230403，3231011；

加复贫困　𗧇𗲲𗯰𗰜 / 3230401；

○婆罗门　𗽪𗙇𗴾 / 3350108，3350315，3360105，3371005，
　3380512，3590615，3591006，3591115；

婆罗门家、婆罗门舍　𗽪𗙇𗴾𗵒 / 3350108，3350315；

化作婆罗门　𗽪𗙇𗴾𗤋𗙴𗰆 / 3591006；

○破裂、裂破　𗙵𘌽 / 3491210，3510801；

裂破衣裳　𗠁𗷝𗒹𗙵𘌽 / 3491207；

○菩萨　𗖰𗾟 / 3280803，3490401；

菩萨从兜率天下经　𗖰𗾟𗟻𗡪𗥔𗼃𗤋𗠁𘝿 / 3490401；

Q

○期度、限量、功程　𗣀𗾞 / 3490441，3520109；

食无期度　𗼓𗣀𗾞𗲇 / 3520108；

功程不止、限量不足　𗣀𗾞𗤋𗾈 / 3490441；

○七宝床机　𘐀𗹦𗀅𗎭 / 3430913；

七梦十善经　𘐀𗩾𗥔𗾔𘝿𘊵 / 3521210；

○祇园　𗉣𘃧 / 3361004，3361216，3390604，3490602；

诣祇园中　𗉣𘃧𗰛� / 3361216；

佛在祇园　𗍫𗉣𘃧𗰛𘝿 / 3490602；

○祇洹　𗉣𘑨 / 3300802，3320802，3550101，3570111，3570207；

祇洹林　𗉣𘑨𗄹 / 3550101；

在祇洹林　𗉣𘑨𗄹𘘝𘝿 / 3550101；

祇洹门　𗉣𘑨𗴾 / 3570207；

○乞食、分卫　𗴄𘊟 / 3290615，3350312，3361208，3390614，
　3490437，3570613，3630103；

欲行乞食　𗴄𘊟𗷀𗧘 / 3290615；

入城乞食　𗖰𘘝𗴄𘊟𘄡 / 3350310；

分卫供给 [illegible] / 3511007；

○乞者、乞儿 [illegible] / 3611103，3611213，3620315，3621210，3621216，3630204，3630215；

乞者愁忧 [illegible] / 3620315；

敢有乞者、谁敢乞者 [illegible] / 3620303；

乞者日滋 [illegible] / 3611213；

乞者众多 [illegible] / 3611103；

化作乞者 [illegible] / 3621207；

乞者悉病 [illegible] / 3630215；

○企萨 [illegible] / 3500610，3520802；

名曰企萨 [illegible] / 3500608，3520717；

○谦辞致敬 [illegible] / 3450503；

○牵挽 [illegible] / 3360110；

牵挽不动 [illegible] / 3360110；

○前、面前 [illegible] / 3201114，3311001，3351102，3430501；

跋难陀面前 [illegible] / 3310915；

倒立面前 [illegible] / 3351102；

面前而坐 [illegible] / 3430501；

○遣使 [illegible] / 3430401；

遣使迎奉 [illegible] / 3430401；

○伽旃延 [illegible] / 3190701，3220901，3230208，3230415，3230503，3230715，3240107，3240113，3240506，3250515；

○勤苦、困悴、苦役、劳扰、烦苦 [illegible] / 3230101，3230314，3650602，3650614，3661001；

空自勤苦 [illegible] / 3650517；

何独勤苦 [illegible] / 3650610；

年老困悴 [illegible] / 3221216；

恒执苦役 [illegible] / 3230313；

劳扰神人、烦苦神人 [illegible] / 3660915；

○勤苦 [illegible] / 3680212；

尝见勤苦之事　□□□□□ / 3680212；

○清净　□□ / 3341010，3440711；

○清化　□□ / 3400417；

禀佛清化　□□□□□ / 3400415；

○穷贫、孤穷　□□ / 3230504，3680510；

我人孤穷　□□□□ / 3680508；

○求头与头　□□□□ / 3650302；

求躯与躯　□□□□ / 3650306；

○取少净水　□□□□□ / 3231213；

○去年　□□ / 3300915；

使如去年　□□□□ / 3300915；

○瞿波离　□□□ / 3211004；

○瞿昙　□□ / 3530509，3540604，3560815，3581111，3590204；

瞿昙沙门　□□□□ / 3560815；

瞿昙弥　□□□ / 3581111，3590204；

瞿昙所护　□□□□ / 3540604；

R

○人道　□□ / 3430604；

得生人道　□□□□□ / 3430604；

○人民、百姓、万民　□□ / 3280714，3430714，3501215，
　3610215，3611209，3640302；

诸天龙人民　□□□□□ / 3501212；

天下万民　□□□□ / 3610213；

人民饥困　□□□□ / 3611209；

百姓愚痴　□□□□ / 3340317，3631216，3640304；

○人天、天人　□□ / 3531213，3551203，3560203，3560403；

人天最尊　□□□□□ / 3551203，3560203，3560403；

天人宗奉　□□□□ / 3531213；

○人非人　□□□ / 3631102；

度人非人　□□□□ / 3631102；

奉佛三宝　�𗾇𗤋𗂧 / 3440208；

敬信三宝　𗾇𗤋𗂧𗫂 / 3460611；

○三尊　𗤋𗤵 / 3430511；

宿奉三尊　𗤘𗾇𗤵𗼦𗣼𗤺 / 3430510；

○三涂　𗤋𗤗 / 3470406；

三涂门户　𗤋𗤗𗧓𗣼 / 3470406；

○三昧经　𗹙𗆧�ꞏ𗄈 / 3670312；

○三十相　𗤋𗰔𗣼 / 3191003，3280603，3281005；

难陀有三十相　𗆜𗓨𗤋𗰔𗣼𗢳 / 3191001，3280601；

○僧　𗴍

僧祇律　𗴍𗹟𗭪 / 3300411，3340605；

见多众僧　𗗐𗵒𗴖𗴍 / 3300703；

施诸众僧　𗼨𗴖𗭪𗼦𗔾 / 3370504；

○僧旻（人名）　𗴍𗢸 / 3190205；

○沙门　𗼰𗤀 / 3190203，3350605，3360206，3391211，3411204，
　　3420114，3420304，3420612，3420806，3421205，3430212，
　　3460804，3461001，3530509，3531103，3540416，3601209；

沙门瞿昙　𗼰𗤀𗫗𗼦 / 3530509；

不作沙门　𗼰𗤀𗧀𗸏 / 3460804；

吾为沙门　𗜈𗼰𗤀𗸏 / 3461001；

二万沙门　𗢆𗤵𗼰𗤀 / 3391209；

○沙弥　𗼰𗣀 / 3490428；

○刹利释　𗤺𗫡𗴩 / 3531203；

刹利释种　𗤺𗫡𗴩𗊻 / 3531203；

○善根　𗴒𗆫 / 3361102，3580201；

已种善根、已殖善根　𗴒𗆫𗣛𗤺 / 3361102，3580201；

○善人　𗴒𗵒 / 3680204；

从作善人　𗴒𗵒𗴒𗤀 / 3680204；

○善哉　𗼺𗴒 / 3270204，3420501，3450105，3480311；

○善意晓喻　𗴒𗉉𗄈𗥃𗤺 / 3520116；

○圣人　𗰖𗥔 / 3430704，3451205；

圣人在此　𗰖𗥔𗏹𗗘𗿒 / 3451205；

○圣道　𗰖𗦇 / 3550714；

圣道谛力　𗰖𗦇𗟱𗱀 / 3550714；

○圣谛　𗰖𗟱 / 3580514，3580611；

四圣谛　𗥃𗰖𗟱 / 3580513，3580610；

解四圣谛　𗥃𗰖𗟱𗗟𗙴 / 3580610；

○圣典为乐　𗰖𗤒𗖓𗆩 / 3440512；

○圣师贵族主　𗰖𗣼𗱈𗾔𗑠 / 3531207；

○盛发器　𗭪𗥹𗱕𗜓 / 3210817；

○师长、师课　𗣼𗥦 / 3360306，3490431，3590902；

师课诵经　𗣼𗥦𗥘𗖄𗕾 / 3490431；

末利皇后之师长　𗥫𗥱𗽀𗥢𗗟𗣼𗥦 / 3360301；

○施主、檀越　𗧓𗥦 / 3480204；

施主别请、檀越别请　𗧓𗥦𗰜𗥖 / 3480204；

○施与、奉　𗧓𗣫 / 3240111；

施与伽阇延　𗬩𗖎𗙪𗨁𗧓𗣫 / 3240107；

○施物　𗧓𗣩 / 3310114；

○狮子王、师子王　𗤌𗽀𗤩 / 3500603，3520712；

死师子王　𗤌𗽀𗤩𗾔 / 3500603，3520712；

○十方　𗰔𗦳 / 3280801，3550512；

十方菩萨　𗰔𗦳𗆩𗙴 / 3280801；

○十二部　𗴴𗴿𗔇 / 3670203；

○十有五日　𗰔𗆅𗧓𗾈 / 3440903；

○十分譬喻经　𗴴𗪱𗙴𗫂𗖄𗕾 / 3290414；

○石蜜　𗒀𗲽 / 3450412；

○识　𗴚 / 3680814，3680914，3680915，3630608，3630805，
  3631113，3640403，3640602，3640908，3641011，3641213；

不相识　𗆫𗇋𗴚 / 3680812，3680912；

我亦不识　𗷆𗢸𗆫𗇋𗴚 / 3680910；

○识字人、书生 □□□ / 3630608，3630805，3631113，3640403，
　3640602，3640908，3641011，3641213；

化作三识字人 □□□□□ / 3630607；

○食 □□ / 3290709，3380509；

食物 □□ / 3390503；

食不充腹 □□□□ / 32212；

佛取其食 □□□□□ / 3440804；

食无期度 □□□□ / 3520108；

未饮食也 □□□□ / 3600406；

不敢侵食、侵食者无 □□□□□ / 3520817；

作食饭讫 □□□□ / 3630109；

○世尊 □□ / 3210906，3220305，3220504，3260608，3260615，
　3270206，　3410411，　3501113，　3550814，　3561002，　3561215，
　3571107，3580303，3581003，3590108；

世尊恩力 □□□□ / 3561002；

世尊大慈 □□□□ / 3550814；

唯愿世尊 □□□□ / 3571105；

世尊诵佛语 □□□□□ / 3561215；

○世间 □□ / 3551103，3560103，3560303；

世间 □□ / 3300110，3460712；

世间有佛 □□□□ / 3460712；

佛在世间 □□□□ / 3520916；

○市、都市 □□ / 3620309，3660312；

皆弃都市 □□□□ / 3620308；

诣市斩（之） □□□□□ / 3660312；

○示 □□ / 3520617；

示其罪福 □□□□ / 3520615；

○示现 □□ / 3660713；

示现试汝 □□□□□ / 3660713；

○事佛 □□□□、□□□ / 3640409，3650210，3650509；

追人事佛　[illegible] / 3640102；
○释迦　[illegible] / 3490426，3680410；
释迦文佛　[illegible] / 3680410；
○手足　[illegible] / 3390516；
悉截手足　[illegible] / 3390515；
举手指曰　[illegible] / 3400217；
手如蜂子　[illegible] / 3651006；
○守护、所护　[illegible] / 3540606；
瞿昙所护　[illegible] / 3540604；
○首陀罗　[illegible] / 3300217；
○受持经典　[illegible] / 3200305，3470606，3470811；
○鼠壤之土　[illegible] / 3400603；
○树木　[illegible] / 3500509；
咬啮树木　[illegible] / 3500509；
揩突树者　[illegible] / 351117；
○恕己育民　[illegible] / 3430712；
恕己视彼　[illegible] / 3440217；
○水　[illegible]
汲水、取水　[illegible] / 3230113，3530302；
诣河取水　[illegible] / 3230111；
乞水　[illegible] / 3530308；
施水　[illegible] / 3530417；
掬水　[illegible] / 3530908；
水草乏绝　[illegible] / 3500501；
搅浊清水　[illegible] / 3500305；
清水好草　[illegible] / 3500317；
水中火然（同“燃”）　[illegible] / 3500903；
○说经、说法　[illegible] / 3280806，3460605，3510410；
说经竟　[illegible] / 3450305；
与我说法　[illegible] / 3270209；

在松树上　□□□□□ / 3621003；

往到松中　□□□□□ / 3630617；

○诵　□

诵律　□□ / 3340518，3390807；

三诵　□□ / 3390609；

诵经　□□□、□□ / 3490433；3621201，3661107；

诵偈　□□ / 3560513；

十诵律　□□□ / 3340517，3390806；

诵咒术　□□□ / 3541211；

诵佛语偈云　□□□□□ / 3550915；

还会堂中诵经　□□□□□□ / 3621114；

诵经说义　□□□□ / 3661107；

○随喜　□□ / 3410714；

○所为　□□ / 3461216；

所为无道　□□□□ / 3461216；

○所有处　□□□ / 3270812；

诸所有处　□□□□ / 3270811；

T

○调御、制御　□□ / 3410310，3430710；

法御、法以调御　□□□□ / 3410308；

制御其心　□□□□ / 3430708；

○塔　□□、□□□ / 3211203，3211205，3211207，3211210，3220508，
　3220613，3390302；/ 3220415；

宝塔　□□　宝塔 / 3211206；

金塔　□□ / 3211202；

银塔　□□ / 3211204；

发塔　□□□ / 3220414；

杂宝塔　□□□ / 3211208；

佛发塔　□□□□ / 3220413；

持塔　□□ / 3220613；

○天人　𗐩𗄛 / 3241105，3410312；

天人师　𗐩𗄛𗧘 / 3410312；

天人眷属　𗐩𗄛𗟨𗴒 / 3241105；

天人宗奉　𗄛𗐩𗐴𗋈 / 3531213；

○天女　𗐩𗏁 / 3250205；

○天龙　𗿢𗄔 / 3280716；

诸天龙人民　𗣼𗿢𗄔𗏃� / 3501212；

○天中天　𗐩𗤋𗐩 / 3410101，3430208，3450514；

○天久不雨　𗐩𗕍𘗍𗤁𗱾 / 3611115；

○天地　𗐩𗦎 / 3631001，3670512，3670701；

天地之间　𗐩𗦎𗰖𗏺 / 3631001；

天地行间　𗐩𗦎𗟻𗭪 / 3670512，3670701；

○铁鞸得解　𗮀𗤢𗰪𗙏 / 3561112；

○童子　𗥤𘄄 / 3201013，3201109；

○头罗衣　𗾞𘅞𗤾 / 3220104；

○头陀　𗾞𗏽 / 3321208；

行头陀行　𗾞𗏽𗠉𗟻 / 3321208；

○头面著地　𗾞𗒹𗦎𗙏 / 3560511；

○脱　𗷰𗙏 / 3681016；

W

○瓦、陶　𗮎

粗瓦　𗮎𗆌 / 3421017；

取此粗瓦　𘊝𗮎𗆌𗭽 / 3421016；

撤其屋瓦　𗊢𗋽𗮎𗻦 / 3420401；

陶家　𗮎𗎶 / 3400316，3400503；

○万二千卷　𗤴𗒘𗡞𘃛 / 3670411；

八万四千卷　𘋩𗤴𗥃𗡞𘃛 / 3670208；

○王　𗩱

王子　𗩱𘄄 / 3211007，3220303，3220407，3531201；

转轮王子　𘕘𗸮𗩱𘄄 / 3531116；

王便使人　□□□□ / 3660303；

王遣使者　□□□□ / 3450313；

大王　□□ / 3450610，3620402，3650816；

大王致虔　□□□□ / 3450610；

大王问臣、王问大臣　□□□□□ / 3620402；

知王厚意　□□□□□ / 3651210；

顾与王谢　□□□□ / 3660413；

○王国　□□ / 3421209；

前入王国　□□□□□ / 3421209；

○王舍城　□□□ / 3201002，3290606；

○威德　□□ / 3611009；

有大威德　□□□□ / 3611008；

○为佛所叹　□□□□□ / 3450111；

为人温良　□□□□ / 3561015；

○违犯、反戾　□□ / 3280916，3501001；

反戾佛教　□□□□ / 3280914；

○帷帐　□□ / 3430917；

○鬼名　□□ / 3190413，3190523；

○未得愿智　□□□□ / 3481004；

○谓言　□□ / 3320904；

自相谓言　□□□□ / 3320902；

○文殊　□□ / 3470702；

佛告文殊　□□□□□ / 3470701；

○问言　□□ / 3230215，3240302，3250911，3291216，3310304，
3310406，3321012，3330914，3340308，3400912，3590102，
3601101；

○我今远离　□□□□ / 3270905；

我等人少　□□□□□ / 3310515；

○无量　□□ / 3420607，3420914，3431217；

吾福无量　□□□□ / 3420605；

尊慧无量　𗗙𗥤𘃡𗓽 / 3420912；

智慧无量　𘝞𗥤𘃡𗓽 / 3431215；

○无知　𗄊𗤁𗖵 / 3660817；

○无怨　𘏨𗤻 / 3440815；

皆悉无怨　𗠝𗠝𘏨𗤻 / 3440815；

○无数　𘃡𗖵 / 3580310，3610703；

无数人　𘃡𗖵𗷒 / 3610703；

○无常　𗄊𘜶 / 3640213；

变化无常　𘄦𘄡𗄊𘜶 / 3640211；

○无所著　𘛛𗤁𗖵 / 3410217；

无所爱惜　𗰜𗰜𗤁𗖵 / 3650215；

○无惭无愧　𘅮𗖵𘜼𗖵 / 3320907；

○无他所求　𘃡𘕕𗤁𗖵 / 3631107；

○五色　𗢁𗤻 / 3540814，3391017；

五色光出　𗢁𗤻𘐏𘕿 / 3391017；

以五色綖结缕　𗢁𗤻𘝞𗿳𘄄𗯿 / 3540814；

○五谷　𗢁𗌽 / 3400611；

以贸五谷　𗢁𗌽𘝞𗤊 / 3400611；

○五体　𗢁𘕣 / 3430109；

五体投地　𗢁𘕣𗼆𘘓 / 3430109；

○五百乘车　𗢁𘏨𘝞𘜶 / 3450317；

X

○息　𗎖 / 3210511，3210409，3210409，3210511；

出息　𘋩𗎖 / 3210510；

入息　𘏨𗎖 / 3210408；

出入息　𘋩𘏨𗎖 / 3210616；

入息莫粗　𘏨𗎖𘜶𘃡𘅮 / 3210408；

出息太粗　𘋩𗎖𘃡𗮅 / 3210510；

出入息尽　𘋩𘏨𗎖𘜶 / 3210616；

○悉皆、皆悉、皆各　𗠝𗠝 / 3220401，3261109，3270815，3440813，

3540616，3630402；

皆悉无怨 𗀀𗀀𗀀𗀀 / 3440815；

悉自相识、两悉相识 𗀀𗀀𗀀𗀀 / 3660607；

悉能了知 𗀀𗀀𗀀𗀀 / 3481108；

悉皆火然（然同"燃"）𗀀𗀀𗀀𗀀 / 3490717；

○洗浴、澡浴 𗀀𗀀 / 3230906，3230910，3451106，3540707；

○喜悲 𗀀𗀀 / 3410208，3410603；

喜悲交集 𗀀𗀀𗀀𗀀 / 3410208，3410603；

○下车诣佛 𗀀𗀀𗀀𗀀𗀀𗀀𗀀 / 3260206；

○下人 𗀀𗀀 / 3680703；

下人家 𗀀𗀀𗀀 / 3680703；

生下人家 𗀀𗀀𗀀𗀀𗀀𗀀 / 3680703；

○夏坐、坐夏 𗀀𗀀 / 3300612，3300805，3310308，3610516，3610615；

众僧夏坐 𗀀𗀀𗀀𗀀 / 3310306；

欲为夏坐 𗀀𗀀𗀀𗀀𗀀 / 3610516；

○先世 𗀀𗀀 / 3200205，3390905；

○闲静处居 𗀀𗀀𗀀𗀀 / 3270302；

○贤愚经 𗀀𗀀𗀀𗀀 / 3251110，349040914；

○嫌恨 𗀀𗀀 / 33330101；

嫌恨 𗀀𗀀 / 3240402；

心下嫌恨 𗀀𗀀𗀀𗀀 / 3321216；

○县、城 𗀀

大县 𗀀𗀀 / 3400306；

维绫县 𗀀𗀀𗀀 / 3440112；

北城人 𗀀𗀀𗀀𗀀 / 3670912；

中城人 𗀀𗀀𗀀𗀀 / 3671002；

南城人 𗀀𗀀𗀀𗀀 / 3671009；

○现今、当今 𗀀𗀀 / 3160201，3170101，3670116；

○现世 𗀀𗀀 / 3470313；

○限量、期度、功程　𗗿𗼖 / 3490441，3520109；

功程不止、限量不足　𗗿𗼖𗤋𗗙 / 3490441；

食无期度　𗓟𗗿𗼖𗷣 / 3520108；

○相似　𗫂𗰖 / 3191009，3280609；

与佛相似　𗴾𗉛𗫂𗰖 / 3191007，3280907；

○相照大千　𗙏𗤽𗢸𗣼 / 3280710；

○相追、相随、交集　𗧦𗎭 / 3381211，3410210，3410605，3680809；

出入相追　𗥃𗨲𗧦𗎭 / 3680807；

○香　𗷣

涂香　𗷣𗸈 / 3541106；

烧香　𗷣𗟍 / 3250704，3541115，3610113，3630309；

散华烧香　𗕜𗵘𗷣𗟍 / 3250702，3610111；

种种涂香　𗺉𗺉𗷣𗸈 / 3540604；

捉香斗烧香、捉熨斗烧香　𗷣𗩾𗰜𗷣𗟍 / 3541112；

香华自至　𗷣𗕜𗏝𗥃 / 3621008；

○祥瑞　𗰦𗿟 / 3521206；

○象马车乘　𗧴𗊲𗻼𗥱 / 3320204；

○象　𗧴

小象、象子　𗧴𗫭 / 3500207，3500406，3520216，3520411；

大象　𗤁𗧴 / 3500309，3520301，3520314，3561014；

大象王　𗤁𗧴𗄭 / 3561014；

三品小象、三品象子　𗤁𗷟𗧴𗫭 / 3500205，3520214；

象子遨戏、小象遨戏　𗧴𗫭𗵆𗰇 / 3500406，3520411；

大象患之　𗤁𗧴𗴠𗦀 / 3500309，3520314；

𗲲突大象　𗤁𗧴𗵈𗊲𗻷 / 3520301；

○孝顺、至孝　𗣪𗺍 / 3400914，3400804，3440610，3440911，3441202，3450109，3450213，34506003；

孝顺无比　𗣪𗺍𗤋𗷣 / 3400804；

至孝普慈　𗣪𗺍𗗙𗦀 / 34506003；

○邪径　𗕴𗫹 / 3491115，3510708；

乐入邪径 [illegible]、[illegible] / 3491115, 3510708;
○邪迷未寤 [illegible] / 3460506;
○心念、心下念言 [illegible] / 3300904, 3340902, 3360201;
○心想皆灭 [illegible] / 3351213;
○心智 [illegible]心智 / 3480912;
知他心智 [illegible] / 3480911;
○欣然、突然 [illegible]（[illegible]、[illegible]） / 3391013, 3641109;
欣然而笑 [illegible] / 3391013;
突然自去 [illegible] / 3641109;
○信根 [illegible] / 3490103;
信根坚固 [illegible] / 3490104;
○行筹长一 [illegible] / 3381015;
○修行 [illegible]修行 / 3240808, 3591006;
归依修行 [illegible] / 3240808;
修行梵行 [illegible] / 3581008;
○须陀洹 [illegible] / 3370910;
得须陀洹道 [illegible] / 3370910;
○须弥 [illegible] / 3490902, 3501105;
须弥山 [illegible] / 3490902;
顶戴须弥山、顶戴须弥 [illegible]、[illegible] / 3490902, 3501105;
○须拔（人名） [illegible] / 3680417;
○须臾 [illegible] / 3401010, 3570403, 3650606;
不离须臾 [illegible] / 3570403;
须臾（当）死 [illegible] 3650606;
○虚空 [illegible] / 3390115;
空虚 [illegible] / 3631205;
在虚空中 [illegible] / 3390115;
但空虚也 [illegible] / 3631204;
○悬幡、悬缯 [illegible] / 3610109;
○寻惊毛竖 [illegible] / 3490614;

○寻随财色　□□□□ / 3510509；

Y

○言语、语言　□□ / 3460411，3460710，3570214，3571103，3600506；

言之流涕　□□□□ / 3440717；

○言诺　□□ / 3460516；

○阎浮提　□□□ / 3490812；

○遥见　□□……□ / 3290114；

遥见难陀　□□□□□ / 3290114；

○衣　□

衣裳、衣服、衣、服　□□ / 3290301，3290909，3400813，3570605；

衣服、衣物　□□ / 3301103，3301204，3310511，3321106；

衣服　□□ / 3291005，3300711，3301006，3310910，3311009，

　3480516，3491207，3510113，3510905，3550401，3630613；

我无衣裳　□□□□ / 3290908；

摄衣持钵、著衣持钵　□□□□ / 3400813，3570605；

多持衣物　□□□□ / 3301102；

衣被洁净　□□□□ / 3630615；

衣不蔽形　□□□□ / 3221208；

裂破衣裳　□□□□ / 3491207；

牵制衣裳　□□□□ / 3550401；

索衣便假衣　□□□□□□ / 3630113；

种种衣服　□□□□ / 3291003；

○衣食　□□ / 3230405；

衣食不充　□□□□ / 3230405；

衣食　□□ / 3490449；

仍给衣食　□□□□ / 3490449；

○依事而答　□□□□ / 3601112；

○依顺、从、相从、坐随　□□ / 3600710，3650712，3650804，3651201；

与我依顺　□□□□ / 3650710；

必当相从　□□□□□ / 3651116；

其心勇进　𗢷𗽇𗾟𗑠 / 3490110；

○优婆夷　𗱕𗆮𗩾 / 3370801；

作优婆夷　𗱕𗆮𗩾𗣼𗾔 / 3370801；

○优婆塞　𗱕𗆮𗣈 / 3380108，3580902，3541117；

为优婆塞　𗱕𗆮𗣈𗣼𗾔 / 3380108，3580902；

化作优婆塞　𗱕𗆮𗣈𗫂𗟻𗭪 / 3641117；

○优波离　𗱕𗤊𗜟 / 3190601，3200901，3201101，3210613，3210713；

○优昙花　𗱕𗰖𗆫 / 3460117；

犹优昙花　𗱕𗰖𗆫𗋕 / 3460117；

○由合会生　𗭼𗼃𗴥𗗌 / 3270817；

○游行　𗦲𗰭 / 3310112，3391007，3450309；

游行诸处　𗰭𗰭𗦲𗰭 / 3310110；

游行教化　𗦲𗰭𗟭𗤻 / 3450309；

○幼年、年少、总角　𗴓𗊱 / 3380406，3460501，3520610；

总角善友、幼年善友　𗴓𗊱𗕅𗞞 / 3450917，3450501；

○鱼　𗤬 / 3330510；

河边得一大鱼　𗢷𘄿𗫺𗤬𗵡𗟻𗱲 / 3330506；

○娱乐、遨戏　𗦲𗪨 / 3250208，3500408，3520413；

娱乐、受乐　𗢆𗲲 / 3250106，3250210，3380416，3661111；

共享娱乐　𗤶𗭚𗢆𗲲 / 3830414；

○愚痴　𗢷𗤟 / 3340317，3631216，3640304；

百姓愚痴　𗤳𘂤𗢷𗤟 / 3640302；

○欲　𗲖

少欲知足　𗲖𗾼𗆫𗰑 / 3321204；

欲从思想生　𗲖𗫭𗤀𗴥𗗌 / 3271106；

淫欲　𗤊𗲖 / 3380601；

说淫欲过　𗤊𗲖𗑗𗣼 / 3380601；

不生欲心　𗲖𗴥𗜼𗗌 / 3480713；

则无欲意　𗞞𗤀𗲖𗴺𗾔 / 3270909；

欲以何求　𗫂𗋕𗱜𗲖 / 3630902；

○珍宝　𗅲𗵽 / 3291007，3450416；

珍宝璎珞　𗅲𗵽𗉛𗤘 / 3291007；

重载珍宝　𗅲𗵽𗿒𗏹 / 3450416；

○正等觉（等正觉）　𗖨𗤶𗖵 / 3410305；

○正道为心　𗖨𗅲𗘿𗤼𘝯 / 3440508；

○诤斗　𗊲𗀔 / 3501013；

复起诤斗　𗋹𗊲𗀔𗏝 / 3501012；

○之间　𗊱𗵽 / 3631003；

○之后、然后、尔后　𗔇𗋹 / 3320510，3460206，3590210，3600813；

累劫之后　𗖵𘋨𗔇𗋹 / 3460204；

○知法人、知法者　𗎩𗀔𗎥 / 3320504；

○脂维（人名）𘗽𗤻 / 3421216；

王名脂维　王名脂维 / 3421214；

○直　𗤸𗤸 / 3310817，3330801；

直分　𗤸𗤸𘉒 / 3310817，3330801；

不得直分　𗤸𗤸𘉒𗠉𗛮 / 3310817；

○至真　𘟣𗕊 / 3410303，3560504；

○志意　𗂧𗤼 / 3660804；

视汝志意　𘍦𗤗𗂧𗤼𗔇 / 3660802；

○制御、调御　𗤻𗒀 / 3410310，3430710；

制御其心　𘐤𗤼𗤻𗒀 / 3430708；

法御、法以调御　𗀔𘝯𗤻𗒀 / 3410308；

○智慧　𘝞𘗊 / 3431215，3601002；

后世智慧　𗋹𗦳𘝞𘗊 / 3600917；

○中间　𘕿𗤻 / 3330907；

中间肥者作一分　𘕿𗤻𘔼𘃡𗪚𗂧𘉒 / 3330907；

○中焦渴　𗏷𗕾𘗲 / 3530206；

○种种　𗊱𗊱 / 3240211，3291003，3330103，3330213，3541104；

种种功德　𗊱𗊱𗖨𘝰 / 3240211；

种种涂香　𗊱𗊱𗰗𗥫 / 3540604；

庄严身体　𗾺𘄷𗄑𗧃 / 3540709；

○捉杖　𗧰𗩴 / 3300117；

○咨访　𗔖𗤢 / 3381106；

更相咨访　𗍳𗫂𗔖𗤢 / 3381104；

○子　𗄑

孝子、至孝之子　𘞶𗪵𗄑 / 3400914，3440116；

为子慈爱　𗄑𗫸𗭪𗄈 / 3400406；

子又不在　𗄑𗫷𗼺𗍫 / 3410903；

○姊、姊妹　𗫣𗄈、𗏢𗄈 / 3360802.，3570915；

如姊妹相向、如姊妹相想　𗏢𗄈𗤋𗤟𗱈 / 3570915；

○自知来缘　𗾉𗰜𗩈𘃡𗺦 / 3241213；

○自各、各自　𗾉𗼃 / 3300405，3610512；

自各分散　𗾉𗼃𘑓𗷾 / 3610512；

○自不知之　𗾉𗼺𗰜𗧃 / 36403006；

○宗奉、尊仰、致虔、致敬　𘄽𗌺 / 3450209，3450503，3450612，
　3531215；

天人宗奉　𗩩𗜁𘄽𗌺 / 3531213；

○罪、过　𗋽、𗾟

过罪　𗋽𗳾 / 3390710；

罪过　𗋽𗾟 / 3680601；

以致罪过　𘘢𗩰𗋽𗾟𗥝 / 3680516；

示其罪福　𗾟𗤂𗄑𗰖 / 3520615；

悔其痴罪　𗺹𗏺𗾟𗐽 / 3580911；

益诸人罪　𘃛𘔭𗾟𗱦 / 3640314；

此是我过　𘘢𘏞𗶷𗋽𗧍 / 3650201；

是罪不小　𘘢𗾟𗼺𗧃 / 3660206；

○醉暴凶恶　𗵽𗵩𗵸𗫤 / 3561104；

○尊者、君　𘕕𗫨 / 3230308，3231006，3291001，3300101，3640114；

诸尊者所言、诸君所言　𘕕𘕕𗫨𘐆𘐆 / 3640113；

○左右　𗣠𗣨 / 3200310，3470210，3490435；

参考文献

一 古籍（影印、点校本）

1. 《经律异相》卷十五（金藏广胜寺本），《中华大藏经》（汉文部分）第52册，中华书局，1992。

2. 《经律异相》卷十五（韩国海印寺藏本），《高丽大藏经》第55册，线装书局影印，2004。

3. 《经律异相》（《影印宋碛砂版大藏经》缩叶影印本），上海古籍出版社，1988。

4. 《经律异相》，《域外汉籍珍本文库》编《域外汉籍珍本文库：高丽大藏经初刻本辑刊》第63～64册，西南师范大学出版社、人民出版社，2012。

5. 《经律异相》卷十五，日本大正一切经刊行会编《大正新修大藏经》第53册2121号，大藏出版株式会社，1924～1934年版；台北：财团法人佛陀教育基金会印行，1990年影印。

6. 《经律异相》，宁夏社会科学院编《中国国家图书馆藏西夏文献》第3册，上海古籍出版社，2005。

7. 《经律异相》，宁夏大学西夏学研究中心，国家图书馆，甘肃五凉古籍整理研究中心编《中国藏西夏文献》第5册，甘肃人民出版社、敦煌文艺出版社，2006。

8. （宋）李焘：《续资治通鉴长编》，中华书局点校本，2004，清光绪七年浙江书局本。

9. （元）脱脱等：《宋史》，中华书局，1977 年点校本。

10. （元）脱脱等：《金史》，中华书局，1977 年点校本。

11. （元）脱脱：《辽史》，中华书局，1974 年点校本。

12. （明）宋濂等：《元史》，中华书局，1976 年点校本。

13. （西夏）骨勒茂才：《番汉合时掌中珠》，黄振华、聂鸿音、史金波整理
   本，宁夏人民出版社，1989。

二　现代撰著

著作

1. 王静如：《西夏研究》（三辑），"中央研究院"历史语言研究所，1932 ~
   1933。

2. 〔日〕西田龙雄：《西夏文华严经》（3 册），京都大学文学部，1975 ~
   1977。

3. 〔日〕西田龙雄：《西夏文〈妙法莲华经〉（鸠摩罗什译对照）写真版》，
   创价学会，2005。

4. 〔日〕中村元：《佛教语大辞典》，东京：书籍株式会社，1981。

5. 蔡运辰：《二十五种藏经目录对照考释》，台北：新文丰出版公司，
   1983。

6. 史金波：《西夏佛教史略》，宁夏人民出版社，1988。

7. 史金波：《史金波文集》，上海辞书出版社，2005。

8. 史金波、黄润华：《中国历代民族古文字文献探幽》，中华书局，2008。

9. 史金波：《西夏文教程》，社会科学文献出版社，2013。

10. 陈士强：《佛典精解》，上海古籍出版社，1992。

11. 陈兵：《新编佛教辞典》，中国世界语出版社，1994。

12. 李范文：《夏汉字典》，中国社会科学出版社，1997。
   李范文主编《西夏语比较研究》，宁夏人民出版社，1999。

13. 马祖毅：《中国翻译简史："五四"以前部分》（增订版），中国对外翻

译出版公司，1998。

14. 聂鸿音：《西夏文〈德行集〉研究》，甘肃文化出版社，2002。

15. 聂鸿音：《西夏文〈新集慈孝传〉研究》，宁夏人民出版社，2009。

16. 聂鸿音：《西夏文献论稿》，上海古籍出版社，2012。

17. 聂鸿音：《西夏佛经序跋译注》，（未刊书稿）。

18. 李富华、何梅：《汉文佛教大藏经研究》，宗教文化出版社，2003。

19. 李富华：《金藏目录还原及研究》，中华书局，2012。

20. 任宜敏：《中国佛教史·元代》，人民出版社，2005。

21. 龚煌城：《西夏语言文字研究论集》，民族出版社，2005。

22. 林英津：《西夏语译〈真实名经〉释文研究》（《语言暨语言学》专刊甲种之八），"中央研究院"语言学研究所，2006。

23. 方广锠：《中国写本大藏经研究》，上海古籍出版社，2006。

24. 朱庆之编《佛教汉语研究》，商务印书馆，2009。

25. 宋道发：《佛教史观研究》，宗教文化出版社，2009。

26. 刘建丽：《中国西北少数民族通史·辽宋西夏金卷》，民族出版社，2009。

27. 李华瑞：《宋夏关系史》，中国人民大学出版社，2010。

28. 沈卫荣：《西夏历史和佛教的语文学研究》，上海古籍出版社，2010。

29. 孙伯君：《西夏新译佛经陀罗尼对音研究》，中国社会科学出版社，2010。

30. 李炜：《早期汉译佛经的来源与翻译方法初探》，中华书局，2011。

31. 董志翘主撰《〈经律异相〉整理与研究》，巴蜀书社，2011。

32. 杨富学、陈爱峰：《西夏与周边民族关系研究》，甘肃民族出版社，2012。

论文

1. 周叔迦：《馆藏西夏文经典目录》，载《国立北平图书馆馆刊》（第 4 卷 3 号），1932。

2. 〔日〕松泽博：《西夏语译经史研究》，载《佛教史学研究》1977 年 19 卷第 2 期。

3. 〔日〕松泽博:《关于元代的西夏大藏经刊行的考察》,载《东洋史苑》1978 年第 12 期。

4. 史金波:《西夏文〈过去庄严劫千佛名经〉发愿文译证》,载《世界宗教研究》1981 年第 1 期。

5. 史金波:《西夏党项人的亲属称谓和婚姻》,载《民族研究》1992 年第 1 期。

6. 陈庆英:《西夏与藏族的历史、文化、宗教关系试探》,载《藏学研究论丛》第 5 辑,西藏人民出版社,1993。

7. 白化文、李鼎霞:《〈经律异相〉及其主编释宝唱》,载《国学研究》(第二卷),北京大学出版社,1994;又载《峨眉山与巴蜀佛教》,宗教文化出版社,2004。

8. 徐建华:《中国历代佛教目录类型琐议》,载《佛教图书馆馆讯》第 29 期,2002。

9. 史金波:《国内现存出土西夏文献简明目录》,载《国家图书馆学刊》(增刊),2002。

10. 史金波:《西夏的佛教》(上、下),载《法音》2005 年第 8 ~ 9 期。

11. 史金波:《西夏语人称呼应和动词音韵转换再探讨》,载《民族研究》2010 年第 5 期。

12. 聂鸿音:《西夏词源学浅议》,载《民族语文》1995 年第 5 期。

13. 聂鸿音:《西夏佛教术语的来源》,载《固原师专学报》2002 年第 2 期。

14. 聂鸿音:《西夏的佛教术语》,载《宁夏社会科学》2005 年第 6 期。

15. 聂鸿音:《西夏语谓词人称后缀补议》,载《语言科学》2008 年第 5 期。

16. 聂鸿音:《西夏语的名物化后缀 Sji^2 和 lew^2》,载《民族研究》2011 年第 2 期。

17. 聂鸿音:《西夏语专有名词的类别标记》,载《语言科学》2013 年第 2 期。

18. 段玉泉:《元刊西夏文大藏经的几个问题》,载《文献》2009 年第 1 期。

19. 孙伯君：《元刊〈河西藏〉考补》，载《民族研究》2011 年第 2 期。

20. 孙伯君：《西夏语时间名词简论》，载《西夏研究》2012 年第 3 期。

21. 孙伯君：《西夏仁宗皇帝的校经实践》，载《宁夏社会科学》2013 年第 4 期。

22. 杨志高：《西夏文〈经律异相〉卷十五"优波离为佛剃发得入第四禅一"译考》，载《图书馆理论与实践》2013 年第 12 期。

后　记

　　文献史料是西夏研究的基础、前提，从传世汉文典籍到文物考古资料，再到西夏文文献的整理研究，是西夏学发展的内在要求和必需手段。随着海内外西夏文文献的大量刊布，对其进行解读必将是西夏学的新热潮、新亮点。形势喜人，形势逼人。

　　现在呈现给读者的《西夏文〈经律异相〉整理研究》是西夏学著名专家史金波先生主持的国家社科基金特别委托项目"西夏文献文物研究"子课题的结项课题。

　　对本研究和尚未面世的"《慈悲道场忏法》西夏文译本的复原与研究"（国家社科基金西部项目，批准号：12XMZ014）汉夏资料的特别留意、积累收集，始于八年前。至2005年在完成对明代汉文西夏文献《宋西事案》校正和研究后，借助宁夏大学的鼓励政策和西夏学研究院的大力支持，2006～2009年自己得以在中国社会科学研究院民族学与人类学研究所进修访学——师从西夏学著名专家聂鸿音先生。三年的时光虽然短暂，但先生之恩情，却永难忘怀。

　　在京学习期间，我还抽空聆听了史金波先生在中国人民大学开设的西夏文课程。其后还参加了先生在宁夏大学举办的讲座。加上前期准备，卷帙分量适中的《西夏文〈经律异相〉整理研究》忝列为先生主持的项目。在进行过程中，史先生多次电话指导和督促，并按照审稿专家意见，在西夏文字词句方面，对汉文底本的选择和佛教文史等内容又作了重新研考、核对，五易其稿，最后得以列入"中国社会科学院创新工程学术出版资助项目"完成出版。在此衷心地感谢史先生的指导、督导和大力支持。

　　感谢大学时期的老师——时任宁夏大学党委组织部部长、人文学院教授王亚勇先生，在工作、学习方面所提供的诸多帮助。

感谢宁夏大学和西夏学研究院领导杜建录、胡玉冰先生的支持。

感谢对本课题审稿时提出宝贵意见、建议的专家；感谢在资料搜集和书稿修订阶段聂鸿音、韩小忙、孙伯君、彭向前、段玉泉、贾常业等先生所提供的诸多帮助。

由于个人天资愚钝，从历史学跨入西夏文佛教文献领域，涉及语言学、宗教学、翻译学等诸多学科，成果中谬误之处，还望方家指正。

杨志高

2014 年 12 月 2 日

图书在版编目（CIP）数据

西夏文《经律异相》整理研究/杨志高著. —北京：
社会科学文献出版社，2014.12
　（西夏文献文物研究丛书）
　ISBN 978 - 7 - 5097 - 6793 - 1

　Ⅰ.①西…　Ⅱ.①杨…　Ⅲ.①西夏语 - 佛经 - 研究
Ⅳ.①B948

　中国版本图书馆 CIP 数据核字（2014）第 267305 号

· 西夏文献文物研究丛书 ·

西夏文《经律异相》整理研究

著　　者／杨志高

出 版 人／谢寿光
项目统筹／宋月华　袁清湘
责任编辑／袁清湘

出　　版／社会科学文献出版社 · 人文分社 （010）59367215
　　　　　　地址：北京市北三环中路甲 29 号院华龙大厦　邮编：100029
　　　　　　网址：www. ssap. com. cn
发　　行／市场营销中心 （010）59367081　59367090
　　　　　　读者服务中心 （010）59367028
印　　装／北京季蜂印刷有限公司

规　　格／开本：787mm × 1092mm　1/16
　　　　　　印张：16.75　字数：273 千字
版　　次／2014 年 12 月第 1 版　2014 年 12 月第 1 次印刷
书　　号／ISBN 978 - 7 - 5097 - 6793 - 1
定　　价／79.00 元